Enzyklopädie der
Rechts- und Staatswissenschaft

Begründet von

F. von Liszt und W. Kaskel

Herausgegeben von

W. Kunkel · P. Lerche · W. Mieth · W. Vogt

Abteilung Rechtswissenschaft

Heinz Bremer

Grundzüge des deutschen und ausländischen Börsenrechts

Springer-Verlag Berlin · Heidelberg · New York 1969

Senatsrat HEINZ BREMER

Staatskommissar bei der Berliner Börse

ISBN-13: 978-3-642-86917-4   e-ISBN-13: 978-3-642-86916-7
DOI: 10.1007/978-3-642-86916-7

Alle Rechte vorbehalten. Kein Teil dieses Buches darf ohne schriftliche Genehmigung des Springer-Verlages übersetzt oder in irgendeiner Form vervielfältigt werden. © by Springer-Verlag Berlin · Heidelberg 1969. Library of Congress Catalog Card Number 69-15380.

Softcover reprint of the hardcover 1st edition 1969

Titel-Nr. 4422

Vorwort

Die Absicht, eine möglichst umfassende Darstellung des deutschen und wichtigsten ausländischen Börsenrechts zu geben, ließ sich nur mit großen Schwierigkeiten realisieren. Sieht man von einigen vorzüglichen Monographien über das nordamerikanische Börsenrecht ab, so fehlen bis heute fast völlig Berichte über europäische Börsenrechte, die die Historie nachzeichnen und den heutigen Stand der Gesetzgebung erkennen lassen. Es blieb nur übrig, das ausländische Material aus den verschiedenen Zeitepochen zu sichten und ihm die Grundsätze zu entnehmen, die im Rahmen eines Grundrisses wie dem vorliegenden für den deutschen Leser von Bedeutung sind. Hinzu kam, daß sich das Börsenrecht sowohl in der Bundesrepublik als auch im Ausland in einer steten Entwicklung befindet. Sie verlangte mehrfach ein Umarbeiten bereits fertiger Teile.

Soweit es Reformpläne gibt, sind sie nur in dem Umfang berücksichtigt, als ihre Verwirklichung naheliegt. Das gilt vor allem für die Pläne des Bundeswirtschaftsministeriums, das Börsengesetz in einigen Punkten abzuändern, in denen es mit dem Bonner Grundgesetz kollidiert. Bei der Ausgestaltung dieser Änderungsvorschriften hatte ich als Vorsitzender des Arbeitskreises der Länder für Börsen- und Wertpapierfragen Gelegenheit, die Auffassung der Länder zu vertreten. Hier scheinen sich auch zweckmäßige Lösungen anzubahnen, in Übereinstimmung übrigens mit der Arbeitsgemeinschaft der deutschen Wertpapierbörsen. Es wäre zu begrüßen, wenn dieses Gesetzgebungswerk so bald wie möglich verabschiedet werden würde. Dagegen halte ich eine umfassende Reform des deutschen Börsenwesens weder für notwendig noch für wünschenswert. Die Flexibilität des Gesetzes gibt genügend Spielraum für Verordnungen, mit denen etwaige Mißstände bekämpft werden können.

Über meine grundsätzliche Einstellung zur Selbstverwaltung der Börsen verhält sich mein Aufsatz „Börse und Staat" im „Betriebsberater" 1965 S. 997f. Diese Ausführungen finden im Ersten Teil des Grundrisses ihre Ergänzung.

Sowohl dem Juristen wie dem Volkswirt und Bankfachmann sollen die umfangreichen Hinweise auf die Literatur Anreiz bieten, die dargebotenen Ergebnisse durch das Studium der zeitgenössischen Quellen zu vertiefen.

Berlin, im November 1968   HEINZ BREMER

Inhalt

Erster Teil

Herkunft und Funktion der Börsen. Erste Rechtsentwicklung. Die Börsengesetzgebung seit Gründung des Deutschen Reiches bis zur Jetztzeit

Kapitel 1: *Herkunft und Funktion der Börsen* 1
   I. Die Anfänge der Börsen 1
     A. Allgemeines 1
     B. Börsen in Entwicklung: Lucca, Genua, Florenz und Venedig . . . 2
   II. Börsenverkehr in Nordeuropa: Der Handelsplatz Brügge 3
   III. Gründung und Entwicklung der Börse von Antwerpen 5
   IV. Die Amsterdamer Börse und die niederländischen Compagnien . . . 7
   V. Das Zeitgeschäft 9
   VI. Die ersten Kurszettel 11

Kapitel 2: *Die frühe Rechtsentwicklung und Organisation der deutschen Börsen* . . 12
   I. Die Anfänge des Börsenwesens in Deutschland 12
     A. Die Märkte Augsburg und Nürnberg 12
     B. Die Börse zu Köln 13
   II. Die Hamburger Börse 15
   III. Frankfurt und seine Börse 17
   IV. Entwicklung und Bedeutung der Berliner Börse 19
   V. Die Börse in Hannover 22
   VI. Die Münchener Börse 24
   VII. Die Börsen in Bremen, Düsseldorf und Stuttgart 25

Kapitel 3: *Die Börsengesetzgebung nach Gründung des Deutschen Reiches* 26
   I. Ansätze zu einer allgemeinen Börsengesetzgebung 26
   II. Zur Geschichte des Börsengesetzes von 1896 27
   III. Entwicklung des Börsenrechts und Börsenwesens in den ersten Jahren nach Erlaß des Börsengesetzes 28
   IV. Die Umgestaltung der Berliner Börse 31
   V. Die Novelle von 1908 32

Kapitel 4: *Die Entwicklung des Börsenrechts in und zwischen den beiden Weltkriegen* 33
   I. Der erste Weltkrieg und die Börsen 33
   II. Von der Inflation bis zum „Schwarzen Freitag" 35
   III. Die Krise von 1931 und die Schließung der Börsen von 1931 bis 1932 37
   IV. Die Börsen nach 1933 bis zum Beginn des zweiten Weltkriegs . . . 39
   V. Die Wertpapierbörsen während des zweiten Weltkriegs 42

Kapitel 5: *Die Börsen und die Entwicklung nach dem zweiten Weltkrieg* 44
   I. Die Wiedereröffnung der Wertpapierbörsen nach 1945 44
   II. Die Neuordnung des Geldwesens (Währungsumstellung) und der Großbanken 45

III. Die Wertpapierbereinigung	47
IV. Die Warenbörsen nach 1945	48
V. Probleme des Börsenwesens in der heutigen Zeit	50

Zweiter Teil

Das geltende deutsche Börsenrecht nach dem BörsG in der Fassung von 1908

Kapitel 1: *Der allgemeine Teil des Börsengesetzes* 55
    I. Die Börsen und ihre Träger 55
    II. Errichtung und Aufhebung von Börsen 57
    III. Die Staatsaufsicht 58
    IV. Der Börsenausschuß 60
    V. Der Staatskommissar bei der Börse 62
    VI. Die Börsenordnung 63
        A. Allgemeines 63
        B. Inhalt der Börsenordnung 65
        C. Die Ausschließung vom Börsenbesuch im einzelnen 68
    VII. Besondere Bestimmungen über die Aufrechterhaltung der Ordnung und für den Geschäftsverkehr an der Börse 71
    VIII. Das Ehrengericht 73
    IX. Börsenschiedsgerichte und Sachverständigenkommissionen 74
        A. Allgemeines zum Börsenschiedsgerichtswesen 74
        B. Begriff und Rechtsnatur 75
        C. Zulässigkeit des Börsenschiedsgerichtsverfahrens im einzelnen . . 75
        D. Sachverständigenkommissionen (Drei-Männer-Ausschüsse) . . . 76
    X. Börsenbedingungen und Usancen 77

Kapitel 2: *Der Börsenpreis und das Maklerwesen* 78
    I. Der Börsenpreis 78
        A. Allgemeines 78
        B. Rechtsnatur, Gegenstand und Organe der amtlichen Feststellung des Börsenpreises 80
    II. Das Verfahren bei der Kursfeststellung 82
    III. Anhang: Die Kurse und die Aktienbewertung. Wirklicher (innerer) Wert; Price-Earnings-Ratio; Cash-Flow 85
    IV. Der Kursmakler 86
        A. Herkunft und allgemeine Rechtsstellung 86
        B. Die amtliche Stellung des Kursmaklers im einzelnen 89
            Anhang: Die Umsatzveröffentlichung 92
        C. Die privatrechtliche Stellung des Kursmaklers 93
    V. Das Verordnungsrecht des Bundes und der Länder in bezug auf die Kursfeststellung 97

Kapitel 3: *Die Zulassung von Wertpapieren zum Börsenhandel und die Prospekthaftung* 100
    I. Allgemeines zur Zulassung von Wertpapieren zum Börsenhandel . . 100
    II. Die Zulassungsstelle und ihre Organisation 101
    III. Die Aufgaben der Zulassungsstelle 102
    IV. Der Gang des Zulassungsverfahrens 105
        A. Der allgemeine Gang 105
        B. Besondere Fälle der Zulassung: Konvertierungen und Kapitalerhöhungen; neue Emission durch denselben Aussteller; ausländische Staatsanleihen und öffentlich garantierte Schuldverschreibungen 107

V. Zulassungen ohne Mitwirkung der Zulassungsstelle 108
VI. Bestimmte Fälle erschwerter Zulassung 109
VII. Die Haftung der Zulassungsstelle aus ihrer amtlichen Tätigkeit . . . 110
VIII. Der Handel per Erscheinen 111
IX. Die Rechtslage des Börsenhandels in nicht zugelassenen Wertpapieren 113
X. Die Prospekthaftung 114

Kapitel 4: *Der Börsenterminhandel in Waren und Wertpapieren* 116
    I. Allgemeine Bemerkungen zum Börsenterminhandel 116
    II. Der Begriff des Börsentermingeschäftes 118
    III. Formen der Börsentermingeschäfte 119
    IV. Das Börsenverwaltungsrecht des Börsenterminhandels 121
        A. Zulassung von Waren oder Wertpapieren zum Börsenterminhandel 121
        B. Börsenverwaltungsrecht und nicht zugelassener Börsenterminhandel 123
    V. Das Privatrecht der Börsentermingeschäfte im allgemeinen 125
    VI. Verbindliche Börsentermingeschäfte 125
    VII. Einseitig verbindliche Börsentermingeschäfte 127
    VIII. Unverbindliche Börsentermingeschäfte 131
        A. Allgemeines 131
        B. Erfüllbare Börsentermingeschäfte 132
        C. Fakultativ und absolut verbotene Börsentermingeschäfte 137
    IX. Das handelsmäßige Getreidelieferungsgeschäft 138
    X. Anhang: Internationales Börsenprivatrecht 139

Kapitel 5: *Das Ordnungsstrafverfahren bei verbotenen Börsentermingeschäften in Getreide und Erzeugnissen der Getreidemüllerei* 140

Kapitel 6: *Börsenstrafrecht* 140
    I. Allgemeine Bemerkungen 140
    II. Kursbetrug 141
    III. Prospektbetrug 142
    IV. Kursbeeinflussung durch Bestechung der Presse 143
    V. Die Vorteilsannahme für die Unterlassung von Pressemitteilungen . . 143
    VI. Unerlaubte Kurszettelverbreitung 144
    VII. Verbotene Börsentermingeschäfte in Getreide und Erzeugnissen der Getreidemüllerei als Kriminaldelikt 145
    VIII. Künstliche Konjunkturbildung für Getreide und Mühlenerzeugnisse . 145
    IX. Verleitung zu Börsenspekulationsgeschäften 146
    X. Kommissionsbetrug und Kommissionärsuntreue 147
        A. Kommissionsbetrug 147
        B. Kommissionärsuntreue 148

Kapitel 7: *Schlußbestimmungen* 149
    I. Die Anwendung verschiedener Vorschriften des BörsG auf Wechsel und ausländische Zahlungsmittel 149
    II. Die Verordnung von 1925 150

Dritter Teil
Börsenrecht und Börsenwesen des Auslandes

Kapitel 1: *Das Börsenrecht in Österreich und der Schweiz* 155
    I. Das österreichische Börsenrecht 155
        A. Die Entwicklung der Börsen in Österreich 155
        B. Die Wiener Börse und ihr Statut 157

Inhalt

- II. Die Effektenbörsen der Schweiz ... 159
  - A. Die Entwicklung des Börsenwesens in der Schweiz ... 159
  - B. Die Genfer Börse ... 160
  - C. Die Basler Börse ... 162
  - D. Die Zürcher Börse ... 164
  - E. Die Schweizerische Zulassungsstelle ... 166
  - F. Namensaktie und Inhaberaktie in der Schweiz ... 167

Kapitel 2: *Die Börsengesetzgebung im Raum der Europäischen Wirtschaftsgemeinschaft* ... 168
  - I. Das französische Börsenrecht ... 168
    - A. Entwicklung des Börsenwesens in Frankreich ... 168
    - B. Die Pariser Börse ... 171
  - II. Das italienische Börsenrecht ... 175
    - A. Allgemeines ... 175
    - B. Die Mailänder Börse ... 177
  - III. Niederländisches Börsenrecht ... 178
    - A. Allgemeines ... 178
    - B. Die Amsterdamer Börse heute ... 179
  - IV. Das Börsenwesen in Belgien ... 182
    - A. Entwicklung des Börsenrechts ... 182
    - B. Die Brüsseler Börse ... 183
  - V. Die Börse in Luxemburg ... 186

Kapitel 3: *Die Rechtsentwicklung in England und den Vereinigten Staaten* ... 188
  - I. Die Börsen in England ... 188
    - A. Beginn und Entwicklung der Börsengeschäfte ... 188
    - B. Die Londoner Börse ... 190
  - II. Die Rechtsentwicklung in den Vereinigten Staaten ... 193
    - A. Bundesgesetzgebung und Staatengesetzgebung ... 193
    - B. Die New York Stock Exchange ... 196
    - C. Die American Stock Exchange ... 199
    - D. Der Over-the-counter Market ... 200

Sachverzeichnis ... 202

Abkürzungsverzeichnis

ADHGB	Allgemeines Deutsches Handelsgesetzbuch von 1861
AktG	Aktiengesetz von 1965
Aktienges.	Die Aktiengesellschaft
a. M.	anderer Meinung
Anm.	Anmerkung
Art.	Artikel
Aufl.	Auflage
Bank	Die Bank
Bank-Arch.	Bank-Archiv
Bankwissenschaft	Die Bankwissenschaft
BAnz.	Bundesanzeiger
BB	Der Betriebsberater
Bd.	Band
Begr.I	Begründung zum Entwurf des Börsengesetzes von 1896
BEK	Bericht und Beschlüsse der Börsen-Enquête-Commission, 1894
BerlAZG	Gesetz über die Zuständigkeiten in der allgemeinen Berliner Verwaltung von 1958
BERNSTEIN	BERNSTEIN, Das Börsengesetz, 1910
Betrieb	Der Betrieb
BFH	Bundesfinanzhof
BGB	Bürgerliches Gesetzbuch
BGBl.	Bundesgesetzblatt
BGH	Bundesgerichtshof
BGHZ	Entscheidungen des Bundesgerichtshofs in Zivilsachen
BO	Börsenordnung
BörsG	Börsengesetz
BVerfG	Bundesverfassungsgericht
BVerfGE	Entscheidungen des Bundesverfassungsgerichts
BVerwG	Bundesverwaltungsgericht
BVerwGE	Entscheidungen des Bundesverwaltungsgerichts
Conrads Jhh.	Jahrbücher für Nationalökonomie und Statistik, begründet von CONRAD
Diss.	Dissertation
DJZ	Deutsche Juristenzeitung
DÖV	Die öffentliche Verwaltung
Dt. Volkswirt	Deutscher Volkswirt
DVBl.	Deutsches Verwaltungsblatt
EGHGB	Einführungsgesetz zum Handelsgesetzbuch von 1897
EGZPO	Einführungsgesetz zur Zivilprozeßordnung von 1877
ESVGH	Entscheidungssammlung des Hessischen und des Württemberg-Badischen Verwaltungsgerichtshofes
FAZ	Frankfurter Allgemeine Zeitung
FEISENBERGER	FEISENBERGER, Gesetze, betreffend Geld-, Bank- und Börsenwesen, 1927

GerS	Der Gerichtssaal
GG	Grundgesetz der Bundesrepublik Deutschland von 1949
GÖPPERT	GÖPPERT, Das Recht der Börsen, 1932
Goldtammers Arch.	Archiv für Strafrecht und Strafprozeß, begründet von GOLDTAMMER
Gruchots Beitr.	Beiträge zur Erläuterung des Deutschen Rechts, begründet von GRUCHOT
GVBl.	Gesetz- und Verordnungsblatt
HansOLG	Hanseatische Oberlandesgericht
Hdb.	Handbuch
Hess.	Hessen, hessisch
HGB	Handelsgesetzbuch von 1897
HK	Handelskammer
Holdheims MSchr.	Monatsschrift für Handelsrecht und Bankwesen, begründe von HOLDHEIM
HR	Handelsrecht
HUBER	HUBER, Wirtschaftsverwaltungsrecht, I.Bd. 1953, II.Bd. 1954
IHK	Industrie- und Handelskammer
IHKG	Gesetz zur vorläufigen Regelung des Rechts der Industrie- und Handelskammern
Jhb.	Jahrbuch
Jhg.	Jahrgang
JW	Juristische Wochenschrift
KO	Konkursordnung von 1877
KOHLHAAS	KOHLHAAS, Börsengesetz, in: ERBS, Strafrechtliche Nebengesetze, 1958
KStG	Körperschaftsteuergesetz
LG	Landgericht
Leipziger Zeitschr.	Leipziger Zeitschrift für Deutsches Recht
LM	Nachschlagewerk des Bundesgerichtshofs, herausgegeben von LINDENMAIER, MÖHRING u. a.
MBlHGV	Ministerialblatt der Handels- und Gewerbe-Verwaltung
MBlWiA	Ministerialblatt für Wirtschaft und Arbeit
MEYER/BREMER	MEYER/BREMER, Börsengesetz, 4. Aufl. 1957
Mitt.	Mitteilungen
MO	Maklerordnung
N.F.	Neue Folge
NJW	Neue Juristische Wochenschrift
NUSSBAUM	NUSSBAUM, Kommentar zum Börsengesetz, 1910
ÖEZPO	Einführungsgesetz zur österreichischen Zivilprozeßordnung von 1895
OGHBZ	Oberster Gerichtshof für die Britische Zone
OGHZ	Entscheidungen des Obersten Gerichtshofes für die Britische Zone in Zivilsachen
o.J.	ohne Erscheinungsjahr
OLG	Oberlandesgericht
o.O.	ohne Ort
OVG	Oberverwaltungsgericht
OVGE Berlin	Entscheidungen des Oberverwaltungsgerichts Berlin
OVGE Mü/Lü.	Entscheidungen der Oberverwaltungsgerichte für das Land Nordrhein-Westfalen in Münster sowie für die Länder Niedersachsen und Schleswig-Holstein in Lüneburg

| | Abkürzungsverzeichnis | XIII |

Pr.	Preußen, preußisch
PrOVG	Preußisches Oberverwaltungsgericht
PrOVGE	Entscheidungen des Preußischen Oberverwaltungsgerichts
RAnz	Deutscher Reichsanzeiger und Preußischer Staatsanzeiger
RFH	Reichsfinanzhof
RGBl.	Reichsgesetzblatt
RGSt	Entscheidungen des Reichsgerichts in Strafsachen
RheinZ	Rheinische Zeitschrift für Zivil- und Prozeßrecht
ROHG	Reichsoberhandelsgericht
RStBl.	Reichssteuerblatt
RT	Reichstag
StenBer I	Stenographische Berichte über die Verhandlungen des Reichstags, 9. Legislaturperiode, 4. Session 1895/96
UG	Gesetz zur Neuordnung des Geldwesens (Umstellungsgesetz) von 1948
Urt.	Urteil
VerwArch.	Verwaltungsarchiv
VGH	Verwaltungsgerichtshof
vgl.	vergleiche
Volkswirt	Der Volkswirt
VwGO	Verwaltungsgerichtsordnung von 1960
WeimRV	Verfassung des Deutschen Reiches von 1919
Wertheimers Jhb.	Jahrbuch für den internationalen Rechtsverkehr, herausgegeben von WERTHEIMER
Wertpapier	Das Wertpapier
WiGBl.	Gesetzblatt der Verwaltung des Vereinigten Wirtschaftsgebietes
WM	Wertpapier-Mitteilungen
ZfgesKred.	Zeitschrift für das gesamte Kreditwesen
ZHR	Zeitschrift für das gesamte Handelsrecht und Konkursrecht
ZPO	Zivilprozeßordnung von 1877
ZulBek.	Bekanntmachung betreffend die Zulassung von Wertpapieren zum Börsenhandel von 1910

Paragraphen ohne Zusatz sind solche des BörsG in der Fassung der Bekanntmachung von 1908 mit den späteren Änderungen.

ERSTER TEIL

Herkunft und Funktion der Börsen
Erste Rechtsentwicklung
Die Börsengesetzgebung seit Gründung des Deutschen Reiches bis zur Jetztzeit

KAPITEL 1

Herkunft und Funktion der Börsen

I. Die Anfänge der Börsen
A. Allgemeines

1. Börsen kann man nach dem Gegenstand des Geschäftsverkehrs in verschiedener Weise unterteilen. So finden sich Effektenbörsen, früher Fondsbörsen genannt, neben Waren-, Produkten-, Frachten-, Versicherungs- und anderen Börsen, je nach den Gütern oder Handelsgegenständen, die an bestimmten Orten im Vordergrund des Geschäftsverkehrs stehen. Als der Effektenkapitalismus aufkam, wurde die Effektenbörse die wichtigste Börsenform. Dem Ursprung nach sind aber fast sämtliche Effektenbörsen vom Warenhandel ausgegangen und haben erst spät ihre heutige Gestalt entwickelt.

2. Die Zusammenziehung des Handels an wichtigen Umschlagplätzen erfolgte schon lange vor dem Entstehen von Börsen auf Märkten und Messen. Märkte und Messen konnten jedoch die Bedürfnisse des Handels in nur geringem Maß befriedigen. Beide Institutionen, insbesondere soweit sie für den Großhandel in Betracht kamen, fanden seltener statt als Börsen. Schwerer wiegt aber noch, daß bei ihnen die Ware regelmäßig nach dem Ort des Geschäftsabschlusses gebracht und dort gelagert werden mußte. Wurde sie nicht verkauft, so war es notwendig, sie entweder an den Herkunftsort zurückzubefördern oder an einen anderen Markt- oder Messeort zu überführen.

Demgegenüber können Börsen erhebliche Erleichterungen bieten. Zwar setzen sie einen solchen Umfang des Handels voraus, daß zwei oder vier Markt- oder Messeveranstaltungen im Jahr nicht mehr ausreichen. Ist aber diese Voraussetzung gegeben, so bedarf es nur noch einer Ware, die eine so gleichmäßige Beschaffenheit hat, daß eine Besichtigung oder Prüfung nicht erforderlich ist. Es genügt, daß vertretbare Waren gekauft oder verkauft werden sollen, bei denen nicht einmal Muster oder Proben in Frage kommen, um einen Börsenverkehr im eigentlichen Sinn entstehen zu lassen.

3. Schon vor dem Entstehen von Warenbörsen findet sich ein Börsenverkehr, der dem Handel mit Wechseln diente. Dieses Wertpapier war entwickelt worden, um Münzen bei Verschiedenheit des Ortes der Ausstellung

des Wechsels und des Zahlungsortes „umwechseln" zu können. Ursprünglich als Solawechsel, also als Zahlungsversprechen, später als gezogener Wechsel, also als Zahlungsauftrag in Übung, verfeinerte sich das System immer mehr, bis es die heutigen Möglichkeiten des Wechselrechts umfaßte.

Wechselbänke und Warenbörsen finden sich regelmäßig in enger Verbindung. Sie gaben den sich entwickelnden Börsen der Frühzeit geradezu das Gepräge.

B. Börsen in Entwicklung: Lucca, Genua, Florenz und Venedig

1. Das früheste Emporkommen des Börsenwesens ist in Italien festzustellen. Hier finden sich in Lucca schon im Jahre 1111 Wechsler und Gewürzhändler zusammen, die ihre Stände im Hof der Kathedrale hatten. Dort schlossen sie ihre Geschäfte ab, wobei Notare ihre berufliche Unterstützung an den Tischen der Wechsler zur Verfügung stellten.

2. Wechselbänke befanden sich im 13 Jahrhundert auch in Genua. 1213 wird der Markt als Platz bezeichnet, wo sich die Wechselhändler aufhalten. Zwei Jahrhunderte später wurde der Platz erweitert und mit Säulenhallen versehen. Gleichzeitig befand sich an dieser Stelle das städtische Münzwägeamt mit der Münzschau, um den Feingehalt des Geldes prüfen zu können. Der Sitz der Aufsichtsbehörde und des Schiedsgerichts für Bankiers und Wechsler ergänzten dieses börsenmäßige Zentrum. Später wurden der Aufsichtsbehörde auch die Assekuranzmakler unterstellt.

3. Erst im 14. Jahrhundert wird die Börse von Florenz erwähnt. Sie befand sich auf dem Neuen Markt. Auch hier hatte die öffentliche Münzwaage in unmittelbarer Nähe ihre Aufstellung. Bei ihr wurden die Goldgulden gewogen und in Säcken versiegelt, um ohne weitere Prüfung bei Zahlungen verwendet werden zu können. Es ist selbstverständlich, daß dort auch eine Anzahl großer Banken unterkam, während andere über die übrige Stadt verstreut blieben.

4. Hauptzentren des Verkehrs bei den Geldwechslern waren in Venedig die alte Rialto-Brücke und der St. Markus-Platz. Die Rialto-Brücke hieß ursprünglich „Ponte della moneta". Brachten Kaufleute Silber und Gold oder fremdes Geld nach Venedig, so mußte es nach einem schon im 13. Jahrhundert gültigen Gesetz der Münze angeboten werden. Konnte man sich über den Kaufpreis nicht einig werden, so wurde es öffentlich versteigert.

1322 wurde der Platz auf der Rialto-Brücke wesentlich erweitert und durch eine Säulenhalle ergänzt. Die Wechsler erhielten ihre Bänke an der Kirche San Giacomo, wobei neben ihnen die Pfefferhändler ihre Stände errichteten. 1341 wurde der eigentliche Warenhandel auf die neue Rialto-Brücke verlegt, während auf der alten Brücke fortan nur Silber, Perlen,

Schiffe, liegende Güter und solche Sachen verkauft werden durften, die man leicht auf dem Rücken oder in der Hand forttragen konnte.

Überblickt man diese Plätze, so ergibt sich, daß sie niemals reine Börsen im heutigen Sinne darstellten, sondern daß neben Marktgütern auch solche fungiblen Tauschgüter gehandelt wurden, die börsenfähig waren und damit den Platz zum Börsenplatz machten. Denn es gab einige Waren, die die Eigenschaft der unbeschränkten Vertretbarkeit aufwiesen und damit börsenmäßige Geschäfte ermöglichten. Daneben bestand ein Wechsel-, also Wertpapierverkehr, auch Devisenverkehr, der gewisse börsenmäßige Züge enthielt. Von einer weitgehenden Börsengängigkeit zahlreicherer Produkte, Wertpapiere oder Devisen war man jedoch noch weit entfernt.

Literatur

EHRENBERG: Das Zeitalter der Fugger, 1. Bd.: Die Geldmächte; 2. Bd.: Die Weltbörsen und Finanzkrisen, 3. Aufl., 1922.

II. Börsenverkehr in Nordeuropa: Der Handelsplatz Brügge

1. In der Geschichte der Handelsbörsen spielt die Börse in Brügge eine besondere Rolle. Teils wird angenommen, daß die Institution der Börse überhaupt auf die Form des Handels in dieser Stadt zurückgeht, teils vertritt man die Auffassung, daß zum mindesten der Ausdruck „Börse" von der Stadt Brügge seinen Ausgang genommen hat. In Brügge lebte die Patrizierfamilie VAN DER BURSE, deren Name zum ersten Male im Jahre 1257 erscheint. Sie gehörte seit Beginn des 14. Jahrhunderts zu den reichsten Geschlechtern der Stadt. In ihrem Wappen führte sie drei Geldbeutel. Es ist wahrscheinlich, daß ihr Haus, das seit 1285 sehr häufig erwähnt wird, und „ter Buerse" oder auch „ter ouder Buerse" genannt wurde, den Namen für die Plätze hergab, die wegen des besonderen „börsenmäßigen" Geschäftsverkehrs auf ihnen seitdem „Börsen" genannt werden.

2. Nach einem Bericht des Florentiner Topographen GUICCIARDINI ist der Platz vor dem van der Burseschen Hause von den in Brügge lebenden Kaufleuten als regelmäßiger Versammlungsort benutzt worden. Trotzdem kann die Brügger Börse wenigstens bei Beginn des 16. Jahrhunderts noch keine eigentliche Börse im heutigen Sinn des Wortes gewesen sein. Nach einem zum Gebrauch für Aelterleute verfaßten Leitfaden aus dem Jahre 1500 besaßen die Kaufleute der einzelnen Nationalitäten nur gesonderte Versammlungsorte. Dabei befand sich derjenige der Lombarden (Italiener) auf dem Börsenplatz. Aus dem Leitfaden geht auch hervor, daß die in Brügge verkehrenden fremden Kaufleute, wenn sie mit Angehörigen einer anderen Nation den Wechselverkehr aufnehmen oder mit Waren handeln wollten, diese an ihrem Versammlungsort aufsuchten und dann wieder zu dem Ort ihrer eigenen Nation zurückkehrten.

Wenn auch diese börsenartigen Zusammenkünfte einen Fortschritt gegenüber der früheren Zeit darstellten, in der die Kaufleute mit ihren Maklern von Haus zu Haus wandern mußten, um ihre Einkäufe zu besorgen, so waren sie doch keine eigentlichen Börsenversammlungen. Eine Börse kennt zwar eine Sonderung ihrer Besucher nach Handelsbranchen, jedoch nicht nach Nationalitäten. Es fehlte der wesentliche Charakterzug der modernen Börse, der darin besteht, daß alle am selben Platz wohnenden Interessenten einer Handelsbranche gleichzeitig und unmittelbar miteinander in Verbindung gebracht werden. Die Brügger Börse war aber im Jahre 1500 nichts weiter als eine Versammlung italienischer Kaufleute.

3. Auch nach dem Beginn des 16. Jahrhunderts ist keine Weiterbildung der verschiedenen Versammlungsplätze zu einer einzigen Börse festzustellen. Antwerpen, das die Brügger Handelsmacht erbte, besaß demgegenüber schon seit 1460 eine regelmäßige kaufmännische Versammlung, die gleichfalls den Namen „Börse" führte. Ob sie schon damals alle Kaufleute vereinigte, ist zweifelhaft. Auf jeden Fall war aber die neue Börse, die Antwerpen 1531 bauen ließ, und die den Anstoß zur Errichtung zahlreicher anderer Börsen in England, Frankreich und Deutschland gegeben hat, eine die Kaufleute und Wechselhändler vieler Nationalitäten vereinigende Kaufmannsversammlung.

4. Von großer Bedeutung für die Entwicklung der nordeuropäischen Börsen war das Brügger Maklerwesen. Brügge war im späteren Mittelalter der Mittelpunkt des gesamten nordeuropäischen Warenverkehrs, von dem die deutsche Hanse den größten Teil in Händen hatte. Es diente dem internationalen Handelsverkehr als günstig gelegener Zwischenmarkt, auf dem die Waren des Ostens wie des Westens zusammengeführt und gegeneinander ausgetauscht wurden. Hierbei wurde Brügge auch das Zentrum des ganzen nordeuropäischen Wechselverkehrs. In einer derartigen Fremdenstadt entwickelte sich das Maklerwesen, das überall im Mittelalter mit dem Gasthandel aufs engste verknüpft ist, zu besonders hoher Blüte.

Die Makler, „makelaer" oder „couretier" genannt, werden bereits in einer Charte von 1240 erwähnt, die zur Reorganisation des Brügger Stadtregiments erlassen wurde. 1293 erhielten sie ein Privilegium, wonach kein Fremder und kein Bürger fortan in Brügge ohne Vermittlung eines „franc courtier" Handelsgeschäfte abschließen sollte. Demgegenüber durfte kein Makler in Stadt und Land zum Schaden der Brügger Bürger für eigene Rechnung Handel treiben, außer in denjenigen Waren, die die Stadtbehörde für diesen Zweck ausdrücklich freigab. Innerhalb des Stadtbezirks durften sich die Makler für alle Forderungen, deren Gültigkeit durch Urteil ihrer eigenen „jurez" anerkannt worden war, unter Beihilfe gewisser Beamten durch Pfändung und nötigenfalls Einsperrung des Schuldners Befriedigung verschaffen.

In der Zeit nach Erlaß dieses Privilegs nahm das Maklergewerbe in Brügge einen großen Aufschwung. Allerdings erfuhr es zu jener Zeit wohl auch im Innern eine wesentliche Umgestaltung, indem es mit dem Gewerbe der Fremdenbeherbergung und Speichervermietung verschmolz. Bürger, die sich dieser Tätigkeit widmeten, hießen „hosteliers" oder „ostelliers". Die Verschmelzung der beiden Gewerbe geht aus einem Privilegium von 1303 hervor, das Makler und Hosteliers zusammen nennt.

5. Betrachtet man das Makler-Privileg von 1303 im einzelnen — es besteht aus den vier Titeln: Bedingungen für die Aufnahme neuer Mitglieder in die Maklerzunft; Bestimmungen über die Ausstoßung von Zunftmitgliedern; Allgemeine handelspolizeiliche Vorschriften; Interne Gewerbsvorschriften für die Beziehungen der Zunftmitglieder untereinander —, so sieht man, daß vor allem die gewerblichen Beschränkungen des Maklers sehr weit gingen. Niemand durfte als Makler fungieren, wenn er nicht Bürger der Stadt und Mitglied der Maklerzunft geworden war. Zuwiderhandelnde wurden mit schwerer Geldstrafe bedroht. Ein Hostelier oder Makler, der anläßlich von Kriegsunruhen aus der Stadt floh, ging dadurch der Zunft verlustig. Er mußte sie, wenn er nach seiner Rückkehr das Gewerbe wieder ausüben wollte, von neuem gewinnen. Auch eine Reihe anderer Verfehlungen, wie Nichtbezahlen der Schulden oder Hingabe an den Spieltrieb, führten zum Verlust der Mitgliedschaft.

Kein Makler durfte innerhalb der Grafschaft Flandern für eigene Rechnung Handel treiben oder sich mit einem inländischen Kaufmann zusammenschließen. Eine Ausnahme war, daß er Waren im Inlande zum Export und im Auslande zum Import für eigene Rechnung erwerben konnte. Soweit er berechtigt war, Courtage zu nehmen, durfte er nie mehr oder weniger Courtage nehmen, als die Taxe vorschrieb.

6. Auf das Privileg von 1303 folgte eine Maklerstatut von 1323, das vielleicht als das älteste autonom erlassene Gesetz der Maklerzunft betrachtet werden kann. Es enthält eine neue Kategorie von Bestimmungen, die sich auf die Verfassung der Zunft beziehen, und ändert andere Vorschriften ab, die sich schon in dem Privileg befunden haben. Ihm folgten weitere Verordnungen, die aber die Organisation des Brügger Maklerwesens in den wesentlichen Grundzügen bis in das 17. Jahrhundert hinein unverändert ließen. Die Weiterbildung des Maklerinstituts ging auf andere Städte und Länder über, insbesondere auf Antwerpen.

Literatur

EHRENBERG: Makler, Hosteliers und Börse in Brügge vom 13. bis zum 16. Jahrhundert, ZHR 30. Bd. (1885), S. 403 f.

III. Gründung und Entwicklung der Börse von Antwerpen

1. Schon Anfang des 14. Jahrhunderts war Antwerpen ein Handelsplatz von größerer Bedeutung, dessen zwei Jahresmessen englische, italienische

und hansische Kaufleute an sich zogen. Seine Entwicklung ging jedoch bis Mitte des 15. Jahrhunderts nur langsam vor sich und wurde damals von Brügge überschattet. Erst 1442 wirkten verschiedene politische und wirtschaftliche Gründe zusammen und führten eine massenhafte Übersiedlung fremder Kaufleute von Brügge nach Antwerpen herbei, durch die Antwerpen zu einem der größten Handelsplätze der damaligen Zeit emporstieg.

2. Das Erbe Brügges als Hauptstadt des nordeuropäischen Handels durch Antwerpen hatte verschiedene Ursachen. Den Engländern diente Antwerpen als wichtigster Stapelplatz. Spanier und Portugiesen wurden durch ihre Kolonialunternehmungen dorthin geführt, während Deutsche dank der Größe ihrer Kapitalien und ihrem Unternehmungsgeist Antwerpen zuströmten.

Zwei der größten Antwerpener Handelszweige waren der Verkehr in ostindischen Erzeugnissen und in englischen Tuchen. Der Verkehr in ostindischen Erzeugnissen hatte sich früher von der Levante aus in westliche Länder erstreckt. Er floß jetzt nach Lissabon und von dort nach Antwerpen, wobei der portugiesische König die Ladungen jeweils im ganzen an kapitalkräftige Konsortien verkaufte, die hierbei ein Monopol erlangten und die Preise bestimmten. Die Konsortien sorgten auch dafür, daß der Handel in Antwerpen umgrenzt blieb. Ähnlich lagen die Verhältnisse beim Tuchhandel der Engländer. Diese Anhäufung besonders wichtiger Güter hatte zur Folge, daß die Hauptmenge der anderen Waren Antwerpen zugeführt wurde und die Bedeutung dieses Welthandelsortes unterstrich.

3. Ein bedeutender Anstoß für die Konzentration des Weltverkehrs in Antwerpen war auch die den fremden Kaufleuten gewährte Freiheit. Während andere Städte des Mittelalters strenge Beschränkungen des Handels kannten, schuf Antwerpen eine nahezu vollkommene Handelsfreiheit. War das Maklergewerbe in Brügge noch das Monopol einer Korporation gewesen, so war es in Antwerpen von jeder Fessel befreit. Hatten in Brügge lediglich die beeidigten Wechsler gewerbsmäßig Geldwechsel und Girobankgeschäfte betreiben dürfen, so gestattete in Antwerpen schon die Charta von 1306 allen Bürgern, derartige Geschäfte vorzunehmen. In der Blütezeit Antwerpens gab es für den Geld-, Edelmetall- und Wechselverkehr praktisch überhaupt keine Beschränkungen. Die gleiche Situation bestand beim Wirtsgewerbe, das in anderen Städten noch zahlreichen obrigkeitlichen Beschränkungen unterlag.

Da fremde Kaufleute ebensoviel Handelsfreiheit besaßen wie Inländer, fielen auch zahlreiche Schranken, die noch in Brügge zwischen den verschiedenen Teilen der Einwohnerschaft bestanden hatten. Lediglich die Engländer nahmen weiterhin eine besondere Stellung ein. Im übrigen bildete der sich aus den verschiedenen Nationen zusammensetzende Stand der Kaufleute eine einzige Kaufmannschaft mit im wesentlichen gleichen Rechten, Pflichten und Interessen.

4. Während in Antwerpen im 15. Jahrhundert ursprünglich nur zwei Jahresmessen, die Pfingstmesse im Frühjahr und die St. Bavonsmesse im Herbst, abgehalten wurden, durchbrach man gegen Ende des Jahrhunderts diese Tradition und fing an, das ganze Jahr hindurch auch außerhalb der Messen Handel zu treiben. Da die mittelalterliche Bedeutung der Messen, nämlich die mit ihnen verknüpfte Handelsfreiheit, in Antwerpen gegenstandslos war, zugleich aber auch der Umfang des Verkehrs derart wuchs, daß das ganze Jahr über ein regelmäßiger Markt unterhalten werden konnte, war die Aufgabe der bisherigen Tradition ohne jeden Nachteil. Das Ergebnis war der Wandel Antwerpens vom Messeplatz zum Börsenplatz.

5. Die Antwerpener Börse richtete der Stadtrat etwa 1460 in der Nähe des Großen Marktes ein. Hierbei bestimmte er ausdrücklich, daß sie der Beförderung des gesamten Handels dienen solle. Die Börse war damit von vornherein den Kaufleuten aller Nationen geöffnet. Eine besondere Warenbörse behielten nur die Engländer.

6. Der Handel an der Antwerpener Börse war mit starken Wagnissen verbunden. Insbesondere war der Pfeffer eine gefährliche Ware. Die großen Konsortien, die den Pfeffer aus der Hand des Königs von Portugal bezogen, kauften die Ware, während sie noch auf dem Meere schwamm, gewährten dem König große Vorschüsse und machten sich hierfür am Übernahmepreis bezahlt. Andererseits war es ihnen möglich, den Preis nach ihrem Interesse zu regulieren, jedoch nur solange, bis eine neue Flotte aus Ostindien ankam, deren Ertrag die weitere Preisgestaltung bestimmte. Aus alledem ergab sich, daß der Preis des Pfeffers unberechenbar blieb, wobei noch andere Umstände wie ausbrechende Kriege eine wesentliche Rolle spielten. Der Preis des Pfeffers bot daher ein weites Feld für die Spekulation. Vom Pfefferpreis hing aber auch ein großer Teil des übrigen Marktes ab. Er bildete weithin ein Barometer der Börsenstimmung.

Literatur

LE POITTEVIN: Histoire physique, politique et monumentale de la ville d'Anvers, Antwerpen 1847. — BEETEMÉ: Anvers, Métropole du commerce et des arts, 2. Bde., 2. Aufl. Löwen 1888. — EHRENBERG: Das Zeitalter der Fugger, 2. Bd., Die Weltbörsen und Finanzkrisen, 3. Aufl. 1922, S. 3 f.

IV. Die Amsterdamer Börse und die niederländischen Compagnien

1. Anfang des 17. Jahrhunderts trat Amsterdam das Erbe Antwerpens an. Amsterdam, damals eine der reichsten Städte Europas, besaß bereits eine große Börse, die einen bedeutenden Wechselverkehr auf sich zog. 1602 wurde die Holländisch-Ostindische Compagnie gegründet, deren Aktien die ersten waren, die an der Amsterdamer Börse eingeführt wurden. Sie bildeten

den Grundstock für einen großen spekulativen Aktienhandel und eine berufsmäßige, sich überwiegend des Zeitgeschäfts bedienende Spekulation.

2. Die Amsterdamer Börse als Hauptplatz der Spekulation fand zunächst im Freien auf der Neuen Brücke, später in der Vieille Eglise statt. 1613 erhielt sie ein eigenes Gebäude. Daneben blieb aber auch der Handel auf dem Dam erhalten. Die Börse als Rundbau, zum Teil gedeckt, zum Teil offen, faßte etwa 4500 Personen. Börsenzeit war zwölf bis zwei Uhr.

Der Zutritt zur Börse stand jedem offen. Ein Eintrittsgeld wurde nur von denjenigen erhoben, die zu spät kamen. Es betrug im allgemeinen sechs Stuivers, für Makler $1^1/_2$ Gulden. Ein Zusammenschluß der Effektenhändler zu einer Gesellschaft findet sich erst gegen 1784.

3. Besucher der Börse waren zwei Gruppen, die Händler und Spekulanten und die Makler, deren Zahl erstaunlich groß war. Bereits 1612 gab es 300 vereidete Makler. Ihr Kreis stieg im Jahre 1657 auf 500 an und betrug noch 1720 nur 100 Personen weniger. Daneben gab es unzählige „freie" Makler, von denen 1720 allein 100 im Aktienhandel tätig gewesen sein sollen.

Die Courtage war niedrig. Sie betrug für Aktien der Ostindischen Compagnie zunächst $^1/_2$ vom Hundert, für Aktien der Westindischen Compagnie $^1/_5$ vom Hundert. Im Jahre 1647 wurde der Satz für ostindische Aktien auf $^1/_5$ vom Hundert herabgesetzt. Im Laufe der Zeit schwankte die Courtage öfter und war stark ermäßigt. Sie berechnete sich bei den Ostindien-Aktien nach dem Kurswert, bei den Westindien-Aktien nach dem Nominalwert.

4. Material der Börse waren in erster Linie die Aktien der beiden großen Handelsgesellschaften, der Holländisch-Ostindischen Compagnie und später der Westindischen Compagnie. Die Holländisch-Ostindische Compagnie hatte einen Vorläufer in der Reederei-Compagnie van Verre. Hier hatten sich im letzten Jahrzehnt des 16. Jahrhunderts einige Kaufleute zum gemeinsamen Handel nach Ostindien verbunden. 1598 schloß sich die Gesellschaft mit einer zweiten Handelsgesellschaft zusammen, so daß die Zahl der Teilnehmer von zehn auf achtzehn stieg. Diese „Bewindhebber" (Sachwalter) leisteten Einschüsse für die Schiffsreisen, wobei das Kapital stets nur für eine einzige Reise zusammengebracht wurde. Die Bewindhebber hatten die Möglichkeit, andere Interessenten nach Belieben zu beteiligen.

Als 1602 in Fortsetzung der bisherigen Compagnie die Vereinigte Holländisch-Ostindische Compagnie gegründet wurde, erhielt sie das Monopol des Handels nach Ostindien. Dies führte dazu, daß sich in kurzer Zeit eine günstige Börsenmeinung über die Aktien bildete und die Spekulation den ersten modernen Fondsmarkt schuf.

5. Im Jahre 1621 wurde die schon erwähnte Holländisch-Westindische Compagnie gegründet. Sie erhielt das Monopol für den Handel mit Amerika. Ihre Entwicklung war jedoch nicht sehr erfolgreich. Während sie Gewinne

in der ersten Zeit nur aus der Wegnahme von meist spanischen Schiffen zog, und der Handel mit Gewürznelken im Hintergrund blieb, fiel später dieser Handel gänzlich fort, als Brasilien als holländische Kolonie verlorenging. 1674 mußte die Gesellschaft staatlich gestützt werden. Sie blieb seit dieser Zeit ein undankbares Objekt der Spekulation.

6. Sehr spät erst ist das Staatspapier Gegenstand des regelmäßigen Börsenverkehrs geworden. Während der Blütezeit der Republik war der Kredit der Generalstaaten sowie der einzelnen Provinzen und Städte so gefestigt und die Zahl der anlagebedürftigen Kapitalisten so groß, daß es keine Schwierigkeiten bereitete, die Rentenanleihen durch unmittelbare Zeichnung unterzubringen und Käufer oder Verkäufer außerhalb der Börse zu finden. Ein regelmäßiger Börsenverkehr in niederländischen Staatspapieren ist jedenfalls vor 1672 nicht bekannt.

Literatur
GROSSMANN: Die Amsterdamer Börse vor 200 Jahren, den Haag 1876. — BRENNINKMEYER: Die Amsterdamer Effektenbörse, 1920. — SAMUEL: Die Effektenspekulation im 17. und 18. Jahrhundert, 1924.

V. Das Zeitgeschäft

1. Sehr bald nach Beginn des Aktienhandels findet sich auch das Zeitgeschäft als Form des Börsengeschäfts. Schon in einem Edikt der Generalstaaten vom 27. 2. 1610 „tegens het verkoopen ende transporteren der Actien inde Ostindische Compagnie" wird festgestellt, daß Leute, die nicht bei der Ostindischen Compagnie beteiligt seien, trotzdem Aktien auf Zeit verkauft hätten, in der Absicht, sie bis zum Lieferungstage billiger wieder einzukaufen. Das Edikt verbot deshalb jedermann, Aktien zu verkaufen, sei es auf Zeit oder per Kasse, die sich nicht wirklich im Besitz des Verkäufers befänden. Es verordnete ferner, daß jeder Verkauf von Aktien innerhalb eines Monats nach Vertragsabschluß der Compagnie angezeigt werden solle, damit diese die Aktien sofort auf den Namen des Käufers umschreiben könne. Die Bezahlung des Kaufpreises durfte jedoch, je nach Übereinkunft, später erfolgen.

Mit diesen Bestimmungen wollte die Regierung die Baisse-Spekulation unterbinden, ohne damit das „legitime" Zeitgeschäft, den Kauf à la hausse, zu schädigen.

Es scheint, daß die Wirkung des Erlasses nicht sehr groß war. Schon elf Jahre danach, 1621, erging eine entsprechende Verordnung für die Aktien der neu gegründeten Westindischen Handelscompagnie. Dabei wurde gleichzeitig Klage darüber geführt, daß die verbotenen Blankoverkäufe trotz des Verbots von 1610 weiterhin stattgefunden hätten. Das Edikt von 1621 enthielt deshalb noch einengendere Bestimmungen für diesen Handel, die 1623 auch auf die Aktien der Ostindischen Compagnie ausgedehnt wurden. Mit ihnen wurden auch Klauseln verboten, nach denen die Parteien ausdrücklich im voraus darauf verzichteten, die ihnen durch die Edikte etwa erwachsenden Rechte gegeneinander geltend zu machen. Den Maklern war bei Strafe sofortiger Amtsentsetzung untersagt, verbotene Geschäfte zu vermitteln.

2. Über den holländischen Aktienhandel hinaus finden sich auch in anderen Ländern frühzeitig Ansätze des Börsenterminhandels. In Frankreich war es insbesondere LAW, der die Fondsspekulation vorantrieb und das Prämiengeschäft erfand. Aber erst 1724, vier Jahre nach einem großen Börsenkrach, erließ die Regierung eine Verordnung, die statt der bisherigen Winkelbörsen eine staatlich anerkannte Fondsbörse ins Leben rief, das ausschließliche Maklerprivileg der Compagnie des Agents de Change bestätigte und besonders alle Zeitgeschäfte in Wertpapieren untersagte. Allerdings blieb das Verbot ohne Wirkung. Die Börse konnte schon damals das Zeitgeschäft nicht gänzlich entbehren und umging das Verbot auf verschiedenste Weise.

3. Auch im englischen Wertpapierverkehr finden sich ähnliche Entwicklungen wie in Holland und Frankreich. 1697 wurde eine Verordnung erlassen, die die Zahl der Wertpapiermakler beschränkte, ihnen verbot, für eigene Rechnung Geschäfte zu machen, und alle Zeitgeschäfte, die auf einen längeren Termin als drei Tage abgeschlossen wurden, für nichtig erklärte. Es scheint jedoch, daß auch diese Bestimmungen keinen Erfolg hatten.

4. Etwa 1720, neun Jahre nach Gründung der Englischen Südsee-Compagnie, findet sich eine besonders fieberhafte Entwicklung des Börsengeschäfts in London. Mit gewagtesten Gründungen (Bubbles), die wie Pilze aus der Erde schossen, wurden Aktien zum Gegenstand einer ungewöhnlichen Spekulationswut. Sie hielt manchmal nur einige Tage, gelegentlich aber auch einige Monate an. Der Wertpapierhandel wurde dadurch immer mehr zu einer Gefahr für den Staat, so daß endlich im Jahre 1733 auf Veranlassung von Sir JOHN BARNARD ein Gesetz zustandekam, das alle Prämiengeschäfte in Wertpapieren untersagte und mit Strafen belegte, die Regulierung aller Wertpapiergeschäfte durch bloße Differenzzahlung verbot, und jeden Verkauf von Wertpapieren, die der Verkäufer zur Zeit des Geschäftsabschlusses nicht tatsächlich besitzen sollte, für ungültig erklärte und mit Strafe belegte. Mit Strafe bedroht wurden auch Makler, die die verbotenen Geschäfte vermittelten.

Betrachtet man das Gesetz genauer, so sieht man, daß es ein vollkommenes Verbot aller Zeitgeschäfte nicht zum Inhalt hatte. Grund hierfür war, daß die wirklichen Wertpapierbesitzer, die Papiere in dem Glauben gekauft hatten, sie jederzeit wieder auf beliebige Art zu veräußern, in ihren „wohlerworbenen" Rechten nicht beeinträchtigt werden sollten. Auch argumentierte man, daß Zeitgeschäfte in anderen Waren geschlossen würden und daß es daher nicht verständlich sei, wenn die Ware „Obligationen und Aktien" hiervon gänzlich ausgenommen sein solle.

Die Wirkung auch dieses Gesetzes dürfte nicht weitreichend gewesen sein. Es war ein Grundsatz der Wertpapierbörse, die Unanfechtbarkeit aller Börsengeschäfte um jeden Preis aufrecht zu erhalten. Niemand dachte deshalb daran, Geschäfte in Frage zu stellen, weil sie gegen das Gesetz von 1734 verstießen. Im übrigen verbot eine Bestimmung des Londoner Börsenstatuts jedem Mitglied ausdrücklich, Ansprüche gerichtlich einzuklagen, die aus einem Börsengeschäft herrührten.

5. Fast über das ganze 18. Jahrhundert hinweg läßt sich immer wieder feststellen, daß die Spekulation repressiven Maßnahmen unterworfen wurde. Dabei waren diese Maßnahmen gegen Ende des Jahrhunderts in Frankreich am schärfsten, während England sich mehr zurückhielt und in Deutschland bei dem sehr geringen Wertpapierhandel ein Zeithandel, wie er in den genannten Ländern stattgefunden hatte und noch stattfand, kaum anzutreffen war. Soweit hier der Effektenhandel betrieben wurde, diente er überwiegend Anlagezwecken.

Literatur
EHRENBERG: Die Fondsspekulation und die Gesetzgebung, 1883. — SAMUEL: Die Effektenspekulation im 17. und 18. Jahrhundert, 1924.

VI. Die ersten Kurszettel

1. Die Frage, wann die ersten Kurszettel im Laufe der Börsengeschichte auftauchten, läßt sich schwer beantworten. Als sicher wird es bezeichnet, daß in den Niederlanden amtliche Preiscourante für Waren und Wechsel bereits 1613 gedruckt wurden. Sie konnten für vier Gulden im Jahresabonnement bezogen werden.

Kurszettel für Effekten dürften erst gegen Ende des 17. Jahrhunderts ausgegeben worden sein. In London erschien der erste Kurszettel im heutigen Sinn, also ohne belehrende Zusätze wie sie die Nachrichtenagenturen brachten, 1697. Er wurde von privater Seite gedruckt und enthielt sechs Effekten. Ein erster amtlicher Kurszettel (course of exchange) erschien 1714. Die Kursblätter wurden regelmäßig zweimal in der Woche, dienstags und freitags, veröffentlicht.

2. Einer der ältesten Effektenkurszettel der Amsterdamer Börse stammt aus dem Jahre 1720. Er war von privater Seite in Umlauf gebracht worden. Die Kurse wurden in ein vorgedrucktes Formular mit der Hand eingetragen. Der Zettel enthielt Kurse von Beleihungen und 34 verschiedenen Aktienarten.

In einem Kurszettel aus Amsterdam, der 1747 ausgegeben worden ist, finden sich 25 Arten Staats- und Provinzobligationen, drei niederländische

Aktienarten, drei englische Staatspapiere, sechs deutsche Anleihen und drei weitere Papiere. Hier erstmals läßt der Kurszettel die Vielseitigkeit des Wertpapierhandels und das Heraufkommen eines internationalen Effektenkapitalismus in eindrucksvoller Weise erkennen. Die Zahl der gehandelten Papiere stieg bis Ende des 18. Jahrhunderts um ein Vielfaches.

Literatur

SAMUEL: Die Effektenspekulation im 17. und 18. Jahrhundert, 1924. — SMITH: Tyd-Affaires in Effekten an de Amsterdamsche Beurs, Den Haag 1919.

KAPITEL 2

Die frühe Rechtsentwicklung und Organisation der deutschen Börsen

I. Die Anfänge des Börsenwesens in Deutschland

A. Die Märkte Augsburg und Nürnberg

1. An der Spitze der Städte, die Ende des 15. und Anfang des 16. Jahrhunderts zu den größten Handelsstädten Deutschlands zählten, stehen Augsburg, Nürnberg und Ulm. Von diesen Städten bildete sich Nürnberg am frühesten als führende Handelsstadt aus, da sie bereits vor der Verbindung mit Italien den Donauverkehr benutzen konnte und zugleich mitten im Herzen Deutschlands lag. Nürnberg war ein Hauptmarkt für verschiedene holländische Produkte und machte zugleich mit den eigentümlichen Erzeugnissen seines Gewerbe- und Kunstfleißes einen beträchtlichen Umsatz. Frühzeitig hatte Nürnberg auch vorzügliche Handwerksordnungen und gewerbepolizeiliche Einrichtungen. Von den Kaisern mit bedeutenden Rechten und Privilegien ausgestattet, schloß die Stadt selbst mit fremden Staaten, wie Frankreich und Flandern, Verträge ab, um ihrem Handel Freiheiten und Vorteile aller Art zuzuwenden.

2. Das umfassendste Speditions- und Kommissionsgeschäft mit allen aus Italien eingehenden und dahin ausgehenden Waren lag jedoch in Augsburg. Von hier ging die Straße über Kempten, Füssen und Innsbruck nach Venedig. Augsburg hatte diese Straße zu unterhalten, wofür die deutschen Kaiser verschiedene Mautrechte bewilligten. Die Augsburger Handelsherren betrieben zudem in späterer Zeit, gegen Ende des 15. Jahrhunderts, auch ein unmittelbares Importgeschäft, indem sie sich teils mit venezianer und genueser Häusern verbanden, teils eigene Zweiggeschäfte in den italienischen und niederländischen Häfen errichteten. Besonders durch die FUGGER

und WELSER gelangte Augsburg im 15. und 16. Jahrhundert zu größter wirtschaftlicher und politischer Bedeutung. Es wurde neben Nürnberg der Hauptstapelplatz für den Handel des deutschen Nordens mit dem Süden.

3. Eine derartige Anhäufung von Reichtümern rief auch das Bank- und Börsengeschäft ins Leben. Augsburg wurde einer der ersten Wechselplätze Europas. Vor allem fanden verschiedene Staatsanleihen dort ihr Unterkommen. Die Geschlechter der FUGGER, WELSER und BAUMGARTNER waren aber nicht nur als Geldverleiher bekannt, sondern gewannen durch die Verleihung wichtiger Monopole und durch die Teilnahme an dem Verkehr mit Indien und Mittelamerika sowie durch die Ausbeute von Bergwerken und Minen immer größeren Glanz. Allerdings ist wenig darüber bekannt, in welcher Weise das eigentliche Börsengeschäft durch die ihm eigentümlichen Ausbildungen des Rechts gerade in Nürnberg und Augsburg gefördert wurde. Wenn man davon absieht, daß die Handelsgesellschaften, die durch Spekulationen mächtig und durch künstliche Preissteigerungen oftmals gefährlich wurden, für das moderne Aktiengesellschaftswesen Vorbilder boten, so findet man kaum eine besondere rechtliche Entwicklung in diesen Städten, die für das moderne Börsenwesen kennzeichnend geworden wäre. Es scheint, daß nur das monopolistische Treiben zu rechtlichen Maßnahmen anregte, daß aber Augsburg und Nürnberg als Märkte zum Börsenwesen und Börsenrecht keinen besonderen Beitrag leisteten.

Literatur
WAGENSEIL: Vollständige Geschichte der Stadt Augsburg, 1871. — KLEINSCHMIDT: Augsburg, Nürnberg und ihre Handelsfürsten im fünfzehnten und sechzehnten Jahrhundert, 1881. — EHRENBERG: Die alte Nürnberger Börse, Mitt. des Vereins für die Geschichte der Stadt Nürnberg, 8. Heft, 1889, S. 69 f.

B. Die Börse zu Köln

1. Eine der ältesten Börsen im nordwestlichen Deutschland ist die 1553 gegründete Börse zu Köln. Zu Beginn dieses Jahres wurde den Kaufleuten erlaubt, zur Besprechung ihrer Angelegenheiten auf dem Platz vor dem Rathaus zusammenzukommen, bis man einen geeigneten Börsenplatz gefunden habe. Etwas später fand sich dieser Platz auf dem Heumarkt. Jedoch blieb die Börse ein offener, nicht überdachter Erdaufwurf, der nur unten ausgemauert und unterwölbt wurde. Besucher der Börse waren außer einheimischen Kaufleuten vor allem „burger uis den Nederlanden, uis Italien und Portugallien". Bei schlechtem Wetter wurde die Börse im Hause eines Kölner Bürgers abgehalten, der den Botenverkehr zwischen Köln, Frankfurt und Augsburg vermittelte.

Schlägereien und Tätlichkeiten veranlaßten den Rat 1596, für den Leibesschutz der Börsenbesucher durch ein besonderes Edikt Sorge zu tragen. Die Börse wurde zu einem „gefreieten Platz" erklärt; die Börsenbesucher wurden mit Immunität ausgestattet und Verhaftungen auf der Börse als in loco privilegiato verboten. Die Feststellung der Börsenfreiheit wurde durch zwei weitere Edikte ergänzt, die den Abschluß von Wetten verboten und bestimmten, daß Anfang und Ende der Börse zur Erhaltung der Ordnung durch ein Schellenzeichen anzukündigen seien.

2. Als später die Fremden abwanderten, teils wegen engherziger Verbote gegenüber gewerblichen Fortschritten, teils wegen ungerechtfertigter Steuern, verfiel die Börse und findet erst 1730 wieder Erwähnung. Damals wurde ein Börsengebäude errichtet, das von allen Seiten mit einem eisernen Gitter umgeben war. Trotz dieses Baues scheint der Börsenverkehr keinen großen Aufschwung genommen zu haben. Es fehlt auch jeder Anhalt dafür, ob man sich zur Abwicklung von Geschäften auf der Börse der Vermittlungstätigkeit vereidigter Makler bediente.

3. Nach der Besetzung Kölns durch die Franzosen 1797 wurde die Frage einer Effektenbörse in dem Maße dringlicher, als die Geldbedürfnisse des französischen Reiches wuchsen. Am 4. 11. 1811 erging von Düsseldorf aus ein Napoleonisches Gründungsdekret für eine Börse in Köln, deren rechtliche Grundlage das Gesetz vom 28. Ventose IX (17. März 1801) bildete. Ehe indessen die Börse eröffnet werden konnte, verließen die französischen Armeen die Stadt. Doch blieben viele Bestimmungen des Gründungsdekrets und des Reglements für die innere Polizei der Börse, insbesondere auch die Maklerbestimmungen in Kraft, bis das Allgemeine Deutsche Handelsgesetzbuch von 1861 das französische Recht in Köln ersetzte.

4. Die Börse selbst wies von 1843 ab einen stärkeren regelmäßigen Börsenverkehr auf, der allerdings auf drei Tage in der Woche beschränkt war, weil „diese den fleißigen und regelmäßigen Besuch weit eher erwarten ließen" als eine täglich offene Börse. Sie erhielt auch neue Reglemente, die vor allem die nicht vereidigten Pfuschmakler bekämpfen sollten. Während der Wechselhandel keine besondere Ausprägung zeigte, entwickelte der Aktienhandel durchaus eigengeartete Züge. Vor allem Aktien von Versicherungs- und Verkehrsunternehmen wurden Gegenstand eines börsenmäßigen Handels. Eine erste Notierung in der Kölnischen Zeitung erschien im März 1844 und betraf die Köln-Bonner-Eisenbahnaktien, die zum Kurse von $131^1/_2$ bezahlt wurden. 1856 findet sich ein Kursbericht, der bereits eine sehr große Zahl von Wechseln, Eisenbahnaktien, Obligationen, sonstigen Aktien und nichtamtlichen Notierungen aufwies, herausgegeben von den „Wechsel-Agenten". Daneben konnte sich die Produktenbörse stärker entfalten, so daß Köln Mitte des 19. Jahrhunderts als der bedeutendste Getreidehandelsplatz am Rhein betrachtet wurde.

5. Da die alte Börse auf dem Heumarkt den Bedürfnissen nicht mehr genügte, wurde 1875 der Gürzenich, ein für die damalige Zeit sehr repräsentatives Gebäude, dem Kaufmannsstand als Börse übergeben. Diese Börse war sowohl Effekten- als auch Produktenbörse und erfuhr in dieser Epoche

einen starken inneren Ausbau. Während 1862 nur eine Börsenordnung erlassen worden war, jedoch keine Maklerordnung und keine geschriebenen Handelsbräuche bestanden, wurde es jetzt notwendig, sich den Gepflogenheiten der maßgebenden Berliner Börse anzupassen. 1870 wurde der erste „Handelsgebrauch der Kölner Produktenbörse", 1872 der „Handelsgebrauch der Kölner Effektenbörse" herausgegeben. 1873 trat eine Maklerordnung für die Stadt Köln in Kraft. Auch in vielen anderen Verlautbarungen schloß sich die Kölner Börse dem Berliner Vorbild an. Hand in Hand damit erfolgte ein Ausbau der Börse zum Markt für Versicherungswerte.

Literatur
HELTEN: Die Entwicklung der Kölner Börse, Diss. Köln 1922; Die Kölner Börse 1553—1927, 1928. — KUSKE: 400 Jahre Börse zu Köln, 1953.

II. Die Hamburger Börse

1. Als Gründer der Hamburger Börse kommt wahrscheinlich der „gemene Kopman" in Betracht, eine 1517 entstandene Vereinigung der Hamburgischen Großhändler, die den Handel über See betrieben. An ihrer Spitze standen sechs „Älterleute", die zusammen mit zwei Zollherren als Vertretern des Rates die Führung der Hamburger Kaufmannschaft innehatten. Der Bau einer Börse ist durch Eintragungen im „Fundationsbuch der Börse" von 1558 nachgewiesen.

2. Die Börse war zunächst ein eingefriedeter, von Arkaden umgebener Platz, auf dem 1577—1583 ein festes Gebäude errichtet wurde, dessen Verwaltung geteilt war. Den offenen Börsenplatz verwalteten die Kaufmannsälterleute, später „Börsenalte" genannt, das Gebäude die Gewandschneider, die auch das Eigentumsrecht am Gebäude besaßen. Als 1665 die Commerzdeputation aus sechs Kaufleuten als Vertretung der Kaufmannschaft gebildet wurde, zu der ein Schiffer als siebenter Deputierter hinzutrat, ging die die Börse beherrschende Stellung der Älterleute langsam verloren und wechselte zur Deputation über. 1867 wurde die Deputation in eine Handelskammer umgewandelt, die aber erst nach 1919 als Träger der Börse in Erscheinung trat.

3. Die Hamburger Börse war von Anfang an eine allgemeine Börse, an der Großhandelsgeschäfte mit Waren aller Art, Geld- und Wechselgeschäfte, Assekuranz- und Frachtgeschäfte und seit dem 19. Jahrhundert auch das Fondsgeschäft betrieben wurden. Das Recht zum Besuch der Börse war unbeschränkt, mit Ausnahme der in Konkurs gefallenen Bürger, die auf Zeit oder auf Dauer ausgeschlossen waren. Auch konnten mit gewissen Ausnahmen Fremde die Börse besuchen, was die machtvolle Entwicklung Hamburgs in der zweiten Hälfte des 16. Jahrhunderts sehr gefördert hat.

16 Die frühe Rechtsentwicklung und Organisation der deutschen Börsen

4. Die Börsenmakler nahmen eine Sonderstellung ein. Sie unterstanden einer Maklerordnung, die zuerst 1618 oder 1642 kodifiziert wurde. Eine erste gedruckte Maklerordnung erschien 1653. Die Aufsicht über die Makler führte eine hamburgische Behörde, die die Makler ernannte und vereidigte und über sie zu Gericht saß. Die Maklerbehörde bildeten bis Mitte des 17. Jahrhunderts die Zollherren und die Kaufmannsälterleute. Später war es die Maklerdeputation. Die Zahl der Makler war beschränkt und wurde 1792 in das Ermessen der Maklerdeputation gestellt. Ausweis der Makler war ein Maklerzeichen aus Messing in Form einer Münze, später ein Maklerstock mit silbernem Knauf, den der Makler bei seinen Geschäften in der Hand tragen mußte.

5. Bereits im letzten Jahrzehnt des 16. Jahrhunderts pflegten die Hamburger Kaufleute an ihre auswärtigen Korrespondenten „Preiskurante" über die wichtigsten in Hamburg gehandelten Waren zu versenden. Diese Preiskurante waren Vordrucke, in die die Preise handschriftlich eingetragen wurden. Erst 1735 gab die Commerzdeputation einen regelmäßigen Preiskurant heraus, der amtlichen Charakter tragen sollte. Zu diesem Zweck wählte die Deputation achtzehn Makler aus, die von der Maklerdeputation mit der Notierung der Kurse beauftragt und auf eine Instruktion verpflichtet wurden. Die Leitung des Preiskurants lag in den Händen der Commerzdeputation. Für ihre Mühe erhielten die Notierungsmakler einen Anteil am Erlös des Preiskurants.

Geld- und Wechselkurszettel sind in Hamburg seit 1659 nachweisbar. Nach anfänglich privatem Charakter wurde der Kurszettel später durch amtliche Notierungsmakler erstellt und von der Commerzdeputation beaufsichtigt. Bei auffallenden Kursdifferenzen hatte die Deputation das Recht zur Einrede und selbständigen Kursabänderung, wovon auch gelegentlich Gebrauch gemacht wurde.

6. 1880 bestätigte das hamburgische Handelskammergesetz der Handelskammer das Recht, die Aufsicht über die Börse auszuüben. Sie schrieb ihr den Erlaß einer Börsenordnung vor, die der Senat zu genehmigen hatte. Als 1897 das BörsG in Kraft trat, ging die Börsenaufsicht auf den Senat über, der sie seinerseits der Handelskammer zuwies, so daß sich an den bisherigen Verhältnissen nichts Wesentliches änderte.

Der nach Einführung des BörsG gebildete Börsenvorstand, dem bestimmte Aufgaben auf dem Gebiet der Börsenleitung, der Festsetzung von Geschäftsbedingungen und der Feststellung von Börsenpreisen übertragen wurden, gliederte sich in sechs Abteilungen: in die allgemeine Abteilung (Börsenkommission), in die Abteilung für Wertpapiere, Wechsel, Geld und Edelmetalle und in die Abteilungen für Spiritus, Kaffee, Zucker und Baumwolle. Die Mitglieder der Börsenkommission bestanden aus Mitgliedern des Plenums der Handelskammer, die der anderen Abteilungen aus Angehörigen der betreffenden Geschäftszweige. Weitere Abteilungen traten später hinzu.

7. Bis nach dem ersten Weltkrieg war die Hamburger Börse eine „freie" Börse. Zu ihren, dem allgemeinen Geschäftsverkehr dienenden Räumen hatten alle „anständigen männlichen Personen" freien Zutritt, sofern sie nicht unter die wenigen Ausschließungsbestimmungen fielen. Lediglich von dem in besonderen Räumen abgehaltenen Börsenverkehr konnten die Vereine, die diesen Verkehr veranstalteten, Nichtmitglieder ausschließen. Erst während der Inflation wurde der Grundsatz der Börsenfreiheit verlassen und der Börsenbesuch von einer Zulassung und der Zahlung einer Gebühr an die Handelskammer abhängig gemacht.

Literatur
KIRCHENPAUER: Die alte Börse, ihre Gründer und ihre Vorsteher, 1841. — BASCH: Aus der Entwicklungsgeschichte des Hamburger Kurszettels, Bank-Arch. Jhg. V (1905) S. 8f. — ALPERT: Die Verfassung der Wertpapierbörse in Hamburg und deren Änderungen während und nach dem Weltkriege, Diss. Bonn 1922. — KLEIN: 400 Jahre Hamburger Börse, Sonderdruck der HK Hamburg, 1958.

III. Frankfurt und seine Börse

1. Einer der ersten deutschen Plätze, an denen der Effektenverkehr schon früh einen größeren Umfang annahm, war Frankfurt a. Main. Die Blütezeit der Frankfurter Messen im 14. Jahrhundert beruhte zunächst auf der Entfaltung der städtischen Handwerkerzünfte. Großkaufleute, wie sie in späterer Zeit die Messen beherrschten, waren damals noch unbekannt. Aber schon das 15. Jahrhundert brachte einen Fortschritt, als der Wechsel auch in Frankfurt an Boden gewann und damit der Kapitalverkehr neben dem Warenverkehr Bedeutung erhielt. Dieser Verkehr wurde stärker, als zu Beginn des 16. Jahrhunderts der italienisch-levantinische Welthandel zurückging und Städte wie Antwerpen und Lyon die Nachfolge antraten. In diesem Zeitpunkt wurde Frankfurt die Eingangspforte des neuen Verkehrsstroms nach Süd- und Mitteldeutschland, wodurch sich auch sein Zahlungs- und Kreditverkehr erheblich erweiterte.

Dieser Verkehr auf den Frankfurter Messen führte im 16. Jahrhundert dazu, daß Frankfurt zu einem der ersten Geld- und Kapitalplätze Deutschlands emporstieg. Seine internationale Bedeutung gewann Frankfurt, als Antwerpen infolge der niederländischen Wirren und der Religionskriege einem schnellen Niedergang anheimfiel und auch die oberdeutschen Plätze ihre frühere Bedeutung einbüßten.

Die älteste Erwähnung der Frankfurter Börse findet sich 1605. Es scheint allerdings, daß das Geld- und Wechselgeschäft schon seit 1585 eine börsenmäßige Gestaltung erfahren hatte und seit dieser Zeit eine regelmäßige Festsetzung der Wechsel- und Geldkurse vorgenommen wurde. Die Stellung Frankfurts als internationaler Markt litt aber bald darauf durch den Ausbruch des Dreißigjährigen Krieges, mit dem besonders für Frankfurt eine Zeit des wirtschaftlichen Niedergangs verbunden war.

2. Erst im 18. Jahrhundert setzte erneut ein Aufschwung ein, der in Verfolg einer längeren Entwicklung zur Gründung einer modernen Effektenbörse führte. Das Bankgeschäft entwickelte sich auch in Frankfurt in enger Anlehnung an das Warengeschäft. Insbesondere ließ das Warenspeditionsgeschäft eine Reihe großer Bankhäuser entstehen. Daneben bildete das Anleihegeschäft die Voraussetzung und Grundlage eines lebhafteren Börsenverkehrs. Hier waren es das Haus Bethmann, das 1748 gegründet wurde, und andere Frankfurter Häuser, wie Willemer und Metzler, die an diesem Geschäftszweig einen großen Anteil hatten.

Aus einem aus dem Jahre 1797 stammenden Effektenkursblatt ist zu schließen, daß der Beginn eines regelmäßigen Effektenverkehrs etwa um 1790 anzusetzen ist. Dabei folgte der Fondsverkehr dem seit langem bestehenden Wechselverkehr. Er hatte schon früh zu einer allgemeinen täglichen Vereinigung der Kaufleute der Stadt und einer entsprechenden Organisation geführt. Umfangreicher wurde der Effektenverkehr, als nach dem Ausgang der napoleonischen Kriege ruhigere Zeiten kamen.

3. Dem Frankfurter Börsenplatz sicherte sowohl der Kapitalreichtum seiner Bankhäuser und Bürger, besonders aber das Haus Rothschild eine einzigartige Stellung bei den Anleihegeschäften der nun folgenden Epoche. Die Anleihen wurden auch in Frankfurt zur Subskription aufgelegt und an der Frankfurter Börse gehandelt. Ihre Umsätze steigerten sich dadurch erheblich. Gleichzeitig kam eine ausgeprägte Spekulation auf, die sowohl die großen Anleihepapiere der Zeit, als auch im geringeren Maß den aufkommenden Aktienhandel umfaßte. Hier waren es allerdings weniger die Eisenbahnaktien, denen gegenüber die Frankfurter Börse sehr zurückhaltend blieb, als vielmehr die Aktien auswärtiger Banken. 1853 wurde die Darmstädter-Bank-Aktie zum ersten Mal notiert. Unmittelbar darauf erschien die der Weimarer Bank, der in den Jahren 1854–1858 elf weitere Bankaktien folgten. Gleichzeitig blieb die Frankfurter Börse die bedeutendste Staatspapierbörse in Deutschland.

4. Als Frankfurt 1866 Preußen angegliedert wurde, ging die führende Stellung seiner Börse sehr bald verloren. Preußen besaß in Berlin seinen wirtschaftsgebietlichen Mittelpunkt. Diesem Stoß durch äußere Ereignisse konnte die Frankfurter Börse keinen genügenden Widerstand entgegensetzen. Erst gegen Ende der achtziger Jahre begann auch die Industrieaktie ihren Einzug in süddeutsche Kreise und in die Frankfurter Börse zu halten. Die Zahl der notierten Industriewerte, die Anfang 1885 erst 24 betragen hatte, stieg 1889 bereits auf 79. Die Möglichkeit, zweite Zentralbörse in Deutschland zu werden, war damit jedoch nicht verbunden. Erst der Ausgang des zweiten Weltkriegs und die Ausschaltung Berlins als Hauptstadt, vor allem aber auch die Errichtung der Bank deutscher Länder, der heutigen

Bundesbank, in Frankfurt bewirkten, daß sich Frankfurt neben Düsseldorf wieder zu einem der bedeutendsten deutschen Börsenplätze entwickelte. Die Börse selbst ist Kammerbörse unter der Aufsicht des Hessischen Ministers für Wirtschaft und Verkehr.

5. Eine Eigenheit der Frankfurter Börse war die Einrichtung einer Abendbörse. Sie entstand aus den Abendversammlungen der ehemaligen „Effektensozietät". Dieser Verein war ein Privatklub zum Zweck des Börsenhandels in der Art der englischen Börsen. Er wurde in den Jahren nach 1820 von 58 der angesehensten Frankfurter Häuser, darunter den Häusern Bethmann und Rothschild, als „Colleg" gegründet und verfolgte den Zweck, seinen Mitgliedern auch außerhalb der zwei offiziellen Börsenzusammenkünfte in der Woche Börsengeschäfte zu ermöglichen. Als die offiziellen Börsenstunden vermehrt wurden, konzentrierte sich das Geschäft in der Societät auf den Sonntags- und Abendverkehr, wobei schließlich nur noch der letztere übrigblieb. 1896 brachte das Börsengesetz die Auflösung der Societät. Seitdem galt die Abendbörse als offizielle Fortsetzung des Mittags- und Hauptverkehrs in den Abendstunden.

Literatur

TRUMPLER: Zur Geschichte der Frankfurter Börse, Bank-Arch. Jg. IX (1909) S. 81 f. — WORMSER: Die Frankfurter Börse, 1919. — ACHTERBERG: Frankfurter Börse in fünf Jahrhunderten, ZfgesKred. 1957, S. 129 f.

IV. Entwicklung und Bedeutung der Berliner Börse

1. Als eine der älteren Börsen in Deutschland wurde die Berliner Börse durch Kabinettsorder des Kurfürsten FRIEDRICH WILHELM VON BRANDENBURG, des Großen Kurfürsten, am 29. 6. 1685 gegründet. Er ordnete an, daß „zu Beförderungen der Commercien die Berlinischen Packhäuser zu einer Börse mit den dazugehörenden Bequemlichkeiten adaptiret werden sollen". Ziel dieser Anordnung war allerdings nur die Errichtung einer Warenbörse. Aber auch sie kam nur langsam in Bewegung. Erst 1696 begannen die Gilden der Krämer und Gewandschneider regelmäßige Zusammenkünfte abzuhalten, bei denen Nachrichten und Meinungen (Morgensprachen) ausgetauscht wurden. Sie fanden in einem Hause am Mühlendamm statt, das als „Beurse" bezeichnet wurde.

2. Fast über 50 Jahre gewann die Berliner Börse keine größere Bedeutung, trotzdem die Regierung ihr stets besondere Beachtung widmete. So schenkte König FRIEDRICH WILHELM I. im Jahre 1738 der Berliner Kaufmannschaft die sog. Grotte, ein ehemaliges Gartenhaus am Lustgarten, damit es den Kaufleuten als Börsengebäude dienen könne. Der Börsenverkehr beschränkte sich aber auf Waren und Wechsel sowie einige Geldsorten. Ein Handel mit Obligationen und Aktien bestand nicht.

Erst in und nach der Mitte des achtzehnten Jahrhunderts, zur Zeit FRIEDRICHS DES GROSSEN, änderte sich dies. Vor allem nach dem Abschluß des Siebenjährigen Krieges wuchs das Ansehen und der Wohlstand Preußens und der König fand Zeit, sich wirtschaftlichen Plänen zu widmen. Sein Vorhaben, eine Bank zu gründen, führte 1765 zur Errichtung der „Königlichen Giro- und Lehnbank", die als reines Staatsinstitut ins Leben gerufen wurde. Sie war als spätere Preußische Bank, aus der in den siebziger Jahren des 19. Jahrhunderts die „Reichsbank" hervorging, nächst der Hamburger Bank und der Bank von England das älteste aller noch bestehenden Bankinstitute bis zum Ausgang des zweiten Weltkriegs. Im Jahre 1772 folgte ihr die Errichtung der Königlichen Seehandlung als „nutzbringende Einrichtung für Handel und Geldverkehr", der wiederum die Gründung fünf landwirtschaftlicher Kreditinstitute angeschlossen wurde.

Die Königliche Seehandlung war ihrer ursprünglichen Anlage und Bestimmung nach keine Bank, sondern eine Aktiengesellschaft zur Vermittlung des An- und Verkaufs von Salz und zur Betreibung der Schiffahrt und des Handels. Erst mehr als zwanzig Jahre später fing sie an, auch Lombard- und Diskontgeschäfte zu tätigen. Ihr Aktienkapital von 1 200 000 Talern blieb fast ganz in Händen des Staates. Nur 300 Aktien zu 500 Talern kamen in das Publikum. Diese 300 Seehandlungsaktien, ebenso wie die Pfandbriefe der fünf neuen landschaftlichen Hypothekeninstitute, wurden bereits in den letzten Jahrzehnten des 18. Jahrhunderts auf der Börse an der Stechbahn gehandelt, in deren Laubengang 1764 die Börse verlegt worden war. Sie bildeten die Anfänge des Berliner Effektenhandels.

3. Als FRIEDRICH WILHELM II., der Nachfolger FRIEDRICHS DES GROSSEN, 1795 den Baseler Frieden mit Frankreich schloß, waren die Staatskassen völlig erschöpft. Die Staatsschuld betrug 48 Millionen Taler. Die schon vorher bestehenden Geld- und Finanzschwierigkeiten des Staates waren die Ursache der ersten preußischen Staatsanleihen. Einer Anleihe im Jahre 1792, im Betrage von einer Million Gulden, folgten 1793 und 1794 die sog. holländischen Anleihen von acht Millionen Gulden, die aber infolge der politischen Verhältnisse nur teilweise Absatz fanden. Weitere Anleihen wurden kurz darauf aufgelegt. Als alle Anleiheversuche nur noch geringen Erfolg hatten, schritt man Mitte 1806 auf den Rat des Ministers VOM STEIN zur Ausgabe des ersten preußischen Papiergeldes im Betrag von 5 Millionen Talern. Die Summe wurde später auf 10 Millionen erhöht. Dieses Papiergeld war vom November 1806 bis zum Jahre 1816 an der Berliner Börse ungeheuren Schwankungen unterworfen. Es bildete in der damaligen Kriegsperiode einen Hauptgegenstand des nun beginnenden regelmäßigen Börsenverkehrs in Wertpapieren.

4. Mit dem Pariser Frieden von 1815 begann eine hoffnungsvolle Zeit für Preußen. Die aufsteigende Entwicklung kam auch an der mit dem Staat wachsenden Berliner Börse zum Ausdruck. Im Zusammenhang hiermit ent-

wickelte sich jetzt ein spekulativer Effektenverkehr. Das Zeitgeschäft, das vereinzelt schon zu Anfang des Jahres 1816 vorkam, wurde an den deutschen Börsenplätzen ebenso wie das Prämiengeschäft allgemein gebräuchlich. Auch die Versicherung gegen Kursverluste bei Auslosungen wurde in Deutschland eingeführt. Alle diese neuen Geschäftsarten, die die Amsterdamer Börse mit ihrer ausgebildeten Börsentechnik schon seit 200 Jahren besaß, führten zu einer Ausweitung des Effektenverkehrs, die im Laufe des 19. Jahrhunderts, nicht zuletzt auch durch die Industrialisierung, immer mehr zunahm. Einem Kurszettel von 1830 ist zu entnehmen, daß die Berliner Börse neben preußischen Fonds und Geldsorten zahlreiche ausländische Fonds notierte, die in ihrer Zahl die einheimischen Effekten wesentlich überstieg.

5. In Hinsicht des Börsenrechts läßt sich feststellen, daß im Jahre 1739 eine erste Börsenordnung erschien, die den Kaufleuten mit Genehmigung des Königs das Privileg erteilte, die Börse autonom zu verwalten. Mit der Leitung der Börse wurden zwei Börsenälteste betraut, die auch etwaige Streitigkeiten zu schlichten hatten. Das Eintrittsrecht war frei. Die Börse war täglich außer an Sonn- und Feiertagen geöffnet.

Anfang des 19. Jahrhunderts machte sich bald das Bedürfnis nach einer den neuen Ansprüchen genügenden Verfassung geltend. Sie erfolgte in einer Börsenordnung vom 5. 7. 1805, die bereits viele der späteren charakteristischen Bestimmungen der preußischen Börsenordnungen enthält. Die Börse war danach weder ein freier Markt, noch eine öffentliche Korporation oder ein geschlossener Verein, sondern eine reglementierte Versammlung eines bestimmten Personenkreises. Produkten- und Effektenbörse waren örtlich nicht getrennt und unterlagen keiner Sonderbildung. Die Zahl der Börsenältesten wurde auf vier erhöht. Abgeschlossene Geschäfte sollten in ein Register eingetragen werden. Die Festsetzung der Kurse wurde auf Grund von Mitteilungen der Makler an den Börsenvorstand vorgenommen.

1820 wurde die Korporation der Kaufleute von Berlin gegründet und in einem Statut die Verfassung der Berliner Börse neu geregelt. Zur Aufnahme in die Korporation bedurfte es der Majorität der Stimmen der Mitglieder, ferner der Möglichkeit, über sein Vermögen frei zu verfügen. Auch mußte der Aufzunehmende das Bürgerrecht besitzen und sich eines guten Rufes erfreuen. Als neue Einrichtung wurde ein Börsenkommissariat ins Leben gerufen, das aus vier Mitgliedern bestand, die von den Ältesten zu wählen waren. Sie hatten die äußere Ordnung aufrecht zu erhalten, die ordentliche Abwicklung der Geschäfte zu überwachen und über disziplinarisches Einschreiten Bericht zu erstatten.

6. Im Prinzip hatte damit die Berliner Börse, wie die preußischen Börsen überhaupt, eine weitgehend autonome Verfassung. Doch wurde im Zusammenhang mit dem Aufschwung des wirtschaftlichen Verkehrs auch das Verhältnis des Staates zur Börse geändert. Dies zeigte sich zunächst darin, daß

staatliche Repressivmaßnahmen gegen die Spekulation in ausländischen Papieren durchgeführt wurden. So bestimmte eine preußische Verordnung vom 19. 1. 1836, daß alle Zeitgeschäfte in spanischen Staatsanleihen untersagt seien. Diese Anleihen waren anfangs wegen ihres hohen Zinsertrages, später auch in rein spekulativer Absicht von allen Volksklassen gekauft worden. Später verringerte der spanische Staat seine Schuld, wodurch in Deutschland viel Geld verloren ging.

Eine zweite Verordnung vom 13. 5. 1840 erklärte alle Zeitgeschäfte in ausländischen Wertpapieren für ungültig. Den vereidigten Maklern war die Vermittlung derartiger Geschäfte bei Strafe der Amtsentsetzung untersagt. Indessen erwies sich diese Beschränkung im Laufe der Jahre als zu weitgehend. Zwar erließ die Regierung am 24. 5. 1844 noch eine Verordnung, die alle Zeitgeschäfte in „Aktienpromessen, Interimsscheinen, Quittungsbogen oder sonstigen, die Beteiligung bei einer Eisenbahn-Unternehmung bekundenden, aber vor Besichtigung des vollen, auf die Aktien oder Obligationen einzuzahlenden Betrages ausgegebenen Papieren" für nichtig erklärte. 1860 wurden aber alle bisherigen Verordnungen aufgehoben, weil „eine große Fondsbörse für seine Umsätze das Lieferungsgeschäft nicht entbehren könne".

7. Schon vor der Einigung Deutschlands nach dem Kriege von 1870 zeigte sich, daß sich Berlin zum Mittelpunkt des deutschen Effektenhandels entwickelte. Berlin wurde der finanzielle Mittelpunkt Deutschlands. Handel und Verkehr wurden durch grundlegende wirtschaftliche Gesetze und Erleichterungen angeregt und gefördert. Die Freizügigkeit, die Einführung eines billigen Tarifs im Postverkehr und eine umfassende Herabsetzung der Telegrafengebühren sowie die Neuschaffung der deutschen Zollvereinsverträge trugen dazu bei, die Berliner Börse zu einem bedeutenden Börsenplatz zu machen. Diese Entwicklung setzte sich nach dem deutsch-französischen Krieg von 1871 in verstärktem Maße fort. Ein flüssiger Geldstand, die Unternehmungslust der Spekulation und eine freiere Gesetzgebung wirkten zusammen, um den Berliner Effektenmarkt zu einer bisher nicht erreichten Höhe emporsteigen zu lassen.

Literatur

SPANGENTHAL: Die Geschichte der Berliner Börse, 1903. — BUSS: Berliner Börse von 1685—1913, 1913. — CRONER: Die Entwicklung der deutschen Börsen von 1870—1914, Pr. Jahrbücher, 192. Bd. (1923), S. 343f. — GEBHARD: Die Berliner Börse von den Anfängen bis zum Jahre 1896, 1928.

V. Die Börse in Hannover

1. Bereits 1598 gab es eine Wechselordnung des Bürgermeisters der Stadt Hannover, die den Zweck hatte, zur Verbesserung des Münz- und Geldwesens beizutragen. Aber erst am 29. 10. 1787 bestätigte König

GEORG III. die Errichtung einer Börse „als ein öffentliches Institut", nachdem Mitglieder der Kaufmannschaft um diese Bestätigung nachgesucht hatten. Der Errichtung dieser Börse, die in erster Linie eine Warenbörse darstellte, war 1785 der Zusammenschluß hannoverscher Warenkaufleute in einen „Börsenklub", der gesellschaftliche Zwecke, und in einen Börsenverein, der wirtschaftliche Zwecke verfolgte, vorangegangen. In der Börsenordnung, die sich der Börsenverein schuf, war die Zusammenkunft der Mitglieder auf zweimal in der Woche festgelegt. In einem Nachtrag wurde auch die Tätigkeit der Makler behandelt und dabei bestimmt, daß „von allen Negocen, die von Maklern zustande gebracht werden, denselben 1% Ctge zu gleichen Teilen vom Käufer und Verkäufer bezahlt wird, bei Wechselgeschäften aber nur 1 pro Mille".

Im Jahre 1815 erwarb der Börsenverein ein Haus an der Osterstraße, baute es zu einem Börsenhaus um und nahm dort den Börsenbetrieb nach einer am 24. 10. 1815 genehmigten Börsenordnung auf. Börsengeschäfte im heutigen Sinne dürften aber auch damals kaum getätigt worden sein, da es als Wertpapiere nur wenige Staatsanleihen gab, neben denen lediglich Obligationen ritterschaftlicher Kreditinstitute und Kreditvereine eine Rolle spielten.

1845 wurde der Börsenverein zu einem allgemeinen Handelsverein erweitert. Er bestimmte für die nächsten zwei Jahrzehnte das Schicksal der Börse. 1858 gab ein Makler den ersten Kurszettel heraus. Obwohl das Ausmaß des Waren- und Wechselverkehrs nach Gründung des Handelsvereins erheblich wuchs, auch Bankgeschäfte sich zu entwickeln anfingen und das öffentliche Interesse für Obligationen und Anleihen zunahm, konnte die Börse ihre Stellung nicht stärken. Sie wurde in einem so geringen Umfang benutzt, daß die Einnahmen zum Unterhalt des Börsenhauses nicht mehr ausreichten. Es kam hinzu, daß die Gruppe der Getreide- und Produktenhändler 1863 eine eigene Getreidebörse gründete, die zwar auch im Börsengebäude tagte, die Börse als Ganzes jedoch in ihrer Wirksamkeit schwächte.

1866 verlor Hannover die Eigenstaatlichkeit und wurde preußisch. In Verfolg dieses politischen Ereignisses wurde 1867 eine Handelskammer in Hannover nach preußischem Vorbild errichtet. Die Gründung hatte die Auflösung des Handelsvereins zur Folge. Das Vermögen des bisherigen Trägers der Börse, insbesondere das Börsengebäude, ging auf die Handelsinnung über, die eine bloße Standesvertretung des Handels bildete.

Auch im Laufe der folgenden Zeit konnte ein wirklich geschlossener Effektenhandel am Platz Hannover nicht zustande kommen. Zwar gelang es 1887, eine „Kaufmännische Vereinigung" zu gründen, innerhalb deren die Vereinigung der Banken und Bankiers einen siebenköpfigen Börsenausschuß wählte. Er hielt in einem eigenen Vereinslokal täglich Versammlungen ab. Technische Schwierigkeiten hinderten aber ein Erstarken des mittäglichen Börsenverkehrs, bei dem die Kursnotierungen in Effekten von den beeidigten Maklern vorgenommen wurden. Auch der Versuch, eine amtliche Börse mit staatlich genehmigter Börsenordnung ins Leben zu rufen, führte nicht zum Erfolg, bis endlich 1899 die Errichtung einer amtlichen Börse beschlossen wurde, die am 2. 1. 1901 eröffnet werden konnte. Zugleich wurden Usancen aufgestellt und mit dem Grundstock einer alten, bereits bestehenden Sachverständigen-Kommission eine Zulassungsstelle für Wertpapiere ins Leben gerufen. Träger der neuen Börse waren eine Zeitlang die Börsenmitgliedfirmen in Form einer freien Vereinigung. 1910 wurde unter dem Namen „Börse in Hannover" ein Verein gegründet, der nunmehr als Börsenträger in Erscheinung trat und diese Funktion für längere Zeit ausübte.

Literatur

BLANCK: Das Bank- und Börsenwesen in der Stadt Hannover, 2. Aufl. 1927. — BODMANN: Die Hannoversche Börse, ihre Entwicklung und Organisation, 1929. — LITTEN: Bedeutung und Entwicklung der Niedersächsischen Börse zu Hannover, Niedersächs. Wirtschaft 1957, S. 676f.

VI. Die Münchener Börse

1. Obwohl schon 1811 versucht worden war, in München eine Effektenbörse zu gründen, gelang die Konzessionierung erst im Jahre 1829. Seit 1830 wurden regelmäßig Börsenversammlungen mit täglicher Ausgabe eines Kurszettels abgehalten. Die Börse diente zunächst nahezu ausschließlich dem Effektenverkehr der örtlichen Banken. Da Handel und Industrie in Bayern damals gering entwickelt waren, auch der Verkehr als mangelhaft zu betrachten war, ruhte der Börsenhandel vor allem auf in- und ausländischen Staatspapieren. Ein Kurszettel vom 7. 11. 1831 weist an erster Stelle Wechselkurse auf, die jedoch nicht Devisenkurse im heutigen Sinn waren, sondern Kurse für Handelswechsel darstellten. An zweiter und dritter Stelle fanden sich Geldkurse und Kurse der Staatspapiere, während Aktienkurse vollständig fehlten, wenn man von dem Kurs für die Aktie der Österreichischen Nationalbank absieht.

2. Die Entwicklung der Münchener Börse ging nur langsam vor sich. Im Unterschied zu den Märkten Augsburg und Frankfurt hatte der Platz München bis über die Mitte des vorigen Jahrhunderts hinaus nur örtliche Bedeutung. 1855 wurde eine Börsenreform vorgenommen, eine neue Börsenordnung erlassen und der Kreis der Börsenbesucher erweitert. Infolge des Krieges von 1866 gingen jedoch die Anfänge einer stärkeren Belebung der Börse sehr bald verloren, so daß die Börse 1868 fast vollständig zum Erliegen kam.

3. 1869 schlossen sich 156 Firmen zum Münchener Handelsverein zusammen, der eine freie Vereinigung der Kaufmannschaft bildete. Er betrieb als neuer Rechtsträger die Erneuerung der Börse, die nunmehr einen erheb-

lichen Aufschwung nahm. Dieser Aufschwung wurde allerdings auch von äußeren Umständen begünstigt. Die Industrialisierung des Landes schritt voran, die Verkehrsverbindungen wurden ausgebaut. Besonders förderlich waren auch die zahlreichen Bankgründungen und die damit in Zusammenhang stehenden Erweiterungen des Kredit- und Hypothekenwesens. Die Börse in München wurde dadurch immer stärker für den Effektenmarkt in Süddeutschland maßgebend und entwickelte sich von einer Residenzbörse zu einer echten Wirtschaftsbörse. An ihr wurden Bankaktien, Brauereiwerte, Pfandbriefe, Städteanleihen, in- und ausländische Staatstitel und zahlreiche Industrieaktien gehandelt, die die Börse um die Jahrhundertwende rangmäßig hinter Berlin, Frankfurt a. Main, Hamburg und Dresden einordneten.

Literatur
SPENKUCH: Zur Geschichte der Münchener Börse, 1908. — BAUR: Von der Residenzbörse zur Wirtschaftsbörse des Landes Bayern, Börsen-Ztg. vom 14. 5. 1954. — SCHREMPF: Münchener Börse in neuer Gestalt, Börsen-Ztg. vom 6. 11. 1963, Beilage Bayerische Börse.

VII. Die Börsen in Bremen, Düsseldorf und Stuttgart

1. Bremen besaß schon im 18. Jahrhundert eine Börse, die anfangs nur dem Warenverkehr, der Vermittlung des Wechseldiskontgeschäfts und der Festsetzung von Umwechslungskursen in bremische Währung diente. Erst als sich der bremische Außenhandel gegen Ende des 19. Jahrhunderts ständig vergrößerte, nahm auch der Umsatz von Aktien der Schiffahrtsgesellschaften, Werften und bremischen Industriewerke sowie der bekannteren Staatsanleihen laufend zu. 1880 ließen sich einige größere Banken in Bremen nieder, von denen der Wertpapierhandel einen stärkeren Auftrieb empfing. 1894 wurde der Terminhandel in einigen Schiffahrts- und Industrieaktien aufgenommen.

Nachdem schon der Ausgang des ersten Weltkrieges mit der Vernichtung des größten Teils der Handelsflotte den Börsenmarkt Bremen erheblich in Mitleidenschaft gezogen hatte, wurde im Zuge der Börsenreform von 1934 die Bremer Wertpapierbörse geschlossen. Ihre Aufgaben übernahm die Hanseatische Wertpapierbörse in Hamburg. Mit Genehmigung einer Bremer Börsenordnung durch den Senat am 11. 7. 1947 wurde die Bremer Börse wieder ins Leben gerufen und als eine aus drei Abteilungen bestehende Börse geführt, von denen die Baumwollbörse besondere Beachtung verdient.

2. In Düsseldorf bestanden seit 1841 ein Getreidemarkt und seit 1853 ein Wollmarkt. Wertpapiere wurden erstmals 1865 gehandelt. 1874 konstituierte sich ein Börsenverein, der seine erste Börsenversammlung am 18. 1. 1875 in der Tonhalle abhielt. Ganz allmählich stieg die Bedeutung der

Düsseldorfer Börse mit der Industrialisierung des Ruhrgebietes. Jedoch erhielt sie erst 1884 einen amtlichen Charakter. Während die Produktenbörse mehr und mehr in den Hintergrund trat, entwickelte sich die Effektenbörse im besonderen Maß zu einer Börse in Montanwerten, wobei für den Kuxenhandel maßgebende Geschäftsbedingungen entwickelt wurden.

Einen Aufschwung nahm die Düsseldorfer Börse durch den Zusammenschluß mit den Effektenbörsen in Essen und Köln im Jahre 1935, besonders aber durch die Entwicklung nach dem zweiten Weltkrieg, die die Düsseldorfer Börse zum wohl umsatzstärksten Börsenplatz der Bundesrepublik machte.

3. Die Anfänge des börsenmäßigen Wertpapierhandels in Stuttgart gehen auf den Stuttgarter Börsenverein zurück, der 1861 mit Zustimmung der Regierung gegründet wurde. Die Börse war eine allgemeine Börse, auf der Abschlüsse in Handelsgeschäften aller Art getätigt werden konnten. Da Württemberg bis weit in das 19. Jahrhundert hinein ein fast reiner Agrarstaat war, blieb die Entwicklung des Wertpapierhandels lange Zeit zurück. Einen ersten Kurszettel gab es 1881 mit 44 Werten, von denen 41 Werte einheimische Unternehmen betrafen. Erst nach dem zweiten Weltkrieg nahm Stuttgart einen stärkeren Aufschwung als Wertpapiermarkt und dürfte heute unter die mittleren westdeutschen Wertpapierbörsen einzureihen sein.

Literatur

AYEN: Die Stuttgarter Effektenbörse in ihrer geschichtlichen Entwicklung bis zum Kriegsausbruch im Jahre 1914, Diss. Würzburg 1923. — FRAENKEL: Die Rheinisch-Westfälische Börse zu Düsseldorf und ihre Funktion. Mitt. der IHK Düsseldorf vom 10. 12. 1952.

KAPITEL 3

Die Börsengesetzgebung nach Gründung des Deutschen Reiches

I. Ansätze zu einer allgemeinen Börsengesetzgebung

Wie die bisherigen Ausführungen zeigen, fehlte es vor Erlaß des Börsengesetzes von 1896 an einer umfassenden Regelung des Börsenrechts in Deutschland. In Preußen beschränkte sich das Einführungsgesetz zum Handelsgesetzbuch vom 24. 6. 1861 darauf, die Errichtung von Börsen sowie den Erlaß und die Abänderung von Börsenordnungen von einer Genehmigung des Handelsministers abhängig zu machen. Hieraus entwickelte sich ein allgemeines Aufsichtsrecht, das jedoch die Tätigkeit der Börsenkorporationen nicht merklich beeinträchtigte. In anderen Ländern waren ähnliche

Zustände anzutreffen. Württemberg schuf mit Art. 12 des württembergischen Einführungsgesetzes vom 13. 8. 1865 zum Handelsgesetzbuch eine dem preußischen Recht entsprechende Regelung. Es bestimmte, daß zur Feststellung von Börsenpreisen im Sinne des Handelsgesetzbuches nur diejenigen Vereine als geeignet anzusehen seien, welchen durch landesherrliche Entschließung auf Grund einer genehmigten Börsenordnung die Eigenschaft öffentlicher Börsenvereine beigelegt sei. Hamburg übertrug durch Gesetz vom 23. 1. 1880 lediglich den Erlaß der Börsenordnung und die Aufsicht über die Börse der Handelskammer. Auch in anderen Bundesländern und Stadtstaaten waren eingehende und umfassende Regelungen nicht festzustellen.

II. Zur Geschichte des Börsengesetzes von 1896

1. Durch die Rechtsprechung des Reichsgerichts wurde in immer stärkerer Weise der Spielbegriff auf Börsengeschäfte zur Anwendung gebracht und ihnen die Klagbarkeit entzogen. Dadurch blieb praktisch zu Beginn der neunziger Jahre jedes Börsengeschäft, das nicht in der Absicht der dauernden Kapitalanlage, sondern der Spekulation geschlossen wurde, ohne gesetzlichen Schutz. Hier schien nur ein Eingreifen des Gesetzgebers helfen zu können.

Ein anderer Grund, Börsenvorschriften reichseinheitlich zu erlassen, lag in agrarpolitischen Bestrebungen, die sich gegen den Börsenterminhandel in Getreide und Mehl richteten. Hier bestand einmal die Vorstellung, daß der Terminhandel preisdrückend wäre, weil durch „Blankoverkäufe der Anschein eines tatsächlich nicht vorhandenen Angebots erzeugt und der hieraus entspringende Preisdruck durch die Geringwertigkeit der im Terminhandel maßgebenden Lieferungsqualität noch verschärft werde". Auch erschien der Getreideterminhandel als besonders wichtiges Hilfsmittel, den Import ausländischen Getreides zu fördern. Diesen Anschauungen und Bestrebungen trat eine Bewegung an die Seite, die sich 1889 gegen den Hamburger Kaffeeterminhandel richtete. Beide Reformbewegungen führten zu Erörterungen im Reichstag und zur Überweisung von Petitionen an die Reichsregierung, um durch staatliche Maßnahmen eine Änderung der Haltung der Börsen zu erreichen.

2. Besonders schwerwiegend waren auch verschiedene Ereignisse im Jahre 1891 und in der folgenden Zeit. Durch eine Reihe von Depotveruntreuungen und betrügerische Maßnahmen einiger Bankiers sowie durch künstliche Haussen an der Berliner Produktenbörse, die den Getreidemarkt erschütterten, wurde offenbar, daß die bis dahin geltenden Börsenvorschriften und staatsaufsichtlichen Möglichkeiten nicht ausreichten, um das Publikum gegen Mißstände zu schützen. In Auswirkung dieser Tatsachen wurden im Reichstag Anträge gestellt, einen Börsengesetzentwurf vor-

zulegen. Dabei forderte man vor allem eine wirksame Staatsaufsicht. In Verfolg dieser Anträge berief der Reichskanzler am 16. 2. 1892 eine unabhängige Kommission ein, die die rechtlichen und tatsächlichen Verhältnisse der Börsen aufklären und Vorschläge für eine Neuordnung des Börsenwesens machen sollte. Die Kommission bestand aus 28 Mitgliedern und erstellte 1893 einen Bericht, der 1894 im Reichsanzeiger veröffentlicht wurde. Er ist ein Zeugnis für die Sorgfalt, mit der man zu Werke ging, um einer umfassenden Börsengesetzgebung die Wege zu ebnen.

3. Der Entwurf der Regierung war am 3. 12. 1895 fertiggestellt. Er sah vor, daß die von der Kommission empfohlene Einrichtung eines Börsenregisters für den Warenterminhandel auf den Terminhandel in Wertpapieren ausgedehnt wurde und daß dem Staatskommissar, der ursprünglich nur im ehrengerichtlichen Verfahren hatte tätig werden sollen, nunmehr ein allgemeines Börsenkontrollrecht zustehen sollte. Er schuf ferner das Institut eines Bundes-Börsenausschusses, ließ aber in hohem Maß auch Tendenzen gelten, die auf die Berücksichtigung regionaler Eigenheiten hinausliefen. Mit dem Entwurf des Börsengesetzes wurde gleichzeitig ein Entwurf für ein Bankdepotgesetz vorgelegt.

In den Reichstagsberatungen wurde der Börsengesetzentwurf in verschiedenen Richtungen verschärft. So wurde der Terminhandel in Anteilen von Industrie- und Bergwerksunternehmungen und der Terminhandel in Getreide und Mühlenfabrikaten überhaupt untersagt. Außerdem wurde verfügt, daß in die Vorstände der Produktenbörsen Vertreter der Landwirtschaft aufzunehmen seien. 1896 konnte endlich das Gesetz veröffentlicht werden. Es trat mit Wirkung vom 1. 1. 1897 in Kraft.

Literatur
GÖPPERT: Deutsches und ausländisches Börsenwesen, Bankwissenschaft, Jhg. 8 (1931), S. 289f; Das Recht der Börsen, 1932.

III. Entwicklung des Börsenrechts und Börsenwesens in den ersten Jahren nach Erlaß des Börsengesetzes

1. Bald nach Inkrafttreten des BörsG wurde das seit 1861 in den einzelnen deutschen Staaten sowie in Österreich in Kraft gesetzte Allgemeine Deutsche Handelsgesetzbuch, das 1871 Reichsgesetz wurde, durch ein neues Handelsgesetzbuch abgelöst. Dieses Handelsgesetzbuch vom 10. 5. 1897 übernahm inhaltlich die §§ 71 bis 74 BörsG, in welchen ausführliche Vorschriften über das Verhältnis zwischen Kommissionär und Kommittenten bei der Kommission zum Einkauf oder Verkauf von börsengängigen Waren oder Wertpapieren enthalten waren. Nachdem der Inhalt dieser Vorschriften Aufnahme in die §§ 400 bis 405 HGB gefunden hatte, wurde durch Art. 14 EGHGB der Fortfall der entsprechenden Vorschriften im BörsG

bestimmt. Nur die Strafvorschrift für Kommissionsbetrug und Kommissionärsuntreue blieb im BörsG erhalten (§ 95).

2. Weitaus bedeutsamer waren jedoch Auswirkungen des Börsengesetzes auf die Wertpapierbörsen im Zusammenhang mit dem Börsenregister, Auswirkungen der Rechtsprechung zum Terminhandel sowie Einflüsse des Gesetzes auf die Produktenbörsen.

a) Das Gesetz von 1896 hatte in § 54 bestimmt, daß bei jedem zur Führung des Handelsregisters zuständigen Gericht je ein Börsenregister für Waren und Wertpapiere zu führen sei. Das Register sollte dazu dienen, diejenigen Personen, welche in das Register eingetragen waren, als zum Abschluß von Termingeschäften Berechtigte zu legitimieren, denen gegenüber der Differenzeinwand wirkungslos bleiben sollte. Tatsächlich wurde das Register aber als eine Art „Spielregister" angesehen, das für das Privatpublikum wegen der hohen Gebühren kaum in Frage kam und das die Bankiers wegen des ihm anhaftenden Rufes weitgehend mieden.

b) Schwierigkeiten ergaben sich auch daraus, daß das Gesetz von 1896 die Begriffsmerkmale der Börsentermingeschäfte in § 48 definierte. Der Umstand, daß diese Definition bestimmte Kriterien für die Qualifikation von börsenmäßigen Zeitgeschäften als Börsentermingeschäfte festsetzte, bot nunmehr Veranlassung, daß die Geschäfte fortan unter Vermeidung dieser Kriterien abgeschlossen wurden. Diejenigen, die trotz bestimmter Untersagungen des Börsenterminhandels börsenmäßige Zeitgeschäfte in den betreffenden Waren oder Wertpapieren machen wollten, sowie auch diejenigen, welche nicht untersagte Börsentermingeschäfte ohne Eintragung in das Börsenregister abschließen wollten, entkleideten ihre Abschlüsse des Fixcharakters oder verabredeten besondere Geschäftsbedingungen. Sie glaubten damit ihre Geschäfte den Verbots- und Beschränkungsbestimmungen des BörsG entzogen zu haben. Tatsächlich war dies jedoch nicht der Fall, denn schon bald trat das Reichsgericht solchen Bestrebungen entgegen, indem es die in der Definition des Gesetzes angegebenen Kriterien des Börsentermingeschäfts nicht allein für ausschlaggebend erklärte. Es wendete vielmehr die Bestimmungen des Abschnitts über Börsenterminhandel auch auf solche börsenmäßigen Zeitgeschäfte an, die nach ihrem materiellen Inhalt und nach ihrer wirtschaftlichen Natur und Zweckbestimmung unter die Geschäfte fielen, die der Gesetzgeber hatte treffen wollen (vgl. RG in RGZ Bd. 42 S. 43, insbesondere Bd. 44 S. 107). Das Reichsgericht handelte damit in der Sache durchaus richtig, mußte sich aber den Vorwurf gefallen lassen, den Weg einer ausdehnenden Interpretation des Gesetzes zu weit gegangen zu sein. Als Ergebnis hatte diese Rechtsprechung eine erhebliche Rechtsunsicherheit zur Folge.

c) Eine letzte wesentliche Auswirkung des Gesetzes betraf die Produktenbörse. Nach § 4 Abs. 2 Satz 2 konnte die Landesregierung vorschreiben, daß in den Vorständen der Produktenbörsen die Landwirtschaft, die landwirtschaftlichen Nebengewerbe und die Müllerei eine entsprechende Vertretung finden sollten. Auf Grund dieser Vorschrift forderte der preußische Minister für Handel und Gewerbe die Vorstände der Produktenbörsen auf, Entwürfe zu neuen Börsenordnungen einzureichen. In ihnen mußte den Vertretern der Landwirtschaft eine entsprechende Vertretung in den Börsenvorständen eingeräumt sein. Diesem Verlangen trat man mit Nachdruck entgegen, denn die Landwirtschaftsvertreter, die nun in die Börsenvorstände berufen werden sollten, wurden als ausgesprochene Gegner der Börsenkaufleute angesehen. Das Ergebnis war die Auflösung einiger kleiner Produktenbörsen wie Köln, Halle, Posen, Stettin und Gleiwitz, aber vor allem auch die Auflösung der Produktenbörse zu Berlin. Hier genügte der von den Ältesten der Kaufmannschaft vorgelegte Entwurf einer neuen Börsenordnung nicht den Anforderungen, die der Minister gestellt hatte. Der Minister erzwang daher den Erlaß einer am 30. 12. 1896 im Reichsanzeiger veröffentlichten neuen Börsenordnung, durch die zu den neun Mitgliedern des bisherigen Vorstandes der Produktenbörse fünf vom Landwirtschaftsminister zu ernennende Vertreter der Landwirtschaft und der landwirtschaftlichen Nebengewerbe sowie zwei vom Handelsminister zu ernennende Vertreter der Müllerei oder anderer Gewerbe hinzutreten sollten. Die aufgezwungenen Vorstandsmitglieder brauchten nicht Mitglieder der Börse zu sein. Außerdem wurde für die Preisnotierungen der Getreidegattungen eine derartige Spezialisierung vorgeschrieben, daß man für die börsenmäßige Durchführbarkeit des neu eingeführten Lieferungshandels Befürchtungen hegte.

Die „Freie Vereinigung der Berliner Produktenbörse" beschloß deshalb, sich nicht mehr an der Produktenbörse zu beteiligen. Sie mietete gleichzeitig ein Lokal, den sog. „Feenpalast", in dem nunmehr ein börsenartiger Verkehr fortgeführt wurde. Sehr bald schritt jedoch die Regierung ein und ließ die Versammlungen im Feenpalast verbieten. Die gegen die Auflösungsverfügung des Polizeipräsidenten erhobene Verwaltungsklage hatte zwar in erster Instanz Erfolg, wurde jedoch vom Oberverwaltungsgericht abgewiesen. Auch eine zweite private Börse im Heiligengeist-Hospital mußte von den Händlern aufgegeben werden und führte schließlich zur Rückkehr der Produktenhänder zur staatliche genehmigten Berliner Börse.

Das Urteil des preußischen Oberverwaltungsgerichts vom 26. 11. 1898 (PrOVGE Bd. 34 S. 335) brachte eine Fülle von Erkenntnissen über den volkswirtschaftlichen und rechtlichen Begriff der Börse. Obwohl das Urteil zum Teil scharf angegriffen wurde, hat es doch nachhaltige Wirkungen auf die weitere Rechtspraxis ausgeübt und wesentlich zur Klärung einiger Grundbegriffe des BörsG beigetragen.

Literatur
WERMERT: Börse, Börsengesetz und Börsengeschäfte, 1904. — SILBERSCHMIDT: Reform des Entwurfs einer Börsengesetznovelle, Diss. Erlangen 1907. — TRUMPLER: Die Differenzgeschäfte nach dem Bürgerlichen Gesetzbuch und nach dem Börsengesetz, ZHR Bd. 50 (1901), S. 388f.

IV. Die Umgestaltung der Berliner Börse

1. Nicht ohne Bedeutung auch für die übrigen deutschen Börsen war die nach der Jahrhundertwende durchgeführte Neuordnung der Berliner Börse. Die Berliner Börse, die damals eine überragende Stellung unter den deutschen Wertpapier- und Produktenbörsen einnahm, sollte nach dem Willen der preußischen Regierung einer verschärften Staatsaufsicht unterworfen werden. Auch wollte man den mittelbar an der Börse interessierten Wirtschaftskreisen einen Einfluß auf die Gestaltung des Börsenverkehrs einräumen und die Stellung der Börsenorgane erheblich einschränken.

Zur Durchführung ihrer Absichten bediente sich die Regierung der 1901 errichteten Handelskammer für Berlin, deren Gründung auf dem preußischen Gesetz über die Handelskammern vom 24. 2. 1870 beruhte. Bis zur Gründung der Handelskammer hatte die Interessen des Berliner Handels ausschließlich die Korporation der Kaufmannschaft zu Berlin wahrgenommen. Ihr gehörte das Gebäude, in dem sich der Börsenverkehr abwickelte; sie übte auch die Aufsicht über die Börse aus. Während in der Handelskammer alle Handels- und Industriezweige vertreten waren und die Zugehörigkeit zu ihr auf Pflichtmitgliedschaft beruhte, bestand in der Korporation der Kaufmannschaft das Prinzip des freiwilligen Beitritts, das keine Gewähr dafür bot, daß die Korporation nicht nur das Interesse ihrer Mitglieder, sondern auch das Allgemeininteresse der Gesamtwirtschaft im Auge hatte. Der Regierung erschien es daher erforderlich, in dem Verhältnis zwischen Börse und Korporation eine Wandlung eintreten zu lassen.

Durch Erlaß vom 27. 3. 1903 übertrug der Minister für Handel und Gewerbe die von den Ältesten der Kaufmannschaft ausgeübte unmittelbare Börsenaufsicht auf die Handelskammer. Gleichzeitig überließ er der Handelskammer den Erlaß einer neuen Börsenordnung. Sie erging mit ministerieller Genehmigung am 1. 4. 1903, beseitigte das Recht der Korporation auf Besetzung des Börsenvorstandes und der Zulassungsstelle und übertrug die Wahl des Vorstandes der Gesamtheit der Börsenbesucher. Praktisch gab sie damit dem Gedanken der Selbstverwaltung der Börse durch alle Börsenbesucher Raum und stellte die Börse auf eine breitere Grundlage. Durch die Maklerordnungen vom 4. 12. 1898 und 9. 7. 1906 wurde dem Börsenvorstand ferner jede Disziplinarbefugnis über die Kursmakler entzogen und die Verteilung der Geschäfte unter die Makler aus den Händen genommen.

Außerdem stellten sie den Kursmaklern durch die Errichtung einer öffentlich-rechtlichen Maklerkammer ein wirksames Organ zur Vertretung ihrer Interessen gegenüber den Börsenorganen zur Verfügung.

2. Die Handlungsweise der Regierung war heftigen Angriffen seitens der Korporation der Kaufmannschaft ausgesetzt. Diese betrachtete die Börse als eine dem privatrechtlichen Eigentumsbegriff unterliegende Institution wie sonstige gewerbliche Unternehmen und hielt die Staatsaufsicht lediglich insoweit für rechtmäßig, als sie durch Versagen von Genehmigungen wirksam werden konnte. Demgegenüber sah die preußische Regierung die Börse als eine öffentlich-rechtliche Institution an, bei welcher der Staat im Rahmen der gesetzlichen Ermächtigungen und des Aufsichtsrechts auch die innere Organisation der Börse regeln könne.

Die Auffassung der Korporation, ein Eigentumsrecht an der gesamten Börseninstitution in Anspruch nehmen zu können, wurde durch mehrere Gutachten angesehener Staatsrechtslehrer wie ANSCHÜTZ, LOENING, OTTO MAYER und ROSIN unterstützt. Im Ergebnis konnten jedoch die Einwendungen den neu geschaffenen Zustand nicht ändern, zumal dessen Zweckmäßigkeit auch in der Öffentlichkeit nicht bezweifelt wurde. Die folgende Zeit ließ erkennen, daß der Standpunkt der Regierung über die Börse als öffentlich-rechtliche Institution mit organschaftlicher Selbstverwaltung von der Allgemeinheit gebilligt wurde.

Literatur

Gutachten von ANSCHÜTZ, LOENING, OTTO MAYER u. ROSIN: Abgedruckt im Berliner Jhb. für Handel und Industrie, Jhg. 1903, Bd. 1., S. 340f. — Das Gutachten von ANSCHÜTZ: Staatsaufsicht und Börsenverwaltung, ist auch in VerwArch Bd. 11 (1904), S. 519f. veröffentlicht.

V. Die Novelle von 1908

1. Schon bald nach Inkrafttreten des unter vielen Kompromissen zustande gekommenen BörsG machten sich Reformbestrebungen geltend. Sie gingen sowohl auf Wünsche des Zentralverbandes des deutschen Bank- und Bankiergewerbes als auch auf Wünsche der Handelskammern und des Deutschen Handelstages zurück. Sie waren, wie die geschilderten Schwierigkeiten ergeben, weitgehend berechtigt. Die Reform wurde zunächst 1901 im Börsenausschuß, sodann unter dem Vorsitz des preußischen Ministers für Handel und Gewerbe von Staatsstellen und Sachverständigen beraten.

2. Ein erster Entwurf zu einer Börsengesetznovelle wurde dem Reichstag 1904 vorgelegt.

Die Mehrheit des Reichstags nahm ihn jedoch mit Mißfallen auf und verwies ihn an eine Kommission, die die Vorschläge der Regierung erheblich einschränkte. Mit Beginn der Session 1905/1906 brachte die Regierung einen neuen Entwurf ein, der aber wegen Auflösung des Reichstags nicht mehr beschlossen werden konnte. Ein dritter Entwurf, der vor allem die Beseitigung des Börsenregisters vorsah, wurde dem Parlament 1907 zugeleitet. Die Kommission, die sich mit diesem Entwurf befaßte, nahm die Vorschläge der Regierung zwar im wesentlichen an, verschärfte aber die agrarpolitischen Bestimmungen. Die Reform sollte also zugunsten der Wertpapierbörsen und zu Lasten der Produktenbörsen durchgeführt werden. Nach Annahme im Plenum und nach Zustimmung des Bundesrates konnte das Reformgesetz schließlich am 18. 5. 1908 im Reichsgesetzblatt veröffentlicht werden. Das BörsG gilt seither in der Fassung der Bekanntmachung vom 27. 5. 1908 (RGBl. S. 215) und hat später nur noch geringfügige Änderungen erfahren.

Literatur

NUSSBAUM: Die Novelle zum Börsengesetz, 1904. — HEILBRUNN: Reform des Börsengesetzes, 1904. — STEHLE: Rechtslage des Börsentermingeschäfts, Diss. Erlangen 1904. — JUNG: Börsenterminhandel, Diss. Erlangen 1906. — SILBERSCHMIDT: Reform des Entwurfs einer Börsengesetznovelle, Diss. Erlangen 1907.

KAPITEL 4

Die Entwicklung des Börsenrechts in und zwischen den beiden Weltkriegen

I. Der erste Weltkrieg und die Börsen

1. Als der österreichische Thronfolger am 28. 6. 1914 ermordet wurde, glaubten die Börsenkreise nicht, daß der entstandene Konflikt zum Kriege führen würde. Die Kurse sanken daher nur allmählich. Erst das Ultimatum Österreichs an Serbien ließ die Kurse rasch sinken, da auch ernsthafte Wertpapierbesitzer ihre Effekten auf den Markt warfen, um sie um jeden Preis zu verkaufen. Den Verkaufsangeboten standen aber nur wenige Käufer gegenüber.

Nachdem am 27. 7. 1914 in Österreich der Kriegszustand proklamiert worden war, wurde in Wien die Börse auf drei Tage geschlossen. An den deutschen Börsen versuchten dagegen Stützungssyndikate der Banken, das Fallen der Kurse aufzuhalten. Lediglich um die Ultimoliquidation zu erleichtern, beschloß der Vorstand der Berliner Börse, die Liquidationskurse nicht wie sonst üblich auf der Basis des 29., sondern auf der des 25. 7. festzustellen, einem Tage, an dem die Börse noch verhältnismäßig ruhig geblieben war. Am 29. 7. verfügte der Börsenvorstand die Einstellung des Ultimoverkehrs und bestimmte, daß „sich der Börsenverkehr einstweilen auf den Kassaverkehr zu beschränken habe". Endlich wurden die deutschen Börsen vom 31. 7. 1914 ab jeweils für einen Tag, vom 5. 8. 1914 an aber bis auf weiteres geschlossen.

Die deutschen Börsen folgten damit dem Beispiel der ausländischen Börsen, die ihren Verkehr fast sämtlich eingestellt hatten. Auch die Schweiz, die neutral blieb, hatte sich zur Schließung ihrer Börsen gezwungen gesehen, jedoch mit Ausnahme der Börsen von Genf und Lausanne, die mit geringen Unterbrechungen während der gesamten Kriegsdauer offen gehalten wurden.

2. Die in Phasen vollzogene Einstellung des Börsenverkehrs in Deutschland beruhte auf Maßnahmen der Börsenvorstände, wurde also börsenautonom durchgeführt. Die Vorstände regelten die Einstellung des Verkehrs als Organe der Börsenleitung (§ 5 Satz 1). Sie sahen in ihren Maßnahmen die Ausübung der „Börsenpolizei", mit der ihnen die Aufrechterhaltung der Ordnung und des Geschäftsverkehrs an der Börse übertragen war. Ob diese Legitimation die Vorstände auch dazu ermächtigte, die Einstellung des Ultimoverkehrs und die völlige Schließung der Börsen „bis auf weiteres" anzuordnen, ist zweifelhaft.

Die Schließung der Börsen verhinderte nicht, daß sich ein Telefonhandel zwischen den Banken und gelegentlich der noch möglichen Zusammenkünfte in den Börsen entwickelte. Dieser inoffizielle Börsenverkehr wurde in Berlin durch Bekanntmachung des Börsenvorstandes vom 7. 9. 1914 verboten. Das Verbot konnte sich jedoch nicht durchsetzen, weil das Bedürfnis für einen Börsenhandel zu groß war.

3. Trotz der Einstellung der Kursnotizen bei Ausbruch des Krieges brachten die Zeitungen Mitteilungen über die verschiedenen Umsätze, denen Kurszettel und Stimmungsberichte folgten. Hiervon war eine ungünstige Beeinflussung des Zeichnungsresultats der Kriegsanleihen zu befürchten. Eine Verordnung des Bundesrates vom 25. 2. 1915 bestimmte deshalb, daß alle öffentlichen Kurs- und Kursveränderungsangaben verboten seien, soweit sie sich auf im Inland gehandelte Wertpapiere und auf Noten, Devisen und ähnliche Werte bezögen. Vor allem durften keine zahlenmäßigen Angaben gemacht werden, die als Anhalt für Preise von Wertpapieren dienen konnten. Selbst die Versendung privater Bankierkurszettel wurde untersagt. Damit ging die Verordnung weit über das Verbot der Börsenvorstände hinaus. Erst zwei Jahre später wurde das Verbot durch eine Bundesratsverordnung vom 9. 11. 1917 etwas gelockert, nachdem sich Mißstände gezeigt hatten, die besonders den Mittelstand des Bankgewerbes schädigten. Mitteilungen über Wertpapiere wurden nunmehr gestattet, wenn sie zwischen im Inland ansässigen Personen erfolgten, die gewerbsmäßig Bankiergeschäfte betreiben.

Entsprechend der Lockerung des Mitteilungsverbots wurde Ende 1917 auch der amtliche Verkehr wieder aufgenommen. Er sollte den freien unorganisierten und mit Auswüchsen behafteten Verkehr, der sich während des Krieges längst wieder als volkswirtschaftliches Bedürfnis herausgebildet hatte, in geregeltere Verhältnisse überleiten. Der Verkehr wurde aber nur für den Kassahandel in Aktien gestattet, wobei der Handel in Aktien von Gesellschaften, die ihren Sitz im feindlichen Ausland hatten, ebenfalls ausgenommen blieb. Verboten blieb somit auch der amtliche Handel in festverzinslichen Werten und in Termingeschäften.

4. Schon vor der Revolution am 9. 11. 1918 war im September als Wirkung der österreichisch-ungarischen Friedensnote eine starke Baisse eingetreten, der allerdings im Oktober eine rasche Aufwärtsbewegung folgte, bis allmählich die Unsicherheit der Verhältnisse erneut wesentliche Kursrückgänge hervorrief. Am 8. 11. 1918 sahen sich endlich die Börsenvorstände gezwungen, die Börsen vorübergehend zu schließen, um eine Katastrophe zu vermeiden. Schon am 15. 11. 1918 wurde jedoch die Berliner Börse wiedereröffnet. Der vorhandenen nervösen Börsenstimmung entsprach zunächst ein ziemlich starker Kursrückgang. Ihm folgte aber mit fortschreitender Inflation eine starke Hausse (Katastrophenhausse) als Folge der „Flucht aus der Mark".

Literatur
NUSSBAUM: Bemerkungen zum Börsen- und Effektenrecht der Kriegszeit, Bank-Arch. XIV. Jhg. (1914), S. 202f. — MEYER: Die gegenwärtigen Funktionen der Fondsbörsenorgane, Bank-Arch. XIV. Jhg. (1914), S. 276f. — DUB: Katastrophenhausse und Geldentwertung, 1920. — KLEBBA: Börsen- und Effektenhandel im Kriege unter der Berücksichtigung der Berliner Börse, 1920. — HARTMANN: Die Kriegsmaßnahmen im Börsenrecht, Diss. Jena 1921. — PFEIFER: Die Einwirkung des Weltkriegs und der Nachkriegszeit auf die deutsche Effektenbörse, Diss. Bern 1926.

II. Von der Inflation bis zum „Schwarzen Freitag"

1. Während der Inflation befand sich die deutsche Wirtschaft in einem chaotischen Zustand. Da der Preis als Regulator außer Kraft gesetzt worden war, mußte eine Fehlentwicklung in Kauf genommen werden, die erst offenbar wurde, als im November 1923 die Währung stabilisiert wurde. Hier zeigte sich, daß ein völliger Mangel an Betriebskapital bestand, der die Ausnutzung des ausgeweiteten Produktionsapparates hinderte. Die Krise wurde nur dadurch überwunden, daß das mangelnde Kapital im Anschluß an die Stabilisierung und an die Dawes-Anleihe vom September 1924 an aus dem Ausland zufloß. Der Zustrom dieses Auslandskapitals betrug bis Ende Dezember 1924 fast eine Milliarde RM.

2. Erleichtert wurde 1924 der Devisenhandel. Die nach Abschluß des Dawes-Abkommens gesicherte Stabilisierung forderte eine Neufassung der

den Devisenhandel beschränkenden Bestimmungen. Sie erfolgte in der Verordnung zur Abänderung der Devisengesetzgebung vom 8. 11. 1924 (RGBl. I S. 730), durch die ein großer Teil der bisherigen Vorschriften aufgehoben und der Rest vereinfacht wurde. Mit gewissen Einschränkungen, nämlich der Bindung des Devisenhandels an sog. Devisenbanken, der genauen Berechnung der zulässigen Kurse und dem Verbot des Devisenterminhandels, schloß man den deutschen Geldmarkt an den ausländischen Geldmarkt wieder an.

3. Die Effektenbörsen hatten nach erfolgter Stabilisierung zunächst noch keine Bedeutung für die Wirtschaft. Die Preisbildung ermangelte der entscheidenden Bewertungsmaßstäbe, da die Rente der Dividendenwerte eine unbekannte Größe war, und sich auch der Substanzwert der Aktien jeder Schätzung entzog. Zudem ließ die ungeklärte Lage der gesamten Wirtschaft ein Urteil über die Ausnutzung der vorhandenen Produktionsmöglichkeiten überhaupt nicht zu. Endlich fehlten eine abschlußbereite Spekulation und das Termingeschäft. Die Kursentwicklung war dementsprechend von außerhalb der Börse stehenden Faktoren, von Schätzungen und Stimmungen abhängig.

Dies änderte sich jedoch mit dem Wiederaufbau der deutschen Kreditmärkte seit Ende 1925. Ein immer stärkerer Zufluß von Auslandskapital, das Erstarken der inneren Kapitalbildung und die damit einhergehende Verflüssigung des Geldmarktes bewirkten, daß sich seit Beginn des Jahres 1926 eine Wende zum Besseren anbahnte. Sie wurde auch durch die in den Jahren 1924 und 1925 erfolgte Goldmarkumstellung der Aktienkapitalien, die eine gewisse Grundlage für die Bewertung und eine Vergleichsmöglichkeit bot, und durch die Wiedereinführung des Effektenterminhandels am 1. 10. 1925 wesentlich unterstützt. Die Bewegung wurde in Verbindung mit dem Anleihezustrom von großer Wichtigkeit für die Entwicklung der deutschen Konjunktur. Die Ausweitung des Effektenmarktes ermöglichte eine starke Ausdehnung der inländischen Emissionen fest verzinslicher Werte und von Aktien. Damit konnte eine umfassende Rationalisierung der Produktion in Angriff genommen werden, um der Konkurrenz der fortgeschrittenen Auslandsproduktion zu begegnen.

4. In dieser Periode veranlaßte die Reichsbank, daß die Kapitalertragsteuerbefreiung von Auslandsanleihen am 4. 12. 1926 aufgehoben wurde. Die Folge war das fast völlige Versiegen dieser Kapitalzufuhr in einem Zeitpunkt, wo erhöhte Ansprüche an den Kapitalmarkt gestellt wurden, denen die innere Kapitalbildung kein entsprechendes Angebot gegenüberstellen konnte. Außerdem wurde die Verknappung am Kapitalmarkt durch eine 500-Millionenanleihe des Deutschen Reiches verschärft. Trotzdem führte die Tatsache, daß die Börsenzinssätze wesentlich über den übrigen Geldmarktsätzen lagen, zu einem Zustrom erheblicher kurzfristiger Auslandskredite über die Börse mit dem Ergebnis, daß die Kurse sich weiter aufwärts

bewegten. Erst Anfang Mai 1927 machte sich eine Unsicherheit an der Börse bemerkbar, die die Spekulation zu Teilrealisationen veranlaßte.

In diesen Rückbildungsprozeß griff ein Communiqué der Berliner Stempelvereinigung vom 13. 5. 1927 ein, „die zu Report- und Lombardzwecken und zur sonstigen Beleihung von Effekten gewährten Gelder allmählich, aber erheblich herabzusetzen". Dabei wurde zunächst die börsenmäßige Report- und Termingeldhergabe bis zur Medio-Juni-Liquidation um 25% vermindert. Dieser Restriktionsbeschluß hatte einen panikartigen Zusammenbruch der Kurse zur Folge, wobei die Standardpapiere größte Einbußen erlitten. Trotzdem wurden die Börsen nicht geschlossen; jedoch ordnete der Berliner Börsenvorstand die Streichung der ersten Kurse an, soweit sie die Höhe des Vortages um mehr als 10–12% unterschritten. In der öffentlichen Meinung wurde der Eingriff vom „Schwarzen Freitag" mit Recht verurteilt. Er führte zu einer schwerwiegenden Schwächung der Spekulation. Besonders die Kursbildung war in der Folge außerordentlich schwankend und vielfach vom Zufall abhängig.

Literatur
BERNHARD: Der „Schwarze Freitag", Magazin der Wirtschaft, 1927, S. 777f. — STOLPER: Der Schwarze Freitag, Dt. Volkswirt, 1. Jhg. (1927), S. 1061. — GUNZERT: Effektenmarkt und Konjunkturverlauf, Diss. München 1928. — BENNING: Der „Schwarze Freitag", in: Effektenbörse und Volkswirtschaft, Münch. Volkswirtsch. Studien, N.F. Heft 6, 1929, S. 73f.

III. Die Krise von 1931 und die Schließung der Börsen von 1931 bis 1932

1. Während die Wirtschaft nach der Inflation und der Stabilisierung der Währung einen erheblichen Aufschwung genommen hatte, blieb der internationale Kapitalverkehr ständig gestört. Vor allem die Ausfuhr von Devisen zu Reparationszwecken erwies sich als verhängnisvoll. Dazu trat die Sorge vor einer neuen Inflation, die weite Kreise der Wirtschaft und des Publikums ergriffen hatte. In dieser Situation erfolgte im Sommer 1931 im Bankgewerbe ein beispielloser Zusammenbruch, der die Krediteinrichtungen und die Börsen tief erschütterte.

Am 11. 5. 1931 wurde bekannt, daß die Österreichische Credit-Anstalt einer Stützung bedürfe. Nicht viel später ergaben sich große Bankverluste bei dem Zusammenbruch des Norddeutschen Wollkonzerns. Das schon im Zusammenhang mit dem Ergebnis der Reichstagswahl im September 1930 unruhig gewordene Ausland begann darauf, die den Banken oder durch Vermittlung der Banken bewilligten ausländischen Kredite rasch abzuziehen. Besonders stark wurden sie Ende Juni und Anfang Juli 1931 gekündigt, so daß der Kreditorenbestand der vier Berliner Filialgroßbanken von

Mitte 1930 bis Juli 1931 um rund 4 Milliarden RM abnahm. Gegenüber dieser Entwicklung setzte sich die Reichsbank zunächst mit einer Diskonterhöhung zur Wehr, mußte aber bald darauf zur Kreditrestriktion schreiten. Doch auch diese Maßnahme blieb wirkungslos. Die Abzüge des Auslandes und die inländische Kapitalflucht verschärften sich von Tag zu Tag. Als endlich am 13. 7. 1931 die Darmstädter und Nationalbank im Einverständnis mit der Regierung ihre Schalter schloß, nachdem sie innerhalb von sechs Wochen über 650 Millionen Reichsmark ausgezahlt hatte, ordnete die Regierung durch zwei Verordnungen vom gleichen Tage eine allgemeine Bankschließung für den 14. und 15. 7. 1931 an.

2. Nach Beendigung der durch die Verordnungen erreichten kurzen Schonfrist wurden die Auszahlungen der Banken gesetzlich beschränkt. Auch suchte man der Kapitalflucht durch die Bewirtschaftung der Devisen zu begegnen. Ihre Rechtsgrundlage fanden diese Maßnahmen in mehreren Notverordnungen, von denen die VO über den Verkehr mit ausländischen Zahlungsmitteln später durch die Devisenbewirtschaftungsverordnung vom 1. 8. 1931 abgelöst wurde. Mit weiteren Notverordnungen über die Wiederaufnahme des Zahlungsverkehrs nach den Bankfeiertagen und über die Abwicklung von Börsengeschäften wurde versucht, allmählich wieder einen normalen Zustand zu erreichen. Aber erst am 5. 8. 1931 konnten die Banken einen völlig freien Zahlungsverkehr aufnehmen, nachdem es durch staatliche Stützungsaktionen gelungen war, die Institute wenigstens technisch zu sanieren.

3. Als am 13. 7. 1931 die Danatbank ihre Schalter schloß, verfügte die Regierung zunächst für zwei Tage die Schließung der Börsen. Nach Ablauf dieser zwei Tage erkannten die Börsenvorstände, daß eine Verlängerung der Schließung nicht zu vermeiden war, bis der freie Zahlungsverkehr hergestellt sein würde. So brachten die Börsen vom 3. 9. 1931 an den amtlichen Verkehr erneut in Gang, bis der plötzliche Ausbruch der englischen Währungskrise die Schließung fast aller europäischen Wertpapierbörsen erzwang. Damit wurde auch der Verkehr an den deutschen Börsen am 18. 9. 1931 nochmals zum Erliegen gebracht und konnte erst sehr viel später als an den übrigen europäischen Börsen, am 26. 2. 1932, wieder aufgenommen werden. Es fand aber nicht sofort ein amtlicher Verkehr statt. Vielmehr wurde in Fortsetzung des während der Schließung entwickelten Telefonverkehrs ein Freiverkehr ins Leben gerufen, der ganz allmählich einen neuen offiziellen Verkehr entstehen ließ.

Die Gründe für den Ausfall der Börsen lagen nicht allein in der Wirtschaftskrise sowie in der Gefährdung der Währung durch das Zurückziehen der ausländischen Kredite und in der Devisenzwangswirtschaft. Es waren auch sehr naheliegende Gesichtspunkte, die einen amtlichen Verkehr als nicht zweckmäßig erscheinen ließen. Dabei spielten die Frage der Bewertung festverzinslicher Wertpapiere, die Furcht vor Exekutionen und die

Befürchtung, daß der Kredit der Gesellschaften durch die Feststellung sehr niedriger Kurse erschüttert werden könnte, die erste Rolle. Als trotz dieser Bedenken der Börsenverkehr in Gang gekommen war, spiegelte sich der Konjunkturrückgang in starkem Maße in den Kursen wider. Ihr Rückgang zeugte aber auch dafür, daß die Aktie beim Publikum erheblich in Mißkredit gekommen war.

Literatur

NEUFELD: Die Juli-Notverordnungen. Das Börsenrecht der Notzeit, JW 1931, S. 2265 f. — MELLEROWICZ: Bankenkrise und Bankenreorganisation, Bankwissenschaft 8. Jhg. (1931), S. 337 f. — BLAU: Bankenkrise und Danatbank-Notverordnung, Bankwissenschaft 8. Jhg. (1931), S. 490 f. — MEYER: Börseneröffnung?, Bank-Archiv XXXI. Jhg. (1931), S. 69 f. — HASSE: Die Krisenmaßnahmen des Jahres 1931, in: Untersuchung des Bankwesens 1933, I. Teil, 2. Bd. 1933. — ADOLF WEBER: Der Bankenkrach vor 10 Jahren, Bank-Arch. Jhg. 1941, S. 301 f. — KÜCHENBERG: Die Etappen der deutschen Wertpapierbörsen von 1924—1952, Diss. Bonn 1953. — BORN: Die deutsche Bankenkrise 1931, 1967.

IV. Die Börsen nach 1933 bis zum Beginn des zweiten Weltkriegs

1. Mit der Übernahme der Macht durch die nationalsozialistische Regierung am 30. 1. 1933 brach auch für die Börsen eine Zeit der Unsicherheit an, da die neuen Machthaber über Wert und Unwert der Börsen sehr unterschiedliche Auffassungen vertraten. Während der eine Teil in den Börsen eine Quelle ungerechtfertigter Bereicherung sah, konnte der andere Teil nicht verkennen, daß die Börsen im Rahmen der Wirtschaft eine wichtige Aufgabe als Kapitalmärkte besaßen. Im Laufe der Zeit setzte sich die Auffassung durch, daß eine völlige Umgestaltung der Börsen abzulehnen sei, daß sie aber unter einen wesentlich stärkeren Einfluß des Staates genommen werden sollten, um sie als Instrument der Staatsführung den Regierungszwecken nutzbar zu machen.

Im Rahmen dieser Zielsetzung sicherte die Regierung zunächst ihren Einfluß auf die Neubesetzung der Börsenvorstände. Sie ordnete an, daß die Börsenvorstände und ihre Präsidenten durch die Industrie- und Handelskammern zu bestätigen seien, wobei diese ihrerseits den Weisungen des zuständigen Ministers unterlagen. Die Bestätigung konnte jederzeit widerrufen werden. Gleichzeitig verlieh man den neugebildeten Börsenorganen erweiterte Befugnisse. Daneben wurde die Möglichkeit geschaffen, das Ruhen des Rechts zum Börsenbesuch anzuordnen, falls von der Staatsanwaltschaft ein Ermittlungsverfahren, insbesondere wegen eines Devisenvergehens, eingeleitet worden war. Auch mußte das Ruhen dieses Rechts sofort angeordnet werden, wenn ein entsprechender Antrag des Staatskommissars vorlag. Schließlich wurde für die Berliner Wertpapierbörse bestimmt, daß die Börsenzulassung bei groben Verstößen gegen das Wohl des

Staates und der deutschen Volkswirtschaft ohne weiteres zurückgenommen werden konnte.

Als Folge der Erweiterung der Befugnisse der Börsenvorstände ging die Bedeutung der Ehrengerichtsbarkeit zurück. Denn der Börsenvorstand konnte durch die Möglichkeit der Zurücknahme der Zulassung nunmehr auch dort tätig werden, wo bisher nur das Ehrengericht eingreifen konnte. Unter diesen Umständen besaß allerdings der Beschuldigte kaum noch Garantien für ein rechtsstaatliches Verfahren der Zurücknahme, zumal das Enumerationsprinzip die Anrufung der Verwaltungsgerichte verhinderte.

Besondere Maßnahmen wurden auch gegenüber den freien Maklern getroffen. Während sich die vorerwähnten Maßnahmen vor allem gegen die dem Bankgewerbe angehörenden selbständigen Börsenbesucher richteten, beschritt man hier den Weg, sämtliche Börsenzulassungen der freien Makler aufzuheben. Für die Neuzulassung wurden Vorschriften erlassen, die es erlaubten, dem Regime genehme Makler auszusuchen.

2. Änderungen des technischen Apparates der Börsen bestanden darin, daß an sämtlichen preußischen Börsen eine Altersgrenze für Kursmakler durch entsprechende Änderung der Maklerordnungen eingeführt wurde, und daß im Zuge der Verringerung der Zahl der freien Makler eine Maßnahme getroffen wurde, von der sich die Regierung eine günstige Wirkung auf das Kursniveau versprach. Ein Teil der freien Makler wurde in eine besondere Gruppe (Freihändler) überführt, die an der Börse ausschließlich eigene Geschäfte machen sollte. Man erwartete von der Tätigkeit dieser Gruppe eine gewisse Pufferwirkung, indem der Freihändler bei Kursschwankungen nach oben oder unten durch eigene Verkäufe oder Käufe eingreifen und dadurch zu starke Ausschläge verhindern sollte, eine Tätigkeit, wie sie auch von den Specialists der New Yorker Börse in gewissem Umfang wahrgenommen wird. In der Praxis hat sich diese Erwartung jedoch nicht erfüllt.

3. Die Anordnungen des Jahres 1933 betrafen noch keine Änderungen des BörsG. Erst durch die Reichsgesetze vom 30. 1. 1934 (RGBl. I S. 75) und 5. 3. 1934 (RGBl. I S. 169) erfolgten Eingriffe in die Substanz des BörsG. Das Gesetz vom 30. 1. 1934 beseitigte die Hoheitsrechte der Länder, was den Übergang der Börsengesetzgebungs- und Aufsichtsrechte der Länder auf den Reichswirtschaftsminister zur Folge hatte. Seine Machtfülle wurde noch durch die Aufhebung des Reichsrates im Gesetz vom 14. 2. 1934 erweitert. Das Gesetz vom 5. 3. 1934 war besonders für die Kursfeststellung an den Hauptbörsen von erheblicher Bedeutung. Nunmehr wurde die Kursfeststellung an den Börsen, an denen eine Maklerkammer bestand, den Kursmaklern zur eigenen Ausübung übertragen, während diese bisher lediglich Hilfspersonen des Börsenvorstandes gewesen waren. Ferner bestimmte das Gesetz, daß die Kursmakler nicht mehr dem für alle Börsenbesucher zuständigen Ehrengericht, sondern allein der Disziplinarbestra-

fung durch die Maklerkammer unterliegen sollten. Die Rechtsstellung der Kursmakler wurde dadurch erheblich verstärkt.

Gegen Ende 1934 nahm der Reichswirtschaftsminister eine weitere einschneidende Neuordnung des Wertpapierwesens vor. Von den 21 Wertpapierbörsen in Deutschland wurden die Börsen zu Königsberg, Magdeburg, Stettin und Zwickau aufgehoben und dreizehn weitere Börsen zu fünf Börsen zusammengefaßt. So kamen die Augsburger Börse zu München, die Börsen in Bremen und Lübeck zu Hamburg, die Börsen zu Chemnitz und Dresden zu Leipzig, die Börsen Essen und Köln zu Düsseldorf und die Börse in Mannheim zu Frankfurt a. Main. Die an den einzelnen Plätzen bestehenden Warenbörsen wurden von der Neuordnung nicht betroffen. Die Wertpapierbörsen in Berlin, Breslau, Hannover und Stuttgart blieben unverändert erhalten. Sinn dieser Zurückführung des Börsenwesens war einerseits, dem abnehmenden Börsenverkehr Rechnung zu tragen, andererseits, der führenden deutschen Börse Berlin ein Gegengewicht in Gestalt von gestärkten Provinzbörsen zu schaffen. Das Gesetz über den Wertpapierhandel vom 4. 12. 1934 trug Sorge dafür, daß diejenigen Wertpapiere, die bisher an einer der aufgehobenen Börsen zum Handel zugelassen waren, durch Anordnung des Reichswirtschaftsministers anderen Börsen überwiesen werden konnten. Im übrigen änderte die gleichzeitig erlassene Verordnung die Zulassungsbekanntmachung vom 4. 7. 1910. Wertpapiere, die auf einen Geldbetrag gestellt waren, durften nunmehr zum Börsenhandel nur zugelassen werden, wenn von den Stücken, in denen der Börsenhandel stattfinden sollte, an der Berliner Börse mindestens ein Gesamtnennwert von $1^1/_2$ Millionen Reichsmark, bei den Börsen zu Frankfurt a. Main und Hamburg von 500 000 Reichsmark und bei den übrigen Börsen von 250 000 Reichsmark vorhanden war.

4. Mit dem 1. 9. 1939 übertrug die Verordnung vom 11. 8. 1939 das deutsche Börsenrecht auf Österreich, das 1938 von Deutschland besetzt worden war. Die Aufsicht über die Wiener Börse, die bis dahin dem österreichischen Finanzministerium obgelegen hatte, ging nunmehr auf den Reichswirtschaftsminister über, der einen Reichskommissar mit der Wahrnehmung der Aufsichtsfunktionen im täglichen Börsenverkehr beauftragte. Eine grundlegende Änderung erfuhr das Verfahren der Zulassung neuer Wertpapiere zum amtlichen Börsenhandel. Während vorher das Zulassungsverfahren in den Händen des Finanzministeriums unter Mitarbeit des Börsenvorstandes gelegen hatte, ging es jetzt auf die neu geschaffene Zulassungsstelle über (§ 36 BörsG). Dabei mußte vor der Einleitung eines jeden Verfahrens die Genehmigung des Reichswirtschaftsministers eingeholt werden.

Literatur

MARTINI: Zur Reform der Wertpapierbörsen: I. Die Maßnahmen des Jahres 1933. II. Die Maßnahmen des Jahres 1934, MBlWiA 1934, S. 51f, S. 96f. — ZÄNSDORF: Verfassung und Organisation der deutschen Börsen im Lichte der rechtsgeschichtlichen Entwicklung, 1937. — HEITMANN: Deutsches Börsenrecht in der Ostmark, Bank-Arch. Jhg. 1939, S. 432.

V. Die Wertpapierbörsen während des zweiten Weltkriegs

1. Als 1939 der zweite Weltkrieg begann, hielt das Reichsbankdirektorium Sondermaßnahmen zum Schutze der Währung und eines geregelten Geld- und Kreditverkehrs nicht für notwendig. Auch blieb die Börse von jeder Erschütterung frei. Kurz nach Ausbruch der Kämpfe trat zwar ein angestauter Anlagebedarf in Erscheinung, was bei den Standardwerten zu einem gewissen Kursauftrieb führte. Er hielt sich jedoch in bescheidenen Grenzen. Eine Börsenschließung schied vollkommen aus. Lediglich am Rentenmarkt waren einige Kurseinbußen spürbar.

2. Für die weitere Entwicklung spielten an Stelle wirtschaftlicher Konjunkturschwankungen zahlreiche andere Faktoren bei der Gestaltung des Kursbildes eine Rolle. Insbesondere war es die jeweilige politisch-militärische Entwicklung, die in fast allen Ländern zum maßgebenden Stimmungsfaktor für die Kursbildung wurde. Daneben fanden auch Veränderungen in den Zinssätzen für Rentenwerte ebenso ihren Niederschlag in den Aktienkursen wie Maßnahmen der Geld- und Steuerpolitik, zu denen später noch besondere dividendenpolitische Maßnahmen hinzutraten.

3. Im Laufe der Zeit änderte sich dieses Bild. Durch das Einsetzen einer stärkeren Nachfrage wurden Auftriebstendenzen ausgelöst, die zu Überlegungen führten, ob eine elastisch gehandhabte Steuer auf neue Aktienkäufe gelegt werden solle. 1942 griff die Regierung auf anderem Wege ein. Nachdem zunächst für einzelne besonders repräsentative Papiere bestimmte Höchstkurse festgesetzt worden waren, bei deren Erreichung die Nachfrage repartiert oder der Kurs gestrichen werden mußte, wurde später der am 12. 5. 1942 erreichte Kursstand zu einer Art Richtlinie für die Kursfestsetzung gemacht. Die Zuteilungen wurden nunmehr auch bei geringen Kurserhöhungen und gelegentlich bei veränderten Kursen mehr oder minder scharf repartiert. Vor allem wurde immer häufiger bei einem unerwünschten Verhältnis zwischen Angebot und Nachfrage zum Mittel der Kursstreichung gegriffen.

4. Nicht ohne Auswirkungen auf die Börse blieb auch die Dividendenabgabeverordnung vom 12. 6. 1941 (RGBl. I S. 323). Die Grundgedanken dieser Neuregelung waren die Begrenzung der Dividende, gleichzeitig aber auch die Möglichkeit einer Kapitalberichtigung innerhalb gewisser Schranken für unterkapitalisierte Gesellschaften. Die Dividendenabgabeverordnung und ihre erste Durchführungsverordnung vom 18. 8. 1941 gaben diesem Gedanken Gesetzesform und griffen dabei in schwierige Probleme des Bilanz- und Steuerrechts ein. Ein Dividendenstopp sah vor, daß Gesellschaften, die für das Verordnungsvorjahr grundsätzlich nicht mehr als 6

vom Hundert des eingezahlten Gesellschaftskapitals verteilt hatten, künftig nicht über diesen Satz hinausgehen sollten. Gingen sie in Ausnahmefällen weiter, so trat ein Auszahlungsstopp ein. Zugleich mußte für die über 6 vom Hundert hinausgehende Dividende eine Abgabe gezahlt werden. Bestimmte kleine Gesellschaften blieben hiervon ausgenommen. In einer zweiten Durchführungsverordnung vom 5. 5. 1942 wurden Zweifelsfragen geklärt, aber auch Einschränkungen und Erweiterungen vorgenommen. Alle Bestimmungen galten für die Kriegszeit; jedoch war in der Nachkriegszeit noch lange zweifelhaft, inwieweit die Dividendenabgabevorschriften weiterhin Geltung hätten.

5. Um der Regierung einen Überblick über die seit Kriegsanfang gekauften Aktien, Kuxe und Kolonialanteile zu verschaffen, wurde die Verordnung über den Aktienbesitz vom 4. 12. 1941 erlassen. Sie ermächtigte den Reichswirtschaftsminister, entsprechende Erhebungen durchzuführen. Gleichzeitig wurde eine Ermächtigung geschaffen, Vorschriften über den Verkauf der gemeldeten Wertpapiere und die Anlage des Erlöses aus Verkäufen dieser Wertpapiere zu treffen, wobei die Freistellung von der Verkaufspflicht an Auflagen gebunden werden konnte. Vorsätzliche oder fahrlässige Verstöße waren mit Ordnungsstrafen in Geld, unter Umständen auch mit Gefängnisstrafen zu verfolgen. Soweit Aktien abgefordert wurden, verkaufte der Staat sie wieder nach und nach an den Börsen und vergrößerte damit das Angebot.

6. Als sich im weiteren Verlauf des Krieges zeigte, daß die Kurse trotz aller Lenkungsmaßnahmen erheblichen Schwankungen unterlagen, begann der Staat, nicht nur durch kaum noch rechtmäßige Aufsichtsmaßnahmen zu intervenieren, sondern bekämpfte die Haussebewegung Anfang 1943 auf dem Gesetzesweg. So wurde am 30. 3. 1943 die zweite Verordnung über Maßnahmen auf dem Gebiet des Börsenwesens während des Krieges erlassen (RGBl. I S. 176) und mit ihr dem Reichswirtschaftsminister die Vollmacht gegeben, während der Dauer des Krieges Anordnungen über die Festsetzung von Börsenpreisen für Wertpapiere und Bestimmungen über Preise der zum amtlichen Handel nicht zugelassenen Wertpapiere zu treffen. Rechtsgeschäfte, die zu höheren als festgesetzten oder zugelassenen Preisen abgeschlossen wurden, waren nichtig. Strafbestimmungen sorgten für die Durchsetzung der von dem Reichswirtschaftsminister verfügten Anordnungen. Die Verordnung bildete die Grundlage dafür, daß am 29. 9. 1943 (RAnz. Nr. 231 vom 4. 10. 1943) bestimmt wurde, daß für zum amtlichen Handel zugelassene Aktien, Kuxe und Kolonialanteile sowie für Pfandbriefe, Kommunal- und Industrieschuldverschreibungen jeweils der letzte in einem amtlichen Kursblatt bekanntgegebene Kurs als Höchstpreis zu gelten habe. Bei Abweichungen an den einzelnen Börsenplätzen sollte der für den betreffenden Tag höchste Kurs als Höchstpreis Geltung haben. Der zulässige Höchstpreis durfte auch für junge, auf börsengängige Aktien

begebene, aber noch nicht zum amtlichen Handel zugelassene Aktien nicht überschritten werden.

Ob die Kursstoppvorschriften nach dem Zusammenbruch weiter Geltung hatten, war zweifelhaft. Die Verordnung vom 30. 3. 1943 hatte die Ermächtigung zum Erlaß von Bestimmungen über die Börsenpreise von Wertpapieren auf die Dauer des Krieges beschränkt. In der Praxis wurden die Stoppkurse nach Wiedereröffnung des Börsenverkehrs zunächst nicht eingehalten, bis später die Militärregierungen ein Verbot der Überschreitung der letzten Kriegskurse erließen.

Literatur

KOEHLER: Die deutschen Börsen im Kriege, Bank-Arch. Jhg. 1940, S. 72f. — SIMON: Betrachtungen zur Dividendenabgabeverordnung, Bank-Arch. Jhg. 1941, S. 381f. — BÖTTCHER, MEILICKE u. SILCHER: Dividendenabgabe-Verordnung, 1941; Erg.Bd. 2. Durchführungsverordnung, 1942. — SIMON: Die zweite Durchführungsverordnung zur Dividendenabgabeverordnung, Bank-Arch. Jhg. 1942, S. 234f. — HUNSCHE: Sechs Monate Kursstopp, Bank-Arch. Jhg. 1943, S. 185.

KAPITEL 5

Die Börsen und die Entwicklung nach dem zweiten Weltkrieg

I. Die Wiedereröffnung der Wertpapierbörsen nach 1945

1. Fast bis in die letzten Kriegstage hinein fand ein amtlicher Verkehr in Wertpapieren statt. Er wurde in Berlin erst am 18. 4. 1945 eingestellt. Nachdem Deutschland durch die Siegermächte besetzt worden war, begann Hamburg als erste deutsche Börse am 9. 7. 1945, einen „kontrollierten Freiverkehr" wiederaufzunehmen. Kurze Zeit darauf folgten München mit dem ersten amtlichen Verkehr und Frankfurt sowie die Börsen in Bremen, Düsseldorf, Hannover und Stuttgart. Als letzte Börse nahm die Berliner Börse im Jahre 1950 den Handel im geregelten Freiverkehr auf, dem sich am 11. 3. 1952 der amtliche Verkehr anschloß.

2. Die Schwierigkeiten, denen sich die Börsen in den ersten Nachkriegsjahren gegenübersahen, waren erheblich. Das Wertpapierwesen war durch den Krieg und die Nachkriegsereignisse in Unordnung geraten. Während die Alliierten im Westen Deutschlands eine ganze Reihe von einengenden Bestimmungen erließen, wurde in Berlin durch den Befehl, daß alle Banken ihre Tätigkeit einzustellen hätten (sog. Bersarin-Befehl vom

28. 4. 1945) sowie durch die Zerstörung der Reichsbank und die Plünderung der Bankenbestände ein Wertpapierverkehr unmöglich gemacht. Die im Westen erlassenen einengenden Bestimmungen bezogen sich in erster Linie auf Reichsanleihen, zum Teil jedoch auch auf Länderanleihen. Wertpapiere, die im Girosammeldepot lagen, konnten anfangs mit gewissen Abschlägen gegenüber effektiven Stücken gehandelt werden, soweit sich die Börsen in der amerikanischen Zone befanden. Später wurde das in der britischen Zone von Anfang an erlassene Verbot eines derartigen Handels auf die amerikanische Zone ausgedehnt. Völlig konnte der Handel jedoch damit nicht unterbunden werden.

3. Zur Verhütung des Handels mit unrechtmäßig erworbenen Wertpapieren beschloß der Gemeinsame Deutsche Finanzrat am 7. 2. 1947, Richtlinien für die Bescheinigung der Lieferbarkeit von Wertpapieren zu erlassen, die ab Oktober 1947 an den westdeutschen Wertpapierbörsen Eingang fanden. Wertpapiere waren danach nur mit einer besonderen Bescheinigung eines Kreditinstituts als lieferbar zu behandeln (Affidavit-Verfahren). Zur Ausstellung der Bescheinigung berechtigt waren diejenigen Kreditinstitute, die die Reichsbank oder eine Landeszentralbank hierzu ermächtigt hatte. Wann die Bescheinigung auszustellen war und welcher Nachweis verlangt wurde, war in den Richtlinien niedergelegt. Für ihre Durchführung erließen sämtliche Börsen eine entsprechende Anleitung.

4. Rechtlich war die Schließung der Börsen nach Kriegsende als Ruhen zu betrachten (HUBER II S. 618; OVG Berlin in OVGE Berlin Bd. 7 S. 84). Dies hatte beispielsweise zur Folge, daß die Bestellungen von Kursmaklern und die Zulassung von Börsenbesuchern aus der Zeit vor dem Zusammenbruch (8. 5. 1945) als fortgeltend betrachtet werden mußten.

Literatur
MARTINI: Verkehr mit Wertpapieren, 1950. — CHRISTA SCHMIDT: Gegenwärtiger Stand von Organisation und Geschäftsdurchführung an den Effektenbörsen in Westdeutschland, Diss. Bonn 1956.

II. Die Neuordnung des Geldwesens (Währungsumstellung) und der Großbanken

1. Als das Geld nach Kriegsende immer mehr seine Funktion als Zahlungsmittel verlor und Tauschhandel und Kompensation an seine Stelle lraten, wurde es notwendig, das deutsche Währungsproblem durch eine Neuordnung des Geldwesens zu lösen. Sie erfolgte in Gesetzen der westlichen Militärregierungen, die mit Wirkung vom 21. 6. 1948 die Reichsmarkwährung durch eine neue Währung ersetzten. Die ersten beiden Gesetze, das Währungsgesetz und das Emissionsgesetz, regelten die mit der Einführung der neuen Währung unmittelbar in Zusammenhang stehenden

Fragen und vor allem das Notenausgaberecht der Bank deutscher Länder. Diese war bereits Anfang 1948 gegründet worden. Ihnen folgte wenige Tage später das Umstellungsgesetz, das die Behandlung der Reichsmarkguthaben bei Geldinstituten und der Schuldverhältnisse sowie weiterer hiermit im Zusammenhang stehenden Fragen regelte, und im September 1948 das Festkontogesetz, das eine Ergänzung zu den Bestimmungen des Umstellungsgesetzes in bezug auf die Umwandlung und Ablösung der Altgeldguthaben brachte.

Berlin erhielt im Juni 1948 eine ähnliche Währungsgesetzgebung wie Westdeutschland, durch die die D-Mark (West) auch hier eingeführt wurde. Da sich durch das Ruhen der Bankniederlassungen die tatsächliche Lage wesentlich von den Verhältnissen in Westdeutschland unterschied, mußte im Laufe der Zeit ein besonderes, mit dem westdeutschen Recht aber im wesentlichen übereinstimmendes Gesetzgebungswerk geschaffen werden, um die Währungsumstellung durchzuführen.

2. Während die Neuordnung des Geldwesens keine Bestimmungen mit unmittelbarer Wirkung auf das Börsenwesen enthielt, warf die Umstellung des Nennbetrages von Schuldverschreibungen nach § 22 UG und die Neufestsetzung des Nennbetrages von Aktien nach den DM-Bilanzgesetzen verschiedene Fragen auf, die den Börsenverkehr betrafen. Das DM-Bilanzgesetz des Vereinigten Wirtschaftsgebietes vom 21. 8. 1949 (WiGBl. S. 279) verpflichtete alle Unternehmen, für den 21. 6. 1948 ein Inventar und eine Eröffnungsbilanz in Deutscher Mark aufzustellen. In Ergänzungsgesetzen aus den Jahren 1950, 1952, 1955 und 1961 wurden verschiedene weitere Problemkreise behandelt. Hierbei waren für die Börsen besonders die Ersetzung der alten Reichsmarkaktienurkunden durch neue DM-Aktienurkunden und die endgültige Bewertung der Wertpapiere sowie der unverbrieften Anteilsrechte in der DM-Eröffnungsbilanz und den folgenden Bilanzen von Bedeutung.

Im Zuge dieser Maßnahmen wurde es notwendig, die Börsenzulassung umgestellter Wertpapiere durch Gesetz zu regeln. Sie erfolgte in dem gleichnamigen Gesetz vom 29. 12. 1951 (BGBl. I S. 1004), das durch schon zuvor erlassene Richtlinien der Wertpapierbörsen des Bundesgebietes vom 1. 10. 1951 ergänzt wurde. Die Neufestsetzung des Gesellschaftskapitals in Deutscher Mark war danach grundsätzlich keine Konvertierung im Sinne des § 38 BörsG. Jedoch war eine Neuzulassung zum Börsenhandel mit Prospektzwang in verschiedenen Fällen erforderlich, die das Gesetz im einzelnen aufführte.

3. Nicht ohne Einfluß auf das Börsenwesen ist auch die Neuordnung der Großbanken im Bundesgebiet gewesen. In Ausführung des 1945 auf der Potsdamer Konferenz gefaßten Beschlusses der Alliierten, das deutsche Wirtschaftsleben zu dezentralisieren, wurden 1947 und 1948 in der amerikanischen, französischen und britischen Zone alliierte Gesetze erlassen, die

die Vermögenskomplexe der früheren Großbanken auf die Länder aufspalteten und durch Treuhänder verwalten ließen. Allerdings blieben die Nachfolgeinstitute in rechtlicher Beziehung Teile der Großbanken. Im Laufe der Zeit wurde diese Entflechtung durch das Gesetz über den Niederlassungsbereich von Kreditinstituten vom 29. 3. 1952 zunächst bestätigt, später aber durch das sog. Zweite Großbankengesetz vom 24. 12. 1956 aufgehoben, als sich zeigte, daß der durch die Entflechtung geschaffene Zustand gesamtwirtschaftlich unzweckmäßig war. Den Großbankennachfolgern war es nunmehr möglich, sich ohne Verzögerung wieder zusammenzuschließen. Von dieser Möglichkeit machten sie alsbald Gebrauch, so daß das Bankensystem, das mit dem Aufstieg des alten Reiches konform gegangen war, seine Geschlossenheit zurückerhielt. Lediglich in Berlin (West) blieben Nachfolgerbanken der früheren Großbanken als selbständige Kreditinstitute erhalten.

Literatur
HARMENING u. DUDEN: Die Währungsgesetze, 1949 mit Ergbd. 1950. — GEILER, STEHLIK u. VEITH: DM-Bilanzgesetz, 1950 mit Ergbd. 1951. — SCHMÖLDER, GESSLER u. MERKLE: DM-Bilanzgesetz, 1950. — KNAPP: Bemerkungen zu dem Entwurf eines Gesetzes über die Börsenzulassung umgestellter Wertpapiere, WM 1951, Teil IV, S. 609f. — HEROLD: Die Neuordnung der Großbanken im Bundesgebiet, NJW 1952, S. 481f. — VON RAUSCHENPLAT: Das zweite D-Markbilanzergänzungsgesetz, ZfgesKred. 1953, S. 16. — SIARA: Wieder deutsche Großbanken. ZfgesKred. 1957, S. 204f.

III. Die Wertpapierbereinigung

1. Nachdem schon 1947 der Gemeinsame Deutsche Finanzrat beschlossen hatte, Richtlinien für die Bescheinigung der Lieferbarkeit von Wertpapieren herauszugeben, wurden 1949 durch Wertpapierbereinigungsgesetze im Vereinigten Wirtschaftsgebiet, in Rheinland-Pfalz, Württemberg-Hohenzollern, Südbaden und Berlin (West) die gesetzlichen Voraussetzungen für ein einheitliches Bereinigungsrecht im Gebiet der späteren Bundesrepublik einschließlich Berlin geschaffen. Zweck dieser Gesetze war, allen Wertpapierbesitzern, die widerrechtlich die Verfügungsmacht über ihre Wertpapiere verloren hatten, Ersatzstücke zu verschaffen und die Verkehrssicherheit im Handel wieder herzustellen. Die Ersatzurkunden lauteten auf die gleiche Währung wie die Stücke, die ersetzt werden sollten.

2. Dem Rechtsinstitut nach war die Wertpapierbereinigung ein allgemeines Aufgebotsverfahren. Vernichtete, abhanden gekommene oder blockierte Stücke, aber auch greifbare Stücke, deren einwandfreie Herkunft nicht nachgewiesen werden konnte, wurden kraftlos, soweit sie nicht unter eine der in den Wertpapierbereinigungsgesetzen aufgeführten Gruppen (Stücke mit Lieferbarkeitsbescheinigung und bis zum 1. 1. 1945 festge-

schriebene Schuldverschreibungen) fielen. Wer Ersatzstücke beanspruchte, mußte sein Recht in einem Prüfungsverfahren anmelden und nachweisen. Dabei wurden die bürgerlich-rechtlichen Vorschriften über den gutgläubigen Erwerb vom Nichtberechtigten zum Schutz der alten Wertpapierbesitzer weitgehend ausgeschaltet.

3. Die ursprünglichen Wertpapierbereinigungsgesetze sind durch Bundesgesetze in den Jahren 1951, 1953, 1956 und 1964 geändert und ergänzt worden. Das letzte Gesetz, als Wertpapierbereinigungsschlußgesetz bezeichnet, legte den Schlußtag für die Wertpapierbereinigung auf den 31. 12. 1964 fest. Es traf außerdem Bestimmungen über die Verwendung der nach Abschluß der Wertpapierbereinigung verbleibenden Beträge für den Lastenausgleich und über die Entschädigung nach Abschluß der Wertpapierbereinigung. Schließlich ermächtigte es die Bundesregierung, die dem Amt für Wertpapierbereinigung durch Gesetz oder Rechtsverordnung übertragenen Aufgaben durch Rechtsverordnung auf den Präsidenten des Bundesausgleichsamtes zu überführen (vgl. dazu VO der Bundesregierung vom 8. 5. 1964).

Literatur

STEFFAN: Die Wertpapierbereinigungsgesetze, NJW 1950, S. 6f. — ZIGANKE: Gesetz zur Änderung und Ergänzung des Wertpapierbereinigungsgesetzes vom 29. 3. 1951, WM Teil IV B 1951, S. 197f. — SCHINDELWICK, u. REICHERT: Zweites Gesetz zur Änderung und Ergänzung des Wertpapierbereinigungsgesetzes, 1953.

IV. Die Warenbörsen nach 1945

1. Schon vor Beendigung des zweiten Weltkrieges hatten die Warenbörsen einen großen Teil ihrer Bedeutung eingebüßt. Sollen Warenbörsen ebenso wie Wertpapierbörsen eine echte börsenmäßige Tätigkeit entfalten, so müssen sie von behördlichen Einflüssen weitgehend frei sein. Eine solche freie Tätigkeit der Warenbörsen war in der Zeit nach 1933 kaum möglich. Soweit es sich um die Produktenbörsen (Getreide- und Futtermittelbörsen) handelte, waren diese durch Aufsichts- und Eingriffsbefugnisse des Reichsnährstandes und der Träger der Marktordnung in ihrer Entfaltung gehemmt. Ein Ausgleich von Angebot und Nachfrage konnte an den Getreidegroßmärkten nur noch mengenmäßig, aber nicht mehr preismäßig erfolgen. Doch auch die übrigen Warenbörsen wurden durch Kontrollmaßnahmen hinsichtlich der Rohstofferzeugung und -verteilung derart ihres Wertes beraubt, daß von Börsen im eigentlichen Sinn nicht mehr die Rede sein konnte.

2. Nach Kriegsende wurden die Warenbörsen nicht sofort funktionsfähig. Zunächst blieb auf weiten Gebieten der Wirtschaft ein Mangel an Rohstoffen fühlbar, der einen börsenmäßigen Handel überhaupt ausschloß.

Die Warenbörsen nach 1945

Soweit es den Produktenhandel betraf, blieben auf Anordnung der Alliierten und später der Länder alle Bestimmungen des Reichsnährstandes, die sich auf die Versorgung der Bevölkerung mit Ernährungsgütern bezogen, bis zur Währungsreform in Kraft.

Trotzdem nahmen die Warenbörsen die Versammlungen in der Zeit von Herbst 1945–1952 wieder auf, um den Meinungsaustausch zu pflegen und Beschaffungsschwierigkeiten zu erleichtern. Nachdem die Währungsreform die Grundlage dafür geboten hatte, daß die Zwangswirtschaft allmählich entbehrt werden konnte, und die freie Marktwirtschaft an ihre Stelle trat, rückten auch die Warenbörsen stärker in den Vordergrund. Besonders nachhaltig war die Belebung der ruhenden Warenbörsen in den Jahren 1949 und 1950. Nicht beteiligt am Übergang zu einer freien Wirtschaft blieben allerdings bestimmte Bereiche der westdeutschen Agrarwirtschaft, in denen die Preisbildung weiterhin staatlich geregelt wurde. Obwohl auch hier ein Abbau zahlreicher reglementierender Vorschriften zu beobachten war, haben die Produktenbörsen nur einen Teil ihrer Funktionen zurückerhalten, der sich vor allem auf solche Waren bezieht, die nicht dem Getreidesektor angehören.

Amtliche Warenbörsen bestehen heute in Berlin, Bremen, Frankfurt a. Main, Hamburg, Hannover, Köln, Mannheim, München, Nürnberg, Saarbrücken, Stuttgart und Würzburg. Neben ihnen finden sich Waren- und Produktenbörsen nichtamtlicher Natur an fünfzehn weiteren Orten. Sie sind Großhandelsmärkte, die einen börsenähnlichen Verkehr aufweisen, jedoch nicht unter die Bestimmungen des BörsG fallen. Bei ihnen scheint die wirtschaftliche Bedeutung und Selbständigkeit als Markt noch nicht den Grad erreicht zu haben, der ihre „Amtlichkeit" rechtfertigt.

3. In sehr geringem Maß ist nach 1945 der Warenterminhandel wieder in Gang gekommen. 1952 wurde zunächst durch den Runderlaß Außenwirtschaft Nr. 96/52 (BAnz. Nr. 170 vom 3. 9. 1952) der deutschen Importwirtschaft der Abschluß von Termingeschäften über Waren an ausländischen Börsen ermöglicht. Zwei Jahre später konnte die erste deutsche Warenterminbörse, die Zuckerterminbörse in Hamburg, und vier Jahre danach die Kaffeeterminbörse in Hamburg eröffnet werden. Es folgte die Baumwollterminbörse in Bremen. Jedoch sind diese Terminmärkte heute ohne jedes Geschäft, so daß von einer Wiederbelebung des Warenterminhandels in Deutschland bislang nicht gesprochen werden kann.

4. Erstmals 1961 hat in Straßburg eine „europäische Warenbörse" stattgefunden, die den Zweck hatte, die beteiligten Wirtschaftskreise rechtzeitig auf die geschäftlichen Auswirkungen eines großräumigen europäischen Marktes hinzuweisen und ihnen Aufschluß über die wichtigsten Marktverhältnisse in diesem Raum zu vermitteln. Die Zusammenkünfte sind in den folgenden Jahren fortgesetzt worden, wobei als Veranstalter amtliche Warenbörsen in Erscheinung traten.

Literatur

Masserer: Warentermingeschäfte (Westzonen), BB 1952, S. 709. — Schottelius: Die Bedeutung des Warentermingeschäfts für die Wirtschaft, BB 1956, S. 452f. — Offergeld: Die Bedeutung der westdeutschen Produktenbörsen für die Geschäftstätigkeit des Produktenbereiches, Diss. Köln 1959. — Kriebel: Warenbörsen und warenbörsenähnliche Einrichtungen in der Bundesrepublik Deutschland, 1960. — Hees: Sinn und Aufgabe der europäischen Warenbörse, Mitt. IHK Frankfurt a. M. 1961, S. 510.

V. Probleme des Börsenwesens in der heutigen Zeit

1. Daß die deutschen Wertpapierbörsen nach der Beendigung des zweiten Weltkriegs ihre Aufgaben ohne Änderungen des Börsenrechts fortführen konnten, spricht dafür, daß das BörsG der Anpassung der Börsen an die veränderten Nachkriegsverhältnisse nicht im Wege stand. Die verständnisvolle Behandlung hergebrachter Eigentümlichkeiten des Börsenwesens, der Rahmencharakter vieler Vorschriften, der eine weitgehende Selbstgestaltung der äußeren und inneren Organisation der Börsen gestattet, verbunden mit einer vertrauensvollen Beschränkung des Staates bei der Ausübung der Staatsaufsicht, ermöglichten ein fast reibungsloses Wiedereingangsetzen des Börsenverkehrs. Es zeigte sich auch hier, daß Wirtschaftsgesetze, die nur den Rahmen abstecken, viel weniger reformbedürftig sind als Gesetze, die alle Einzelheiten erfassen und regeln.

2. Wenn dennoch eine gewisse Wandlung der Rechtsverhältnisse erforderlich erscheint, so liegt dies nicht so sehr an Mängeln des bisherigen Rechts, als an der Einführung einer neuen Staats-, Wirtschafts- und Sozialverfassung durch das Bonner Grundgesetz vom 23. 5. 1949 und an der im Grundgesetz verankerten Gewährleistung des Rechtsweges (Art. 19 Abs. 4 GG). Der in Verfolg dieses Grundsatzes eingeführte Verwaltungsprozeß nach der Verwaltungsgerichtsordnung vom 21. 1. 1960 hat gerade im Börsenrecht viele althergebrachte Grundsätze ihrer Wirksamkeit beraubt. Soweit hierdurch Probleme entstanden sind, werden sie im Zusammenhang mit der Darstellung des geltenden Börsenrechts behandelt. Das gilt auch für diejenigen Vorschläge, die unter dem Stichwort „Börsenreform" durch Staat und Wirtschaft ins Gespräch gebracht worden sind. Sie beziehen sich sowohl auf eine erweiterte Publizität der Börsen als auch auf eine stärkere Heranziehung der Wertpapierumsätze an die Börse, auf eine neuzeitlicher gestaltete Zulassung der Wertpapiere zum amtlichen Handel und auf eine Verstärkung der Publizität der Unternehmen. Letztere ist teilweise bereits durch das Aktiengesetz vom 6. 9. 1965 verwirklicht worden.

3. Eine besondere Reihe von Fragen bilden Probleme, die übernational gelöst werden müssen. Schon früh wurde die Bedeutung der Effektenbörsen für den internationalen Kapitalaustausch erkannt. Diese Erkenntnis drängte

dazu, daß sich die Weltbörsen zu einer Zusammenarbeit bereitfanden, um die Börsenvorschriften zu vereinheitlichen, soweit sie sich nicht nur auf örtliche Gegebenheiten beziehen. 1926 wurde zuerst von amerikanischer Seite der Vorschlag gemacht, daß die New Yorker Börse und die Hauptbörsen Europas, insbesondere London, Paris und Berlin, in Verbindung miteinander treten. Eine erste Zusammenkunft fand in Paris am 27. 7. 1931 statt, auf der die Gründung einer internationalen Börsenvereinigung erörtert wurde. Die Vereinigung konnte jedoch nach ihrer Gründung kaum Wirksamkeit entfalten, da die politischen Verhältnisse im Wege standen. Erst die Verträge von Rom, die Zusammenkünfte der europäischen Börsen seit 1957 und die Gründung der Fédération Internationale des Bourses de Valeurs im Jahre 1961 haben die Harmonisierung der Börsen im übernationalen Rahmen einen bedeutenden Schritt vorwärts gebracht. Hier sind es beispielsweise Fragen der Angleichung der Zulassungsbestimmungen für Wertpapiere und der Richtlinien für den Wertpapierdruck wie auch der Einrichtung eines internationalen Girosammelverkehrs oder der Harmonisierung der Unternehmenspublizität sowie Fragen der steuerlichen Belastungen im Börsenwesen, die Gegenstand der Erörterung bilden. Obwohl die Fortschritte bisher nur gering erscheinen, werden sie in einer Zeit immer stärkerer wirtschaftlicher Integration der Staaten für alle Beteiligten von erheblichem Nutzen sein.

Literatur
PRION: Ist die Börse reformbedürftig?, 1932. — Frh. VON OSTMANN: Europäische Börsen suchen gemeinsamen Nenner, Volkswirt 1959, S. 1025f. — LANZ: Entwicklung und Möglichkeiten der Zusammenarbeit westeuropäischer Börsen, Börsen-Ztg. vom 7. 7. 1961. — KUHN: Grundlagen der internationalen Börsen-Zusammenarbeit, Börsen-Ztg. vom 31. 12. 1961. — FORBERG: Steuerliche Probleme des Börsenwesens. ZfgesKred. 1965, S. 23f. — PETIT: Europäische Börsenpolitik, Volkswirt, Beiheft zu Nr. 9 vom 5. 3. 1965. — BREMER: Börse und Staat, BB 1965, S. 997f.

ZWEITER TEIL

Das geltende deutsche Börsenrecht nach dem BörsG in der Fassung von 1908

KAPITEL 1

Der allgemeine Teil des Börsengesetzes

I. Die Börsen und ihre Träger

1. Wie die Darstellung im Ersten Teil ergeben hat, sind die Börsen aus einer allmählichen Umgestaltung des mittelalterlichen Messe- und Marktverkehrs hervorgegangen. Mit dem steigenden Handel, den Fortschritten in Wirtschaft und Technik und dem verfeinerten Geld- und Kreditwesen wurden sie mehr und mehr ein untrennbarer Bestandteil der modernen Volkswirtschaft. Als Sammelbecken für Kapitalnachfrage und Kapitalangebot wuchs vor allem die Bedeutung der Wertpapierbörsen gegen Ende des 19. Jahrhunderts bis in die heutige Zeit in immer stärkerem Maß.

Aber nicht nur als Kapitalumsatzstellen haben die Wertpapierbörsen ihre Bedeutung. Sie sind auch ein wesentlicher Faktor bei dem Bemühen, eine breite Vermögensbildung zu ermöglichen. Diese und manche andere Gründe veranlaßten, daß das Verhältnis zwischen den Börsen und der Staatsgewalt aus einer anfangs sehr losen Verbindung zu vielschichtigen Beziehungen führte, die in den einzelnen europäischen Staaten sehr verschieden ausgestaltet sind.

2. Aus den Ergebnissen im Ersten Teil folgt ferner, daß die deutschen Börsen seit ihren frühesten Anfängen erhebliche Unterschiede erkennen lassen. Teils auf Initiative der Kaufmannschaft entstanden, teils durch staatliche Intervention, bildeten sie Märkte, deren innere Ordnung weitgehend den Marktbeteiligten überlassen wurde, während ihre äußere Ordnung der Staat regelte oder wenigstens sicherte und unterstützte. Dieses System des Ineinandergreifens privater Betätigung und staatlicher Sicherung war der Boden, auf dem der Gesetzgeber das Börsenwesen 1896 reichseinheitlich regelte. Dabei sollten die Börsen weder verstaatlicht noch „staatssozialistisch" gemacht (so unzutreffend GÖPPERT S. 39), noch einer „Ausnahmeregelung" unterworfen werden. Dem Staat lag lediglich daran, schützende und fördernde Maßregeln zu treffen, um Störungen für das Staatsganze zu unterbinden (BEK S. 30).

3. Das BörsG sieht davon ab, die Börse gesetzlich zu definieren, wie dies noch in der preußischen Kabinettsorder vom 27. 5. 1825 geschah. Hiernach war die Börse „die unter Genehmigung des Staates stattfindende Versamm-

lung von Kaufleuten, Maklern, Schaffnern und anderen Personen zur Erleichterung des Betriebes kaufmännischer Geschäfte aller Art". Die Börse wurde also nicht als eine privatrechtliche oder öffentlich-rechtliche Vereinigung angesehen, sondern lediglich als eine zum Zweck der Erleichterung des Handelsverkehrs geschaffene Veranstaltung. Auch das BörsG geht hiervon aus, wobei jedoch der Begriff der Börse im Sinne des Gesetzes eine Einengung und Begrenzung erfahren hat. Nach Lage der tatsächlichen Verhältnisse, auf die schon die Begründung zum BörsG verweist, sind Börsen im Sinne des BörsG nur diejenigen Veranstaltungen, die zum Zweck des Abschlusses von Gattungskäufen über vertretbare Waren oder über Wertpapiere dienen, die für den Handelsverkehr bestimmt sind. Hierbei muß es sich außerdem um Veranstaltungen handeln, die regelmäßig an einem bestimmten Ort wiederkehren und nur von Kaufleuten besucht zu werden pflegen (vgl. PrOVG in PrOVGE Bd. 34 S. 315 f.).

Soll eine Börse genehmigt werden (§ 1 Abs. 1, Satz 1), so müssen wenigstens diese Merkmale vorliegen, so daß z. B. eine Immobilienbörse nicht genehmigungsfähig ist. Ob darüber hinaus nur diejenigen Veranstaltungen als Börsen begriffen werden dürfen, die dem Handel mit Wertpapieren und dem Warenterminhandel oder einem äquivalenten Handel mit Waren dienen (so GÖPPERT, S. 62), ist zweifelhaft. Für die Genehmigungsfähigkeit oder Verbotbarkeit ist dieser Kreis zu eng.

4. Da die Börsen nur „Veranstaltungen" sind, bedürfen sie eines Trägers, der die Ingangsetzung und Durchführung der Veranstaltung sichert. Das BörsG erwähnt die Trägerschaft nicht und enthält sich überhaupt einer Gestaltung dieser Seite des Börsenwesens. Der Börsenträger unterliegt daher weder dem Recht des BörsG, noch bestehen zwischen ihm und der Börse gesetzlich geregelte öffentlich-rechtliche Beziehungen. Auf ihn erstreckt sich auch nicht die börsenrechtliche Aufsicht. Enthalten die Börsenordnungen Bestimmungen über den Träger und seine Rechte und Pflichten, so werden sie meist deklaratorische Natur haben, es sei denn, daß die Befugnis, die Börse zu veranstalten, dem Träger allein in der Börsenordnung zuerkannt ist.

Börsenträger sind heute entweder die öffentlich-rechtlichen Industrie- und Handelskammern oder privatrechtliche rechtsfähige oder nicht-rechtsfähige Vereine. Dementsprechend unterscheidet man Kammer- und Vereinsbörsen, wobei die rechtliche Grundlage für die Übernahme der Börsenträgerschaft durch die Industrie- und Handelskammern entweder § 1 Abs. 2 oder § 1 Abs. 4 IHKG bildet, je nachdem, ob die Kammern die Börsen selbst begründet haben oder mit der Trägerschaft beauftragt wurden.

Soweit Privatrechtssubjekte die Befugnis übertragen erhalten, Träger der Börse zu sein und die Börse zu veranstalten, sind sie „beliehene Verbände", denen durch materielles Gesetz Verwaltungsaufgaben und -befugnisse delegiert sind, wobei die Wahrnehmung dieser Funktionen einer besonderen Staatsaufsicht unterworfen werden kann.

Als Träger fungieren bei den Wertpapierbörsen in Berlin, Frankfurt a. Main und Hamburg die Industrie- und Handelskammern, bei den Wertpapierbörsen in Bremen, Düsseldorf, Hannover, München und Stuttgart Vereine. Ähnlich ist die Rechtslage bei den amtlichen Warenbörsen. Lediglich die Vereinsbörsen kennen eine eigentliche Mitgliedschaft, die jedoch von der öffentlichrechtlichen Berechtigung zum Börsenbesuch streng zu unterscheiden ist.

5. Da der Börsenträger die Börse zu unterhalten hat, stehen ihm auch die Börseneinnahmen zu, gleichgültig, ob sie aus den von den Börsenorganen ausgeübten Funktionen oder aus der Verwertung von Eigentum des Trägers am Börsengebäude und seinen Einrichtungen herrühren. Dies wird jedoch nicht eo ipso für die Ordnungs- und Geldstrafen zu gelten haben (§ 8 Abs. 2, § 85 Satz 1). Sie sind unmittelbar keine Börseneinnahmen. Regelmäßig werden aber die Börsenordnungen auch hierüber Bestimmung im Sinne einer Zuweisung an den Träger treffen.

6. Nicht nur die in der Rechtsform eines Vereins, sondern auch die in der Rechtsform einer Körperschaft des öffentlichen Rechts geführten Träger der Börse erfüllen mit ihrer Tätigkeit nach der Rechtsprechung des Bundesfinanzhofes (vgl. BFH in BStBl. 1955 III S. 12) keine überwiegend hoheitlichen Aufgaben. Sie sind danach vielmehr als Betriebe gewerblicher Art im Sinne des § 1 Abs. 1 Nr. 6 KStG anzusehen. Börsenträger, die in der Form eines privatrechtlichen Vereins geführt werden, können auch nicht als steuerfreie Berufsverbände im Sinne des § 4 Abs. 1 Nr. 8 KStG behandelt werden (vgl. auch BFH in BB 1959 S. 330). Zumindest in ihren Folgen muß diese Rechtsprechung als bedenklich angesehen werden.

Literatur

PFLEGER: Börsenrechtliche Studien, Holdheims MSchr. 7. Jhg. (1898), S. 123 f., .S 302 f.; Aktenstücke betr. die Entstehung der neuen Berliner Börsenordnung, enthaltend die Gutachten von ANSCHÜTZ, ROSIN, LOENING u. OTTO MAYER: Berl.-Jhb. f. Handel und Industrie, Jhg. 1903, Bd. 1, S. 340 f. — HUBER: Beliehene Verbände, DVBl. 1952, S. 456 f. — HAHN: Die Körperschaftssteuerpflicht der Betriebe gewerblicher Art von Körperschaften des öffentlichen Rechts, Diss. Köln 1955. — HAGEDORN: Zur Frage der Körperschaftssteuerpflicht der Börsen, Diss. Köln 1958. — UPPENBRINK: Die deutschen Wertpapierbörsen als Körperschaften des öffentlichen Rechts, Diss. Heidelberg 1963. — WIEDE: Die Börse als verwaltungsrechtliches Problem und Rechtsinstitut, Diss. Köln 1965.

II. Errichtung und Aufhebung von Börsen

1. Nach § 1 Abs. 1 bedarf die Errichtung einer Börse der Genehmigung der Landesregierung. Eine Börse kann also nicht durch Privatrechtsakt entstehen, sondern setzt einen staatlichen Akt voraus. § 1 Abs. 1 bedeutet nicht

nur eine Privilegierung bestimmter Veranstaltungen, sondern stellt zugleich eine Verbotsnorm gegenüber privaten Börsen dar, insbesondere gegenüber Börsen, an denen ein Wertpapier- oder Warenterminhandel stattfinden soll. Sie ermächtigt die Exekutive zu polizeilichem oder ordnungsbehördlichem Einschreiten gegen den Träger oder die Besucher einer nicht genehmigten Börsenveranstaltung.

2. Die staatliche Genehmigung ist Rechtsetzungsakt (vgl. OVG Lüneburg, DÖV 1958, S. 548; BVerfG in NJW 1965 S. 1626). Sie gestattet nicht nur einem Rechtssubjekt, dem Träger, eine Börse zu veranstalten, sondern schafft gleichzeitig ein Rechtsgebilde sui generis, das anstaltliche und körperschaftliche Merkmale aufweist und mit einem besonderen öffentlich-rechtlichen Status ausgestattet ist, ohne selbst Rechtssubjekt zu sein (OVG Berlin, Urt. vom 16. 2. 1966, Aktz. OVG I B 2. 65). Insbesondere ist die Börse weder eine öffentlich-rechtliche Körperschaft noch eine öffentliche Anstalt. Es fehlt hierzu nicht nur an einem hoheitlichen Verleihungsakt (so VG Frankfurt a. M. in Aktienges. 1963 S. 306), sondern auch an der entsprechenden Strukturierung.

3. Die staatliche Genehmigung ist nicht nur die Erlaubnis, eine Börse im Rechtssinn zu veranstalten, sondern zugleich die Übertragung von Hoheitsrechten auf die präsumtiven Organe der Börse wie beispielsweise Börsenvorstand (§ 8 Abs. 2 Satz 1), Ehrengericht (§ 9 Satz 1) und Zulassungsstelle (§ 36 Abs. 1), die nach ihrer Bildung keiner weiteren staatlichen Bestätigung bedürfen. Mit ihrer Einsetzung beginnt die organschaftliche Selbstverwaltung der Börse, die sich auf alle Börsenverwaltungsaufgaben erstreckt, die nicht vom Träger der Börse wahrzunehmen sind. Es entspricht dieser Rechtslage, daß bei Amtspflichtverletzungen des Börsenvorstandes oder der Zulassungsstelle das Land haftet, das die Mitglieder dieser Stellen mit den ausgeübten hoheitlichen Befugnissen ausgestattet hat. Diese Haftung besteht auch dann, wenn der Börsenträger eine Körperschaft des öffentlichen Rechts ist und Bedienstete der Körperschaft im Börsenvorstand tätig werden. Verletzen sie in ihrer Eigenschaft als Börsenvorstandsmitglieder ihre Amtspflichten, so haften sie in einem Aufgabenkreis, den ihnen das Land und nicht die Anstellungskörperschaft übertragen hat (LG Berlin, Urt. vom 13. 10. 1966, Aktz. 7 O 57/66).

Literatur

JASTROW: Die Bedeutung des staatlichen Genehmigungsrechts für die kaufmännischen Börsen, DJZ 1897, S. 209 f. — SPANNER: Organisationsgewalt und Organisationsrecht, DÖV 1957, S. 640 f. — RASCH: Die Behörde, VerwArch. Bd. 50 (1959), S. 1 f.

III. Die Staatsaufsicht

1. Nach § 1 Abs. 2 stehen die Börsen unter der Aufsicht der Landesregierungen. Ziel und Inhalt der Aufsicht ist, zu verhüten, daß durch Miß-

stände im Börsenverkehr wirtschaftliche Interessen der Allgemeinheit gefährdet oder geschädigt werden. Sie erstreckt sich sowohl auf die Tätigkeit der Börsenorgane wie Börsenvorstand und Zulassungsstelle als auch auf die Börseneinrichtungen, die zur Erleichterung des Geschäftsverkehrs an der Börse geschaffen werden.

2. Über Umfang und Mittel der Börsenaufsicht trifft das BörsG keine näheren Bestimmungen. Es hat die Ausgestaltung den Ländern überlassen. Dabei sind die Länder jedoch an gewisse Grundprinzipien gebunden, deren Überschreitung die Maßnahmen rechtswidrig machen würde.

Staatsaufsicht und Gegenstand der Aufsicht bilden einen Gegensatz. Der Gegenstand der Aufsicht kann daher nicht in die Staatsverwaltung integriert werden. Auch das weitgehendste Aufsichtsrecht gewährt nicht die allgemeine Befugnis, die zu beaufsichtigende Tätigkeit an sich zu ziehen und sich an die Stelle des beaufsichtigten Objekts zu setzen. Vielmehr hat die Aufsichtsgewalt die zu beaufsichtigende Tätigkeit ebenso zum Gegenstand wie sie deren Fortexistenz voraussetzt. Insbesondere haben schon bei Erlaß des BörsG die Verwaltungsgesetze die Aufgaben der Staatsaufsicht ganz allgemein dahin bestimmt, daß mit den gesetzlichen Mitteln darüber zu wachen ist, daß die Verwaltung den Vorschriften der Gesetze gemäß geführt und in geordnetem Gang gehalten wird. Dabei ist die Selbstverwaltung des zu beaufsichtigenden Verwaltungskörpers überall vorausgesetzt.

Auch die Staatsaufsicht im Börsenwesen ist nur Rechtsaufsicht über die sich selbst verwaltenden Organe und Einrichtungen der Börse, wobei die Aufsichtsbehörden von ihnen nur fordern können, was das Gesetz und die das Gesetz ergänzenden Verordnungen oder autonomen Vorschriften der Börsen bestimmen. Eine darüber hinausgehende weisende Fachaufsicht würde nicht nur der Konzeption des BörsG widersprechen, das die Börse bewußt nicht zu einer Staatseinrichtung machte, sondern „der auf historisch gesunder Grundlage entwickelten Eigenart der einzelnen Börsenplätze Rechnung tragen" wollte (StenBer. I S. 16). Sie würde auch nicht im Einklang mit den Bestimmungen des BörsG stehen, die die Landesregierungen zu bestimmten, sehr weitgehenden Eingriffen ermächtigen (§ 4 Abs. 2, § 9 Satz 3, § 30 Abs. 2 Satz 2, § 35 Abs. 2 usw.). Solche Ermächtigungen wären unnötig, wenn das BörsG die Aufsicht nicht im oben beschriebenen Sinn aufgefaßt hätte (a. M. GÖPPERT, S. 250; HUBER I S. 622). Ganz unzweifelhaft ist der Charakter der Aufsicht als Rechtsaufsicht dort, wo, wie im Land Berlin, die Landesverwaltungsgesetze die Staatsaufsicht für alle Körperschaften, Anstalten und Stiftungen des öffentlichen Rechts als Rechtsaufsicht festlegen (§ 28 Abs. 1 und 3 BerlAZG).

3. Hinsichtlich der Mittel der Staatsaufsicht kann auf die in der Rechtslehre entwickelten Maßnahmen verwiesen werden. Sie bestehen danach in einem Auskunfts- und Prüfungsrecht, um Rechtsverstöße feststellen zu können, im Recht zur Beanstandung und Anweisung (Auflage), im Recht, Akte

der Börsenverwaltung aufzuheben und Ersatzakte vorzunehmen sowie in der Amtsenthebung von Organen der Börsen und der Einsetzung von Staatsbeauftragten, die an die Stelle der Börsenorgane treten. Wie bei Maßnahmen der Staatsaufsicht in anderen Rechtsbereichen ist auch hier keine Präventiv-, sondern nur eine Korrektivkontrolle möglich und gelten die Grundsätze der Subsidiarität und Verhältnismäßigkeit (vgl. im einzelnen BREMER, Kammerrecht der Wirtschaft, S. 142f.). Der als letztes Mittel der Staatsaufsicht sonst möglichen Auflösung der Wahlgremien öffentlich-rechtlicher Körperschaften entspricht die im BörsG vorgesehene Aufhebung der Börsen (§ 1 Abs. 1 Satz 2).

4. Maßnahmen der Staatsaufsicht sind Verwaltungsakte, gegen deren Erlaß die betroffenen Organe (Börsenvorstand, Zulassungsstelle, Ehrengericht usw.) Klage im Verwaltungsstreitverfahren erheben können, wenn eine Dienstaufsichtsbeschwerde keinen Erfolg hat. Der Verwaltungsrechtsschutz besteht in Form der Anfechtungsklage (§ 42 VwGO). Ein Vorverfahren braucht hier nicht durchlaufen zu werden, da der Verwaltungsakt stets von einer obersten Landesbehörde zu erlassen ist (§ 68 Abs. 1 Nr. 1 VwGO).

Anfechtbar ist jeder Aufsichtsakt der Regierung, der nicht durch das BörsG oder durch Gesetze und Rechtsverordnungen, die das BörsG ergänzen, gedeckt wird. Die Klage steht denjenigen Organen der Börse zu, die durch den Aufsichtsakt betroffen werden. Dabei ist zweifelhaft, ob bei Verwaltungsakten der Zulassungsstelle, die die Staatsaufsicht rügt, nur diese und nicht auch der Börsenvorstand ein Anfechtungsrecht besitzt. Man wird ersteres annehmen müssen, da die Leitung der Börse nicht auch die Überwachung der Maßnahmen der Zulassungsstelle umfaßt.

5. Dritte haben keinen Anspruch darauf, daß die Staatsaufsicht von ihnen gerügte Verstöße zum Gegenstand eines aufsichtsrechtlichen Einschreitens macht. Die Staatsaufsicht ist autonom bei der Inanspruchnahme ihrer Rechte, wenn sie auch im allgemeinen Interesse gehalten ist, Rechtsverletzungen durch die Börsenorgane im Hinblick auf den ihr vom Gesetz übertragenen Auftrag angemessen zu verfolgen.

Literatur

GIERKE: Die Genossenschaftstheorie, 1887, S. 658f. — HÄNEL: Deutsches Staatsrecht, Bd. 1, 1892, S. 299f. — APT: Von der Berliner Börse, Holdheims MSchr. 10. Jhg. (1911), S. 7f. — BREMER, Kammerrecht der Wirtschaft, 1960, S. 139f.; Börse und Staat, BB 1965, S. 997f.

IV. Der Börsenausschuß

1. Das BörsG hat die Regierung des ehemaligen Deutschen Reiches nicht an der fortlaufenden Aufsicht über die Börsen beteiligt, weil ihr, wie

man meinte, hierfür geeignete Organe fehlten, und die Prüfung und Beaufsichtigung der örtlichen Verhältnisse und Bedürfnisse im einzelnen nicht Sache der Reichsgewalt sei (Begr. S. 21). Es behielt aber dem früheren Bundesrat eine weitgehende Verordnungsgewalt vor, durch die er auf der einen Seite in der Lage war, bestimmte reichsgesetzliche Vorschriften durch Zulassung von Ausnahmen außer Kraft zu setzen und andererseits durch Anordnungen das Börsenwesen neben dem Gesetzgeber ergänzend zu regeln. Die Befugnisse des Bundesrates sind teils erloschen, teils auf den Bundesminister für Wirtschaft übergegangen, der beim Erlaß von Rechtsverordnungen der Zustimmung des jetzigen Bundesrates bedarf (Art. 129 Abs. 1 in Verb. mit Art. 80 Abs. 2 GG).

Ein Befreiungsrecht vom Zwang gesetzlicher Vorschriften steht dem Bundesminister für Wirtschaft im Fall des § 63 Abs. 1 zu (Genehmigung der sonst verbotenen Börsentermingeschäfte in Anteilen bestimmter Bergwerks- und Fabrikunternehmungen), ein Ergänzungsrecht in folgenden Fällen: § 6 Satz 3 (Untersagung der Benutzung der Börseneinrichtungen für bestimmte Geschäftszweige oder Abhängigmachen von Bedingungen); § 35 Abs. 2 und 3 (Bestimmungen über die amtliche Feststellung des Börsenpreises; Erlaß einheitlicher Bestimmungen bei Warenpreisfeststellungen und über Gebräuche für die Feststellung der Preise von Wertpapieren); § 44 (Bestimmung des Mindestgrundkapitals für die Zulassung von Aktien zum Börsenhandel; Bestimmungen über den Mindestbetrag der einzelnen Stücke; weitere Bestimmungen über die Aufgaben der Zulassungsstelle und die Voraussetzungen der Zulassung); § 50 Abs. 6 (weitere Bestimmungen über die Zulassung von Waren und Wertpapieren zum Börsenterminhandel); § 63 Abs. 2 (Verbot gewisser Börsentermingeschäfte oder Abhängigmachen von Bedingungen); § 67 (Genehmigung von Geschäftsbedingungen für rechtlich wirksame Zeitgeschäfte in Getreide oder Getreideerzeugnissen).

2. Um den früheren Bundesrat bei der Beschlußfassung über die ihm zugewiesenen Angelegenheiten zu beraten, sah das BörsG in § 3 einen Börsenausschuß als Sachverständigenorgan vor. Er sollte aus mindestens dreißig Mitgliedern bestehen, die vom Bundesrat auf fünf Jahre zu wählen waren. Hierbei hatte die Wahl der Hälfte der Mitglieder auf Vorschlag der Börsenorgane zu erfolgen. Der Börsenausschuß ist erstmals schon vor dem Inkrafttreten des BörsG als provisorischer Ausschuß versammelt worden, später insgesamt noch sechsmal. Seit 1910 trat er nicht mehr zusammen.

3. Nach der Fassung des § 3 Abs. 1 Satz 1 ist die Bildung des Ausschusses obligatorisch; der Ausschuß hatte die Eigenschaft einer ständigen Einrichtung. Die Bildung eines Börsenausschusses ist daher heute dem Bund nicht freigestellt, sondern vorgeschrieben. Dabei fällt die Initiative für die Bildung dem für das Börsenrecht zuständigen Bundesminister für Wirtschaft zu. Die Pflicht zur Bildung eines solchen Ausschusses ergibt sich aus Art. 20 Abs. 3 GG, wonach die vollziehende Gewalt an Gesetz und

Recht gebunden ist. Von den Ländern kann allerdings ein Anspruch auf Bildung des Ausschusses im Verfassungsstreit nicht verfolgt werden, da ein solcher Anspruch voraussetzen würde, daß Interessen der Länder als Gliedstaaten des Bundes durch die Mißachtung eines Gesetzesbefehls verletzt werden (BVerfG in BVerfGE Bd. 13 S. 54f.). Auch ist zu bedenken, daß eine Pflicht, den Börsenausschuß anzuhören, nicht statuiert worden ist.

4. Das Fehlen des Börsenausschusses wird weitgehend dadurch ersetzt, daß sowohl die Länder als auch die Börsen Arbeitskreise gebildet haben, in denen im Zusammenwirken mit dem Bundesminister für Wirtschaft Fragen des Börsenwesens, die von gemeinsamem Interesse sind, turnusmäßig besprochen werden. Zudem ist durch den Zusammenschluß der Wirtschaft zu Fachverbänden eine weitere Möglichkeit geboten, den durch die Börsenpolitik betroffenen Kreisen Gehör zu verschaffen.

Literatur
KAISER: Die Repräsentation organisierter Interessen, 1956.

V. Der Staatskommissar bei der Börse

1. Als ein besonderes, den Aufsichtszwecken dienendes Organ sieht das BörsG einen Staatskommissar vor, den die zuständige Landesregierung zu bestellen hat (§ 2). Er soll den Geschäftsverkehr an der Börse überwachen und darauf achten, daß die in bezug auf die Börse erlassenen Gesetze und Verwaltungsbestimmungen beachtet werden. Bei seiner Überwachungstätigkeit unterliegt er den näheren Anweisungen der Landesregierung, einer Regelung des Gesetzes, die praktisch kaum angewendet wird.

Das Überwachungsrecht des Staatskommissars hat auch die Berechtigung zum Inhalt, den Beratungen der Börsenorgane beizuwohnen und diese Organe auf hervorgetretene Mißstände aufmerksam zu machen. Die Kommissare sollen andererseits der Landesregierung über Mängel und die Mittel zu ihrer Abstellung Bericht erstatten (§ 2 Abs. 1 Satz 3 und 4).

2. Das aus dem österreichischen Börsenrecht eingeführte Staatskommissariat ist eine Einrichtung, die sich im Laufe der Zeit sehr bewährt hat. Will der Staat sein Aufsichtsrecht wirksam handhaben, so müssen die verantwortlichen Stellen stets in Fühlung mit der Börse und dem Geschäftsverkehr bleiben und über die wichtigeren Vorgänge unterrichtet sein. Berichte der aufsichtführenden Handelsorgane können eine selbständige persönliche Fühlungnahme mit den Börsenkreisen und Institutionen nicht ersetzen. Allerdings ist dabei zu berücksichtigen, daß der Staatskommissar kein generelles Recht wie in Österreich besitzt, Beschlüsse des Börsenvorstandes vorläufig außer Kraft zu setzen. Der Staatskommissar ist lediglich Informationsorgan. Selbständig darf er weder aufgetretene Mißbräuche noch irgend-

welche Mängel abstellen (OVG Berlin, Urteil vom 20. 6. 1962, OVGE Berlin, Bd. 7 S. 87).

3. Wenn der Staatskommissar gelegentlich auch weitere Befugnisse hat (Beispiele: Ableistung des Kursmaklereides vor dem Staatskommissar; Schiedsentscheidung bei der Einsetzung der Kursmakler in bestimmte Märkte; vgl. § 3 Abs. 2 und § 23 Abs. 2 MO Berlin), so ist hierin kein Verstoß gegen das Gesetz zu sehen. Solche Rechte richten sich nicht gegen die unselbständige organisatorische Stellung des Staatskommissars. Nur eine weitgehende Übertragung von Exekutivbefugnissen würde bedenklich sein, weil sie dem Prinzip des BörsG entgegensteht, dem Staatskommissar lediglich Informationsrechte zuzubilligen.

4. Im ehrengerichtlichen Verfahren ist dem Staatskommissar eine ziemlich umfangreiche Tätigkeit zugewiesen. Er ist von der Einleitung und Ablehnung eines Verfahrens in Kenntnis zu setzen; er kann selbst die Einleitung verlangen (§ 11 Satz 1 und 2); er ist berechtigt, allen Verhandlungen der ersten und zweiten Instanz (letztere ist jetzt weggefallen) beizuwohnen (§ 11 Satz 4 und § 23 Abs. 2). Im übrigen sind nach § 27 die mit der Aufsicht über die Börsen betrauten Organe verpflichtet, Handlungen der Börsenbesucher, die zu einem ehrengerichtlichen Verfahren Anlaß geben, dem Staatskommissar zur Kenntnis zu bringen.

5. Für einzelne Börsen kann die Tätigkeit des Staatskommissars auf die Mitwirkung am ehrengerichtlichen Verfahren beschränkt werden (§ 2 Abs. 2). Dieses an die Zustimmung des früheren Bundesrats gebundene Recht auf Beschränkung übt jetzt die zuständige Landesregierung aus. Sie kann auch bei kleinen Börsen beschließen, daß von der Bestellung eines Staatskommissars überhaupt abgesehen wird.

6. Die Bestellung zum Staatskommissar steht nicht der Berufung in ein Beamtenverhältnis gleich. In aller Regel wird ein Beamter des für die Börse zuständigen Ministeriums mit der Aufgabe betraut, die Funktionen eines Staatskommissars wahrzunehmen. Sein Amt ist in diesem Fall ein Nebenamt, zu dessen Übernahme er auf Grund der Verordnungen der Länder über die Nebentätigkeit von Beamten verpflichtet ist.

Literatur
WIEDENFELD: Der Begriff „Börsenorgane" im Börsengesetz, Holdheims MSchr. Jhg. 7 (1898), S. 185f. — PFLEGER: Börsenrechtliche Studien, Holdheims MSchr. Jhg. 7 (1898), S. 304f. — SCHÄFER: Die Rechtsstellung der bei der Börse bestellten Staatskommissare, Diss. Greifswald 1919.

VI. Die Börsenordnung
A. Allgemeines

1. Für jede Börse ist eine Börsenordnung zu erlassen, die der Genehmigung der Landesregierung bedarf (§ 4 Abs. 1 und 2 Satz 1). Dabei kann die

Landesregierung die Aufnahme bestimmter Vorschriften in die Börsenordnung anordnen (§ 4 Abs. 2 Satz 2). Ergänzt werden diese zwingenden Normen durch Vorschriften über Mindestbestimmungen (§ 5) und fakultative Vorschriften in der Börsenordnung (§ 6) sowie über den gesetzlichen Ausschluß vom Börsenbesuch (§ 7).

2. Die Börsenordnung ist das „Grundgesetz" der einzelnen Börse, das im Rahmen der Bundes- und Landesgesetze die öffentlich-rechtliche Seite der Börse als körperschafts- und anstaltsähnliches Gebilde regelt. Sie kann auch die privatrechtliche Seite, insbesondere die finanzielle Verwaltung der Börseneinrichtungen durch den Träger betreffen. Ihre Bestimmungen haben jedoch insoweit nur deklaratorische Bedeutung. Sie sind nicht ein wesentlicher Bestandteil der Börsenordnung.

Der Erlaß der Börsenordnung erfolgt durch den Delegatar, den die Landesregierung bestimmt. Die Genehmigung der Landesregierung ist, anders als bei der Genehmigung der Satzungen der Handwerkskammern und der Industrie- und Handelskammern durch die Landesregierungen, kein aufsichtsrechtlicher Verwaltungsakt (vgl. BVerwG in DVBl. 1963 S. 776 und S. 920). In Übereinstimmung mit der Begründung des BörsG ist sie die Bestätigung, daß staatlicherseits gegen das Betätigen der Gesetzgebungsgewalt durch den Delegatar keine Bedenken bestehen.

3. Über die Rechtsnatur der Börsenordnung herrscht Streit. Während die Rechtsprechung (PrOVG in PrOVGE Bd. 72 S. 396; OVG Hamburg, Urt. vom 21. 8. 1959, Bf. I 41.59; BVerwG in DVBl. 1963 S. 151) die Börsenordnung unabhängig von regionalen Gegebenheiten als Rechtsverordnung ansieht, hat sie die Praxis vielfach als autonome Satzung betrachtet. Gegen den Charakter als autonome Satzung unter der Herrschaft des gegenwärtigen BörsG spricht jedoch, daß das BörsG keinen Inhaber dieser Rechtsetzungsbefugnis nennt und dem Staat nicht nur ein Vetorecht, sondern einen sehr weitgehenden Einfluß auf die Ausgestaltung der Rechtsetzung eingeräumt hat. Hinzu kommt, daß auch bestimmte zu regelnde Einzelheiten (vgl. § 5 Nr. 3, § 7 Abs. 3, § 8 Abs. 2 Satz 3 und Abs. 3, § 36 Abs. 4 Satz 2, § 50 Abs. 1) nur in eine Rechtsverordnung gehören. Endlich wäre es auch bei Kammerbörsen nicht möglich, der Kammer durch Satzungsrecht die unmittelbare Aufsicht über die Börse zu übertragen; vielmehr bedarf es hierzu der Regelung in einer Rechtsverordnung (vgl. § 1 Abs. 1 Satz 2 BörsG, § 1 Abs. 4 IHKG).

Die Zuständigkeit zur „Genehmigung" der Börsenordnung richtet sich nach Landesrecht. In der Regel liegt sie bei den Wirtschaftsministern, nur gelegentlich beim Finanzminister.

4. Bei einer Rechtsverordnung wie der Börsenordnung muß die Rechtsgrundlage angegeben werden (Art. 80 Abs. 1 Satz 3 GG), auch wenn die Rechtsverordnung auf altes Recht gestützt wird (VGH Bad.-Württ. in ESVGH Bd. 11 S. 115). Sie muß ferner ordnungsgemäß veröffentlicht wor-

den sein, wozu regelmäßig die Veröffentlichung in Gesetz- und Verordnungsblättern gehört, in denen sonst die Veröffentlichung von Rechtsverordnungen erfolgt (BVerwG in BVerwGE Bd. 17 S. 192). Endlich muß neben der Genehmigung der Landesregierung angegeben sein, wer die Börsenordnung erlassen hat, während eine ausdrückliche Übertragung der Verordnungsgewalt auf die erlassene Stelle fehlen kann (vgl. Hess. VGH, Urt. vom 26. 10. 1966, OS II 62.63). In der Praxis wird heute häufig anders verfahren. Insbesondere sind die Börsenordnungen vielfach nicht in Gesetz- und Verordnungsblättern veröffentlicht, sondern auf andere Weise bekanntgemacht.

5. Da die Genehmigung der Börsenordnung die Bestätigung der Delegation der Rechtsetzungsgewalt darstellt, ist gegen die Verweigerung der Genehmigung eine verwaltungsgerichtliche Anfechtungsklage mit der Begründung eines Ermessensmißbrauchs nicht möglich. Akte wie die Übertragung der Rechtsetzungsgewalt zum Erlaß einer Rechtsverordnung können im Verwaltungsrechtsweg nicht angegriffen werden (BVerwG in BVerwGE Bd. 6 S. 213, Bd. 7 S. 30, S. 82 und S. 188). Möglich ist jedoch eine abstrakte Normenkontrolle in denjenigen Ländern, wo ein solches Verfahren vorgesehen ist.

6. Ob die jetzige Handhabung zweckmäßig ist, dürfte zweifelhaft sein. Für die Zukunft ist anzustreben, daß der Börsenvorstand die Börsenordnung im Rahmen des Selbstverwaltungsrechts der Börse als Organisations- und Verwaltungsstatut erläßt und der Staat lediglich ein rechtsaufsichtliches Genehmigungsrecht behält. Dabei sollten Vorschriften über die Wahl und Zusammensetzung des Börsenvorstandes und über Berufsausübungsregelungen allein dem BörsG vorbehalten bleiben.

Literatur

GÖPPERT: Die rechtliche Natur der Zulassung zum Börsenbesuch, 1931. — HAMANN: Autonome Satzungen und Verfassungsrecht, 1958. — UPPENBRINK: Die deutschen Wertpapierbörsen als Körperschaften des öffentlichen Rechts, Diss. Heidelberg 1963. — KÜTTNER: Die Rechtsetzungsbefugnis von Selbstverwaltungskörpern nach dem Bonner Grundgesetz, Diss. Bonn 1965. — ELLE: Über die Verantwortlichkeit der Zulassungsstelle einer deutschen Börse gegenüber dem Publikum, ZHR 128. Bd. (1966), S. 273 f.

B. Inhalt der Börsenordnung

1. Die Gegenstände, die in der Börsenordnung geregelt werden müssen, enthält § 5. Es sind dies Bestimmungen über die Börsenleitung und ihre Organe; Bestimmungen über die Geschäftszweige, für die die Börseneinrichtungen bestimmt sind; Bestimmungen über die Voraussetzungen zum Besuch der Börse; endlich Bestimmungen darüber, in welcher Weise die Preise und Kurse zu notieren sind.

a) Hinsichtlich der Börsenleitung muß die Börsenordnung bestimmen, welche Organe für sie gebildet werden, wie sich die Funktionen unter ihnen verteilen und wie die Organe gewählt werden. Als Organe der Börsenleitung im weiteren Sinn sind in der Regel der Börsenvorstand und die Zulassungsstelle (§ 36) zu unterscheiden. Dem Börsenvorstand als Leitungsorgan im engeren Sinn stehen alle Leitungsfunktionen zu, die nicht durch Gesetz oder Börsenordnung auf andere besondere Börsenorgane übertragen worden sind. Nicht entziehbar sind die Handhabung der Ordnung in den Börsenräumen (§ 8 Abs. 2), möglicherweise die Festsetzung des Börsenpreises (§ 29 Abs. 1 Satz 1; vgl. aber § 29 Abs. 1 Satz 2 und § 35 Abs. 1 Nr. 1 und Abs. 2), die Mitwirkung bei der Einführung von zum Börsenhandel zugelassenen Wertpapieren (§§ 39, 40), die Entscheidung über die Zulassung von Waren oder Wertpapieren zum Börsenterminhandel und ihre Zurücknahme, und letztlich die Festsetzung der Geschäftsbedingungen für den Börsenterminhandel (§ 50 Abs. 1–3). Ob der Börsenvorstand nur aus einem einzigen Organ besteht oder in mehrere Organe (Abteilungsvorstände) zerfällt, ist unerheblich.

b) Organ der Börsenleitung im weiteren Sinn ist auch die Zulassungsstelle. Aufgaben und Pflichten sind gesetzlich geregelt und können durch die Börsenordnung nicht erweitert oder beschränkt werden (vgl. aber § 44 Abs. 2).

c) Nicht zweifelhaft ist, daß gemäß Börsenordnung bestimmte Leitungsbefugnisse von der Börsenleitung abgezweigt und auf besondere Organe wie Ausschüsse oder Kommissionen zur selbständigen Erledigung oder auf Einzelpersonen wie Kurskommissare zur Ausübung im Namen des Börsenvorstandes übertragen werden. Im übrigen können dem Börsenvorstand auch Funktionen zugeordnet werden, die über den Begriff der Börsenleitung hinausgehen, beispielsweise die finanzielle Leitung der Börse betreffen oder den Vorstand als Schiedsgericht einsetzen.

d) Bildung und Zusammensetzung des Börsenvorstandes und etwaiger sonstiger Leitungsorgane sind in der Börsenordnung zu bestimmen, sofern nicht bereits eine gesetzliche Regelung besteht (siehe § 4 Abs. 2 Satz 2, § 36 Abs. 1). Sie kann, wie üblich, anordnen, daß der Vorstand nach einem bestimmten Wahlsystem gewählt wird, aber auch, daß die Kammer oder der Verein, der Träger der Börse ist, die Mitglieder des Börsenvorstandes ernennt.

e) Gegenstand der Börsenleitung ist der Erlaß und die Durchführung aller derjenigen Anordnungen und Maßnahmen, die eine geordnete, zweckentsprechende und gesetzmäßige Gestaltung des Geschäftsverkehrs an der Börse herbeiführen. Dabei betrifft die Börsenleitung nicht nur den äußeren Verkehr wie allgemeine Anordnungen zur Aufrechterhaltung der Ordnung (§ 8), Beschlüsse über die Zulassung zum Börsenbesuch, über die Ausschließung von der Börse und über die Ausübung der Disziplinargewalt, sondern auch den inneren Geschäftsverkehr. Hier sind es insbesondere die

Zulassung von Waren oder Wertpapieren zum Börsenterminhandel und die Festsetzung von Geschäftsbedingungen (Börsenusancen). Im übrigen ergibt sich der Umfang der Börsenleitung aus dem Begriff der Leitung.

f) Maßnahmen der Börsenleitung sind Verwaltungsakte, gegen die die Klage im Verwaltungsstreitverfahren gegeben ist. Dabei ist zu beachten, daß der Börsenvorstand bei Kammerbörsen nicht eine Dienststelle der Industrie- und Handelskammer oder des Staates, sondern selbständiger Träger ihm vom Staat verliehener Rechte ist (BVerwG, Beschl. vom 5. 11. 1962, I B 170. 62; Hess. VGH, Urt. vom 26. 10. 1966, OS II 62/63). Hieraus folgt seine Beteiligtenfähigkeit am Verwaltungsstreit als Vereinigung im Sinne des § 61 Nr. 2 VwGO, der „ein Recht zustehen kann". Soweit der Börsenvorstand zur Kostentragung verurteilt wird, fallen die Kosten dem Träger der Börse zur Last (OVG Berlin in OVGE Berlin Bd. 7 S. 84; Urt. vom 16. 2. 1966, I B 2. 65; Hess. VGH a. a. O.).

2. Da keine Börsenfreiheit besteht, muß die Börsenordnung Bestimmungen über die Geschäftszweige treffen, in denen ein Börsenverkehr stattfinden darf. Das BörsG unterscheidet hierbei aber Geschäftszweige, für die die Börseneinrichtungen bestimmt sind (§ 5 Nr. 2), und solche, in denen die Benutzung der Börseneinrichtungen nur zugelassen wird (§ 6). Im ersten Fall kann die Benutzung der Börseneinrichtungen verlangt werden, im zweiten haben die Beteiligten keinen Anspruch auf Benutzung. Es steht im Ermessen der Börsenleitung, durch einfache Verfügung die Erlaubnis zur Benutzung zu widerrufen, falls kein Anspruch auf Benutzung besteht.

Der „Bundesrat", an dessen Stelle der Bundesminister für Wirtschaft getreten ist, kann nach § 6 Satz 3 für bestimmte Geschäftszweige die Benutzung der Börseneinrichtungen untersagen oder von Bedingungen abhängig machen. In der Form ist dies nur möglich durch Erlaß einer Rechtsverordnung, die der Zustimmung des jetzigen Bundesrats bedarf (§ 80 Abs. 2 GG). Über weitere Beschränkungen des Rechts zur Benutzung der Börseneinrichtungen vgl. §§ 42, 43, 51.

3. Von besonderer Wichtigkeit sind die Vorschriften über die Voraussetzungen der Zulassung zum Besuch der Börse, bei denen das Grundrecht der Berufsfreiheit (Art. 12 GG) eine bedeutende Rolle spielt.

Die Zulassung zum Börsenbesuch kann ein stärkeres oder schwächeres Recht sein, je nachdem, ob sie die Befugnis zur Teilnahme am Börsenhandel, dabei nach § 53 Abs. 2 auch die dauernde Börsentermingeschäftsfähigkeit oder nur den Zutritt zu den Börsenversammlungen gewährt. Die Börsenordnung muß beide Fälle regeln, da das BörsG lediglich negativ bestimmt, welche Personen zum Börsenbesuch nicht zugelassen werden dürfen (§ 7 Abs. 1). Sie braucht indessen nicht die Befugnis zu begrenzen. Es genügt auch die ausdrückliche Feststellung, daß jede nicht gesetzlich ausgeschlossene Person zugelassen ist, wie dies früher bei den hanseatischen Börsen der Fall war.

Die Börsenordnung kann bei Vereinsbörsen die Zulassung nicht von der Mitgliedschaft beim Verein als Träger abhängig machen. Sie kann aber, wie in der Münchner Börsenordnung (§ 7 Abs. 2), bestimmen, daß die Mitglieder des Vereins eo ipso zugelassen sind. In der Regel wird jedoch die Zulassung durch besonderen Verwaltungsakt (Zulassungsakt) erfolgen, der an besondere formelle und sachliche Voraussetzungen geknüpft wird. Die Einführung des Grundrechts der Berufsfreiheit hat es zweifelhaft gemacht, welche Voraussetzungen noch gestattet sein können. Sie werden weiter unten erörtert.

4. Bestimmungen über die Art und Weise, in der die Preise und Kurse zu notieren sind, finden sich in fast allen Börsenordnungen (§ 26 BO Düsseldorf, § 26 BO Frankfurt a. Main, § 24 BO Hamburg usw.; vgl. im einzelnen MEYER/BREMER, S. 263f.). Welche Bedeutung die Kurszusätze haben, wird im Verfahren bei der Kursfeststellung erörtert. Bestimmungen, die nicht den für die Kursfeststellung gegebenen Vorschriften des § 29 Abs. 1 und 2 sowie der §§ 30, 31 entsprechen, bedürfen nicht mehr der Genehmigung des „Bundesrates". Die hier im BörsG (vgl. § 35 Abs. 1 Nr. 1) vorgesehene Mitwirkung dieser früheren Bundesinstanz ist ersatzlos weggefallen.

Literatur
ANSCHÜTZ: Staatsaufsicht und Börsenverwaltung, VerwArch. Bd. 11 (1904), S. 519f. — GÖPPERT: Die rechtliche Natur der Zulassung zum Börsenbesuche, 1931.

C. Die Ausschließung vom Börsenbesuch im einzelnen

1. Wie bereits ausgeführt, sieht das BörsG in § 7 Abs. 1 eine Reihe von gesetzlichen Ausschließungsgründen vor, denen Ausschließungsgründe kraft Börsenordnung an die Seite treten (§ 7 Abs. 3). Von den Vorschriften über die Ausschließung vom Börsenbesuch kann die Landesregierung in allen Fällen auf Antrag der Börsenorgane Dispens erteilen (§ 7 Abs. 4).

Da die Zulassung zum Börsenbesuch sowohl die Zulassung mit der Befugnis zur Teilnahme am Börsenhandel als auch das Recht auf den bloßen Zutritt umfaßt, bedeutet die Ausschließung vom Börsenbesuch nicht nur die Entziehung der Fähigkeit zur Teilnahme am Börsenhandel, sondern die Versagung des Zutritts zur Börse überhaupt. Die Ausschließung kraft Gesetzes wirkt für alle deutschen Börsen, die Ausschließung gemäß Börsenordnung für die betreffende einzelne Börse.

2. Die gesetzlichen Ausschließungsgründe sind dauernde oder vorübergehende. Dauernd ausgeschlossen sind Personen, die rechtskräftig wegen betrügerischen Bankrotts (§ 239 KO) verurteilt worden sind, und Personen, die durch ehrengerichtliche Entscheidung für dauernd ausgeschlossen worden sind. Vorübergehend ausgeschlossen sind Personen, die sich nicht im Besitz der bürgerlichen Ehrenrechte befinden; Personen, die in der Ver-

Die Börsenordnung 69

mögensverfügung durch gerichtliche Anordnung beschränkt sind (z. B. durch Konkurseröffnung oder Entmündigung wegen Geisteskrankheit, Geistesschwäche, Verschwendung oder Trunksucht); Personen, die rechtskräftig wegen einfachen Bankrotts (§ 240 KO) verurteilt worden oder zahlungsunfähig sind (vgl. § 102 Abs. 2 KO); und endlich diejenigen, die durch ehrengerichtliche Entscheidung zeitweilig ausgeschlossen wurden.

3. Nach § 7 Abs. 3 können die Börsenordnungen weitere Ausschließungsgründe festlegen. Hierzu tritt die Vorschrift in § 5 Nr. 3, daß die Börsenordnung Bestimmungen über die Voraussetzungen zum Besuch der Börse treffen muß. In welcher Form diese Vorschriften mit Rücksicht auf Art. 12 Abs. 1 GG ausgeschöpft werden können, ist zweifelhaft. Soweit das Recht zum Börsenbesuch durch Zulassung erworben wird, handelt es sich zwar regelmäßig nicht um eine Einschränkung der durch Art. 12 Abs. 1 GG garantierten Freiheit der Berufswahl, sondern um eine solche der Berufsausübung (BVerwG in DÖV 1966 S. 198). Jedoch kann die Berufsausübung grundsätzlich nur durch förmliches Gesetz geregelt werden (Art. 12 Abs. 1 Satz 2 GG; BVerwG in BVerwGE Bd. 21 S. 203), es sei denn, daß es sich lediglich um eine Art. 80 Abs. 1 Satz 2 GG entsprechende Konkretisierung des sich aus dem förmlichen Gesetz ergebenden Willens des Gesetzgebers handelt. Eine solche Konkretisierung stellt die Ermächtigungsgrundlage des BörsG in § 5 Nr. 3, § 7 Abs. 3 nicht dar (a.M. OVG Hamburg, Urt. vom 21. 8. 1959, Bf. I 41. 49). Sie gestattet jedoch als vorkonstitutionelles Recht, das nicht den Voraussetzungen des Art. 80 Abs. 1 Satz 2 zu entsprechen braucht (vgl. BVerwG in BVerwGE Bd. 6 S. 53 und S. 122), die Normierung von Zulassungseinschränkungen, wenn sie sich in einem bestimmten Rahmen halten, der durch die Verfassungsgerichtbarkeit gekennzeichnet worden ist. Sie müssen im rechten Verhältnis zu den zu schützenden öffentlichen Interessen stehen und sie dürfen nicht übermäßig belastend und unzumutbar sein (BVerfG in BVerfGE Bd. 18 S. 361). Grundgesetzwidrig wäre es daher, wenn die Zulassung in das freie Ermessen des Börsenvorstandes gestellt und ihm das Recht eingeräumt wird, sie auch beim Fehlen eines normativen Versagungsgrundes abzulehnen. Zulässig wird die Ablehnung dann sein, wenn Bewerber zurückgewiesen werden, weil die Funktionsfähigkeit der Börse im Hinblick auf ihr Fassungsvermögen sonst in unerträglicher Weise gestört würde (vgl. Hess. VGH, Urt. vom 26. 10. 1966, OS II 62.63; BVerwG, Beschl. vom 8. 3. 1967, I B 14.67).

Möglich sind auch Vorschriften, durch die Personen vom Börsenbesuch ausgeschlossen werden, die nicht die Gewähr dafür bieten, daß sie sich persönlich einwandfrei an der Börse verhalten, insbesondere ihre Geschäfte nicht nach kaufmännischen Anschauungen abschließen und abwickeln. So kann beispielsweise ein Besucher ausgeschlossen werden, der vereinbart hat, daß Streitigkeiten aus Lieferverträgen durch Schiedsgericht geschlichtet werden sollen, sich dann aber dem Schiedsspruch nicht beugt und ihn als unsittlich und bewußt parteilich bezeichnet (OVG Hamburg, Urt. vom 21. 8. 1959, Bf. I 41.59).

Das früher allgemein übliche Verbot der Doppelzulassung für freie Makler an mehreren Börsen ist heute als gegenstandslos anzusehen. Die Gerichte haben in dieser Hinsicht keine Veranlassung genommen, der bisherigen Übung zu entsprechen. Insbesondere haben sie kein bundesgewohnheitsrechtliches Verbot der Doppelzulassung bestätigt (OVG Berlin, Urt. vom 18. 2. 1966, I B 2.65; Hess. VGH, Urt. vom 26. 10. 1966, OS II 62.63).

4. Vielfach sehen die Börsenordnungen besondere staatliche Genehmigungen für die Zulassung von Ausländern vor. Zweifelhaft ist jedoch, inwieweit hierdurch eine Beschränkung der Ausländerzulassung herbeigeführt werden kann. Die Bundesrepublik ist eine Reihe völkerrechtlicher Verpflichtungen eingegangen, wonach Ausländern weitgehende Niederlassungsfreiheit eingeräumt wird. Diese Verpflichtungen gelten auch in den Ländern der Bundesrepublik. In Betracht kommen der EWG-Vertrag und die Richtlinien der EWG-Kommission, das Europäische Niederlassungsabkommen vom 13. 12. 1955 und verschiedene zweiseitige Abkommen über Niederlassungsfreiheit. Art. 7 des EWG-Vertrages verbietet im Regelfall jede Diskriminierung aus Gründen der Staatsangehörigkeit (vgl. auch Art. 52, 53). Das Europäische Niederlassungabkommen (vgl. BGBl. 1959 II S. 997) bestimmt in Art. 10 die Erwerbsfreiheit für Ausländer, wenn nicht wichtige Gründe wirtschaftlicher oder sozialer Art der Erlaubniserteilung entgegenstehen (vgl. dazu BGBl. 1965 II S. 1099 und 1966 II S. 1519). Bei den zweiseitigen Abkommen ist besonders der Freundschafts-, Handels- und Schiffahrtsvertrag mit den Vereinigten Staaten vom 29. 10. 1954 (BGBl. 1956 II S. 487, 763) von Bedeutung, der die Gleichstellung der Amerikaner mit Inländern gewährleistet (s. Art. VII Nr. 1).

5. Die Landesregierung hat das Recht, in besonderen Fällen Ausnahmen von den Vorschriften über die Ausschließung vom Börsenbesuch zuzulassen. Sie können sich sowohl auf gesetzliche wie auf börsenordnungsmäßige, auf dauernde wie auf vorübergehende Ausschließung beziehen. Vorausgehen muß jedoch ein Antrag der Börsenorgane, d. h. regelmäßig des Börsenvorstandes oder der aufsichtführenden Industrie- und Handelskammer. Der Dispens, der nicht als Gnadenakt zu werten ist, liegt im Ermessen der Regierung. Ihre negative Entscheidung kann daher vom beantragenden Börsenorgan und vom Betroffenen im Verwaltungsstreitverfahren mit der Behauptung angegriffen werden, daß die Regierung die gesetzlichen Grenzen des Ermessens überschritten oder von dem Ermessen keinen zweckentsprechenden Gebrauch gemacht hat (§ 114 VwGO).

6. Das Verbot, Personen, gegen die ein Ausschließungsgrund vorliegt, zum Börsenbesuch zuzulassen, wirft verschiedene Verfahrensfragen auf. Tritt der Ausschließungsgrund erst nach der Zulassung ein, so muß der Börsenvorstand die formelle Ausschließung aussprechen. Dabei hat er den Auszu-

schließenden vorher zu hören. Der Ausschluß oder die Ablehnung selbst ist ein Verwaltungsakt, gegen den die Anfechtungsklage nach Abschluß des in § 68f. VwGO normierten Vorverfahrens gegeben ist. Über den Widerspruch hat gemäß § 73 Abs. 1 Nr. 3 VwGO der Börsenvorstand zu entscheiden, soweit nicht durch neueres Landesgesetz eine andere Stelle bestimmt ist.

7. Für die Zulassung zum Besuch der Börse und für die Überlassung von Einrichtungen zum Börsenverkehr werden regelmäßig Gebühren erhoben. Sie sind in den autonom erlassenen Gebührenordnungen der Träger der Börsen enthalten. Soweit es sich um die Erhebung von Gebühren für die Zulassung zum Börsenbesuch handelt, erfolgt sie in Ausübung einer öffentlich-rechtlichen Verwaltungstätigkeit. Dagegen sind Einnahmen der zuständigen Organe aus der Überlassung von Einrichtungen für den Börsenverkehr im Börsensaal (Vermietung von Büroräumen, Sitzplätzen, Telefonanlagen usw.) Einnahmen auf privatrechtlicher Grundlage (RFH in RStBl. 1924 S. 121).

Literatur
BREMER: Zur Rechtsproblematik der Börsengebühren, JR 1957, S. 328f.

VII. Besondere Bestimmungen über die Aufrechterhaltung der Ordnung und für den Geschäftsverkehr an der Börse

1. Obwohl schon durch die Einrichtung der Staatsaufsicht und durch die Einsetzung einer Börsenleitung gemäß Börsenordnung genügend Möglichkeiten geschaffen sind, die Ordnung an der Börse aufrechtzuerhalten und Anordnungen für den Geschäftsverkehr zu erlassen, trifft das BörsG in § 8 hierüber noch nähere Bestimmungen. Sie sind in der Tat zweckmäßig, da sie die Befugnisse der Börsenorgane verdeutlichen.

2. § 8 Abs. 1 spricht die Befugnis zum Erlaß von generellen „börsenpolizeilichen" Anordnungen der Börsenaufsichtsbehörde zu. Das bedeutet jedoch nicht, daß die Aufsichtsbehörde (Handelsorgan oder Staat) das Recht ausschließlich als verfügende Verwaltungsstelle besäße. Derartige Vorschriften können auch in der Börsenordnung getroffen werden; sie können ebenso vom Börsenvorstand im Rahmen seiner Leitungsbefugnisse durch Allgemeinverfügung zu erlassen sein. In erster Linie werden hierzu Vorschriften über die Kontrolle des Zutritts zu den Börsenversammlungen, über die Dauer der Börsenzeit und über den Ablauf usancemäßiger Kündigungs- und Erklärungsfristen gehören. Kraft der Ermächtigung des § 8 Abs. 1 kann allerdings die Staatsaufsicht die entsprechenden Funktionen jederzeit an sich ziehen und durch Verwaltungsverfügung regeln. Da es sich hier um börseninterne Vorgänge handelt, ist die Übung dahin gegangen, die Ermächtigung börsenaufsichtlich nicht in Anspruch zu nehmen.

3. Dagegen ist die Handhabung der Ordnung in den Börsenräumen (§ 8 Abs. 2) eine besondere Aufgabe des Börsenvorstandes, in die aufsichtlich nur eingegriffen werden kann, wenn das Recht verletzt oder ein ordnungsgemäßer Geschäftsgang nicht gewährleistet ist. Soweit der Börsenvorstand tätig wird, sei es durch allgemeine Anweisung oder durch Einzelakt, nimmt er öffentlich-rechtliche Ordnungsgewalt in Anspruch, gegen die im Verwaltungsgerichtsweg vorgegangen werden kann.

Das BörsG nennt als besondere Befugnisse des Börsenvorstandes: die sofortige Entfernung der störenden Personen aus den Börsenräumen; ihre zeitweilige Ausschließung von der Börse; endlich ihre Bestrafung mit Geldstrafe, wobei zeitweilige Ausschließung und Geldstrafe nicht nebeneinander bestimmt werden dürfen. Das Höchstmaß beider Strafen wird durch die Börsenordnung festgesetzt. Die Ausschließung von der Börse kann mit Genehmigung der Börsenaufsichtsbehörde durch Anschlag in der Börse bekanntgemacht werden (§ 8 Abs. 2 Satz 3 und 4). Bedenken gegen diese Maßnahmen, auch soweit sie über die sofortige Entfernung der störenden Personen aus den Börsenräumen hinausgehen, bestehen nicht. Börsenvorstand und Börsenaufsichtsbehörde handeln hier als Behörden in einem Verwaltungsverfahren, nicht in rechtsprechender Tätigkeit, die nach Art. 20 Abs. 2, Art. 92 GG den Gerichten anvertraut ist. Insbesondere ist die Tätigkeit keine Strafgerichtsbarkeit, weil keine Mitwirkung der Staatsanwaltschaft vorgeschrieben ist, kein Verfolgungszwang besteht und auch keine Umwandlung der Geldstrafen in Freiheitsstrafen und keine Eintragung ins Strafregister möglich ist (vgl. BVerfG in BVerfGE Bd. 8 S. 197).

Soweit das BörsG in § 8 Abs. 3 ein Beschwerderecht gegen die „Verhängung der Strafen" festlegt, ist die Bestimmung mit Einführung der Verwaltungsgerichtsordnung vom 21. 1. 1960 überholt. Über den Widerspruch gegen die Maßnahmen entscheidet nach § 73 Abs. 1 Nr. 3 VwGO der Börsenvorstand selbst.

4. Nach § 8 Abs. 4 hat der Börsenvorstand das Recht, Personen den Zutritt zur Börse zu untersagen, die sich zu Zwecken einfinden, welche mit der Ordnung oder dem Geschäftsverkehr der Börse nicht vereinbar sind. Die Vorschrift bezieht sich nicht auf zugelassene Börsenbesucher, sondern auf sonstiges Publikum. Ihre Bedeutung hat die Vorschrift darin, daß am Zutritt zur Börse bereits derjenige gehindert werden kann, von dem man weiß, daß sein Besuch eine Störung der Ordnung oder des Geschäftsverkehrs notwendig mit sich bringen wird. Eine Störung braucht also hier nicht schon eingetreten zu sein.

Literatur

KRAKENBERGER: Die rechtliche Natur der Ordnungsstrafe, Strafrechtl. Abhandlungen, Heft 156 (1912). — PATZIG: Das Ordnungswidrigkeitenrecht, VerwArch. Bd. 50 (1959), S. 239f.

VIII. Das Ehrengericht

1. Trotzdem das BörsG dem Börsenvorstand das Recht verliehen hat, Börsenbesucher, die die Ordnung oder den Geschäftsverkehr an der Börse stören, aus den Börsenräumen zu entfernen und mit zeitweiliger Ausschließung von der Börse oder mit Geldstrafe zu bestrafen, sieht es in § 9 noch ein besonderes „Ehrengericht" für Börsenbesucher vor. Es besteht, wenn die unmittelbare Aufsicht über die Börse einer Industrie- und Handelskammer übertragen ist, aus der Gesamtheit oder einem Ausschuß dieses Organs, sonst aus Personen, die von den „Börsenorganen", in erster Linie vom Börsenvorstand gewählt werden. Nähere Bestimmungen über seine Zusammensetzung erläßt die Landesregierung durch Rechtsverordnung (vgl. VO über das Ehrengericht an der Börse zu Berlin vom 7. 3. 1967).

Grundsätzlich zieht das Ehrengericht diejenigen Börsenbesucher zur Verantwortung, die sich im Zusammenhang mit ihrer Tätigkeit an der Börse eine mit der Ehre oder dem Anspruch auf kaufmännisches Vertrauen nicht zu vereinbarende Handlung haben zuschulden kommen lassen (§ 10). Zu den Börsenbesuchern in diesem Sinn gehören jedoch nicht Kursmakler und ihre Stellvertreter (vgl. § 10 Satz 2), die einer eigenen Ehrengerichtsbarkeit unterstellt sind, wohl aber alle sonstigen Besucher der Börse außer dem technischen Hilfspersonal. Für die ehrengerichtliche Bestrafung genügt es, daß die Handlung mit der Tätigkeit an der Börse in Verbindung steht.

2. Ein und dieselbe Handlung kann sowohl die äußere Ordnung an der Börse stören (§ 8 Abs. 2) als auch die wirtschaftliche Sicherheit des Börsenverkehrs (§ 10). Trifft daher der Börsenvorstand eine Maßnahme nach § 8, so braucht dies ein Tätigwerden des Ehrengerichts nicht zu hindern. Regelmäßig wird allerdings der Börsenvorstand nur die leichteren, das Ehrengericht nur die schwereren Störungen zum Gegenstand seines Einschreitens machen. Ergibt sich im Ehrengerichtsverfahren, daß keine unehrenhafte Handlung, sondern nur eine Störung der Ordnung oder des Geschäftsverkehrs an der Börse vorliegt, so können diese Störungen auch durch das Ehrengericht geahndet werden (s. § 15 Abs. 2).

3. Das ehrengerichtliche Verfahren ist im BörsG eingehend erörtert. Die Vorschriften handeln sowohl von der Teilnahme des Staatskommissars am Verfahren, der Voruntersuchung und der Einstellung, als auch vom Verfahren allgemein und in der Hauptverhandlung und den Strafen des Verweises sowie der zeitweiligen oder dauernden Ausschließung von der Börse. Die Strafen können unter Umständen verschärft werden (§§ 11–16, 24–27). Das im BörsG enthaltene Berufungsverfahren (§ 17f.) ist heute gegenstandslos, da eine Mischverwaltung zwischen Bund und Ländern nach dem Grundgesetz nicht gestattet ist (vgl. Art. 83 GG).

4. Obwohl das BörsG das „Ehrengericht" wie ein sonstiges Gericht ansieht, ist es nach heutiger Anschauung kein Gericht im Sinne des Grund-

gesetzes. Es erfüllt nicht die Voraussetzungen, die hinsichtlich der rechtsprechenden Gewalt maßgeblich in Art. 92 GG statuiert sind (vgl. BVerfG in BVerfGE Bd. 18 S. 241f.). Seiner Rechtsnatur nach ist es vielmehr eine mit Hoheitsrechten beliehene Stelle, deren Entscheidungen Verwaltungsakte darstellen. Da der in § 17f. vorgesehene Instanzenzug zur Berufungskammer nicht mehr gangbar ist, erfolgt die Anfechtung der Entscheidungen nach den Vorschriften der Verwaltungsgerichtsordnung vom 21. 1. 1960 (a.M. Huber I S. 636).

Wer Widerspruchsbehörde ist, richtet sich auch hier nach § 73 Abs. 1 Nr. 3 VwGO. Obwohl die Börse nicht unerhebliche anstaltliche und körperschaftliche Merkmale aufweist, ist Widerspruchsbehörde nicht der Börsenvorstand, sondern das Ehrengericht.

5. Ehrengerichtsverfahren sind nach 1945 nur in wenigen Fällen eingeleitet worden. Bei den Bestrebungen für eine Börsenreform ist vorgesehen, die Landesregierungen zur Einrichtung von Börsenehrenausschüssen zu ermächtigen. Die Ausschüsse sollen das Recht haben, ehrwidriges Verhalten durch Verweis, Ausschließung vom Börsenbesuch für kurze Zeit und Geldbuße zu verfolgen.

Literatur

Meyer: Die Rechtsprechung der Berufungskammer in Börsenehrengerichtssachen, Bank-Arch. XXVII Jhg. (1927), S. 439 f.

IX. Börsenschiedsgerichte und Sachverständigenkommissionen

A. Allgemeines zum Börsenschiedsgerichtswesen

1. Im BörsG findet sich keine besondere Regelung des Börsenschiedsgerichtswesens, die, wie etwa das österreichische Recht (vgl. Art. 13f ÖEGZPO sowie Statut für die Wiener Börse, II. Teil; ferner KG in NJW 1960 S. 417), diesen Bereich obligatorisch ordnet. Lediglich in einer den allgemeinen Bestimmungen über die Börse und deren Organe als Schluß angefügten Vorschrift (§ 28) spricht es auch über Schiedsvereinbarungen. Danach ist eine Vereinbarung, durch welche sich die Beteiligten der Entscheidung eines Börsenschiedsgerichts unterwerfen, nur verbindlich, wenn beide Teile zu den Personen gehören, die nach § 53 Börsentermingeschäfte abschließen können, oder wenn die Unterwerfung unter das Schiedsgericht nach Entstehung des Streitfalls erfolgt. Damit will das Gesetz verhindern, daß durch allgemeine Geschäftsbedingungen und Usancen das Schiedsgericht Personen aufgezwungen wird, die nicht Börsenbesucher sind und die die Tragweite des von ihnen im voraus erklärten Verzichts auf richterliche Entscheidung nicht zu übersehen vermögen (Begr. I zu § 28).

2. Schiedsgerichte bestehen an allen deutschen Börsen. Ihre Gestaltung ist der Selbstverwaltung der Börsen überlassen, soweit nicht zwingende Vorschriften entgegenstehen. In den Börsenordnungen wird meist nur auf die Bestellung eines Schiedsgerichts hingewiesen, die Verfahrensregelung jedoch einer besonderen Schiedsgerichtsordnung vorbehalten, die, wie beispielsweise die Schiedsgerichtsordnung für die Schiedsgerichte der Getreidebörsen im Bundesgebiet einschließlich Berlin, für mehrere oder alle Börsen eine einheitliche Fassung haben kann. Häufig ist die Zuständigkeit des Schiedsgerichts in den Geschäftsbedingungen der Börsen niedergelegt. Ob die Schiedsgerichtsordnungen Teil der Börsenordnungen sind (§ 4), läßt sich nur von Fall zu Fall entscheiden.

B. Begriff und Rechtsnatur

1. Börsenschiedsgerichte sind nur solche Schiedsgerichte, die dem Börsenverkehr dienen und mit der Börse in einem organisatorischen Zusammenhang stehen. Regelmäßig sind sie Einrichtungen im Sinne des § 1 Abs. 3, die der Staatsaufsicht unterliegen. Nicht Börsenschiedsgerichte sind beispielsweise Sühneinstanzen bei Beleidigungen und Sachverständigenkommissionen

2. Das Börsenschiedsgericht ist kein öffentlich-rechtliches, sondern ein vertragliches oder außervertragliches privates Schiedsgericht (§ 1025 f., § 1048 ZPO). Das BörsG statuiert es nicht, sondern befaßt sich nur mit ihm (vgl. hierzu einerseits RG in RGZ Bd. 108 S. 198, andererseits OLG Düsseldorf in NJW 1950 S. 876). Auf das Verfahren finden daher grundsätzlich die Bestimmungen des 10. Buches der Zivilprozeßordnung Anwendung. Die dortigen Voraussetzungen in Verbindung mit § 28 BörsG müssen sämtlich gegeben sein, wenn das schiedsgerichtliche Verfahren rechtmäßig sein soll.

Das Schiedsgericht ist an das Gesetz gebunden, soweit nicht Abweichungen ausbedungen sind. Die Auffassung, das Gericht könne seinem „natürlichen Rechtsbewußtsein" folgen (NUSSBAUM, Anm. II zu § 28 b), ist unhaltbar. Das Gleiche gilt in bezug auf den Tatbestand der strafbaren Rechtsbeugung (§ 336 StGB).

C. Zulässigkeit des Börsenschiedsgerichtsverfahrens im einzelnen

1. Zulässig ist das Börsenschiedsgerichtsverfahren nur, wenn nicht nur die Voraussetzungen des § 28 vorliegen, sondern auch diejenigen, die das bürgerliche Recht und das Prozeßrecht an den Schiedsvertrag stellen. Der Schiedsvertrag kann daher aus den allgemeinen Nichtigkeits- und Anfechtungsgründen des bürgerlichen Rechts unwirksam sein (§§ 105, 117 f. BGB). Ist die Schiedsabrede Bestandteil eines anderen Vertrags, wie üblich, und dieser unwirksam, so gilt dies auch für die Schiedsabrede, falls nicht die

Abrede gegenüber dem Hauptvertrag selbständige Bedeutung hat (§ 139 BGB). Die Frage war früher bei Differenzgeschäften oder unverbindlichen Börsentermingeschäften (§ 52) von großer Bedeutung (vgl. RG in RGZ Bd. 36 S. 423; RG in JW 1901 S. 286; auch RG in JW 1905 S. 401).

Einer besonderen Form bedarf der Schiedsvertrag nicht. Die Abrede kann auch mündlich oder stillschweigend erfolgen. Im allgemeinen beruht die Zuständigkeit darauf, daß der Schlußschein auf die Börsenusancen Bezug nimmt und diese ein Schiedsgericht vorsehen.

2. Zivilprozessual ist ein Schiedsvertrag nur insoweit rechtswirksam, als die Parteien berechtigt sind, über den Streitgegenstand einen Vergleich zu schließen (§ 1025 ZPO). Sühnemaßnahmen für Beleidigungen sind daher kein Gegenstand schiedsrichterlicher Erledigung. Auch soweit nach den Statuten eines Börsenvereins oder nach Börsenusance alle Streitigkeiten unter die Schiedsabrede fallen, liegt Unwirksamkeit der Abrede vor, weil sie sich nicht auf ein bestimmtes Rechtsverhältnis, sondern auf eine unbestimmte Zahl künftiger Rechtsverhältnisse bezieht (vgl. § 1026 ZPO). Nur dadurch, daß die Börsenusancen für jedes einzelne Börsengeschäft maßgebend sind, wird die Schiedsvereinbarung im Einzelfall begründet.

Soweit sich die Vertragsparteien nach Entstehung des Streitfalls dem Schiedsgericht unterwerfen, entstehen weder aus § 1026 ZPO noch aus § 28 BörsG Bedenken. Zweckmäßig wird daher das Schiedsgericht die ausdrückliche Unterwerfung vor Beginn des Verfahrens fordern.

D. Sachverständigenkommissionen (Drei-Männer-Ausschüsse)

1. Zu unterscheiden von den Schiedsgerichten sind die Sachverständigenkommissionen, die nicht über geltend gemachte Ansprüche entscheiden, sondern über Tatsachen, die für die Entscheidung eines Rechtsstreits erheblich sind, oder die die Tatbestandselemente eines Anspruchs feststellen, wie beispielsweise die Lieferbarkeit von Wertpapieren oder Waren. Bei dieser Tätigkeit handelt es sich um ein Schiedsgutachterverfahren, das dem Schiedsgerichtsverfahren zwar verwandt ist, jedoch eigenen Regeln folgt. Maßgebend sind vor allem die Regeln des Bürgerlichen Gesetzbuchs über die „Abrede der Bestimmung der Leistung durch Dritte" (§§ 317–319; vgl. auch BGH in BGHZ Bd. 6 S. 335). Ob die Dreimännerkommissionen nicht nur die Lieferbarkeit amtlich notierter Stücke begutachten, sondern aus Gründen der Zweckmäßigkeit auch die Prüfung von Stücken aus dem geregelten und dem ungeregelten Freiverkehr übernehmen, ist jeder Börse überlassen. Soweit Wertpapiere nicht der amtlichen Notierung unterliegen, muß aber bei der Begutachtung klar zum Ausdruck kommen, daß es sich um keine Lieferbarkeitserklärung für den amtlichen Börsenverkehr handelt. Nach der Praxis der Berliner Börse ist eine eigene Dreimännerkommission des Freiverkehrsausschusses für die Lieferbarkeitserklärung beschädigter Stücke aus dem geregelten und ungeregelten Freiverkehr zuständig.

2. Sachverständigenkommissionen sind Organe der Börsen (§ 2 Abs. 1 Satz 3) und unterstehen der Börsenaufsicht ebenso wie Börsenschiedsgerichte.

3. Die Sachverständigenkommissionen können vielfach auch als Schiedsgericht dienen, wenn dies vorgesehen ist und die Parteien einen entsprechenden Antrag stellen (vgl. § 5 der Geschäftsordnung für die Sachverständigenkommission an der Bremer Baumwollbörse). In diesem Fall ist für das Verfahren das für Schiedsgerichte geltende Recht maßgebend, bei dem vor allem auch der Grundsatz des rechtlichen Gehörs gilt (vgl. BGH a.a.O.).

Literatur

KISCH: Die Unterwerfung unter das Börsenschiedsgericht, RheinZ, 1. Jhg. (1909), S. 13f. — HANAUSEK: Börsenschiedsgerichte: in Festschrift für KLEIN, Wien 1914, S. 177f. — STEINER: Börsenschiedsgerichtsbarkeit, Diss. Zürich 1925. — SCHOTTELIUS: Die kaufmännische Schiedsgerichtsbarkeit, 1953. — SCHWARZ: Die Rechtsprechung der Börsenschiedsgerichte: in Hdb. der dt. Produktenbörsen, 1955. — HABSCHEID: Das Schiedsgutachten: in Festschrift für LEHMANN, 1956, Bd. II, S. 789f.

X. Börsenbedingungen und Usancen

1. Bei allen Wertpapierbörsen bestehen Geschäftsbedingungen oder Börsenbräuche, denen eine ausschlaggebende Bedeutung für den Geschäftsverkehr an der Börse zukommt. Die Geschäftsbedingungen für den Börsenhandel bilden einen Teil des Handelsgewohnheitsrechts, das von den am Börsenhandel beteiligten Kreisen herausgebildet worden ist und von den Börsenbesuchern allgemein anerkannt wird. Seine Feststellung und Formulierung ist teils vom BörsG vorgeschrieben (vgl. § 50 Abs. 2), teils in den Börsenordnungen als Aufgabe des Börsenvorstandes bezeichnet. Für Dritte, die der Börse nicht angehören, bildet der Abschluß aller Börsengeschäfte auf Grund der Börsenbedingungen nur eine Verkehrssitte, die immer gilt, solange sie nicht ausdrücklich ausgeschlossen wird. Auch die Allgemeinen Geschäftsbedingungen der Banken sehen eine Bezugnahme auf die Börsenbedingungen in Abschnitt II Nr. 30 Abs. 2 vor; ein Ausschluß erfolgt im Verkehr zwischen Bank und Kunden fast niemals.

Auch den Usancen für den Handel in amtlich nicht notierten Werten dürften Verkehrssitte und Handelsbrauch allgemeine Geltung verschafft haben. Sie werden von den Großbanken ebenso wie von den Privatbankiers, Genossenschaftsbanken und öffentlich-rechtlichen Bankinstituten ausdrücklich anerkannt.

2. Die Geschäftsbedingungen der deutschen Börsen sind unterschiedlich. Während einige Börsen wie Berlin und Frankfurt am Main eingehende Geschäftsbedingungen schriftlich niedergelegt haben, können andere Börsen nur auf eine weit zurückliegende schriftliche Niederlegung oder auf mündliche Überlieferung verweisen. Sowohl in der Arbeitsgemeinschaft

der Wertpapierbörsen wie auch im Arbeitskreis der Börsenaufsichtsbehörden der Länder ist daher im Jahre 1963 angeregt worden, eine Vereinheitlichung der Geschäftsbedingungen der Börsen vorzunehmen. Eine Einigung konnte jedoch bisher nicht erreicht werden, da man glaubt, daß sich aus dem Ablauf des Börsengeschehens am Börsenplatz örtliche Verschiedenheiten entwickeln müssen und diejenigen Fragen, die sich im Rahmen eines Handels zwischen verschiedenen Börsen ergeben, wie beispielsweise der Zeitpunkt und die Methode der Abschläge von Dividenden und Bezugsrechten, schon genügend vereinheitlicht worden sind. Es ist jedoch anzunehmen, daß die Angleichung der Bedingungen im Laufe der Zeit weiter voranschreiten wird.

Literatur

STRANSKY: Zur Frage der rechtlichen Natur der Börsenusancen, ZHR Bd. 75 (1914), S. 276f. — LAASER: Die Rechtsnatur der Börsenbedingungen, Diss. Königsberg 1922. — RAISER: Das Recht der allgemeinen Geschäftsbedingungen, 1935. — BEINE: Börsenusancen in Deutschland, Bank-Betrieb 1962, S. 46f.

KAPITEL 2

Der Börsenpreis und das Maklerwesen

I. Der Börsenpreis

A. Allgemeines

1. Als Börsenpreis ist nach § 29 Abs. 3 derjenige Preis festzusetzen, der der wirklichen Geschäftslage des Verkehrs an der Börse entspricht. Der Börsenpreis ist damit der Verkaufswert einer Ware oder eines Wertpapieres, der von besonderen persönlichen Beziehungen und sonstigen besonderen Umständen unabhängig ist. Er ergibt sich aus der Vergleichung der Gesamtheit der an einer Börse zu bestimmter Zeit bewirkten Geschäftsabschlüsse, die zu übereinstimmenden Bedingungen vorgenommen werden (RG in RGZ Bd. 34 S. 118). Daß nur eine erhebliche Zahl von Geschäftsabschlüssen einen „Börsenpreis" bewirkt, ist unzutreffend. Oftmals ergibt sich ein Börsenpreis aus geringen Umsätzen.

Für den Begriff des Börsenpreises ist seine amtliche Feststellung nicht wesentlich. § 400 HGB unterscheidet ausdrücklich zwischen Waren, die einen Börsen- oder Marktpreis haben, und Wertpapieren, bei denen ein Börsen- oder Marktpreis amtlich festgestellt wird. Eine amtliche Feststellung kann aber immer nur erfolgen, wenn ihr die tatsächliche Bildung eines Börsenpreises vorausgegangen ist. Keine Börsenpreise sind insbesondere Geld- oder Briefkurse (unbefriedigte Nachfrage oder unbefriedigtes Angebot) oder Schätzungen auf Grund außerbörslicher oder nicht zu Börsenzeiten geschlossener Geschäfte, sowie Kurse, bei denen von den an der Börse getätigten Geschäften ein wesentlicher Teil unberücksichtigt geblieben ist (vgl. § 31 Satz 2).

2. Besteht ein Börsenpreis, so wird eine zuverlässige Bewertung und ein dem wirklichen Wert entsprechender Umsatz von Waren oder Wertpapieren erleichtert und vielfach überhaupt erst ermöglicht. Waren und Wertpapiere mit Börsenpreis sind in rechtlicher Beziehung verschiedentlich herausgehoben:

a) Bei dem Verkauf von Waren oder Wertpapieren zum Börsenpreis gilt der Kaufpreis als hinlänglich bestimmt. Im Zweifel gilt der für den Erfüllungsort zur Erfüllungszeit maßgebende Börsenpreis als vereinbart (§ 453 BGB). Ist der Preis von künftigen Börsennotizen abhängig gemacht, so wird der Vertrag durch das Aufhören einer amtlichen Preisnotierung nicht unbedingt hinfällig (vgl. RG in DJZ 1907 S. 131). Sind Waren oder Wertpapiere mit Börsenpreis Gegenstand eines Handelsgeschäfts, so kann sich der Verkäufer ihrer bei Annahmeverzug durch Selbsthilfeverkauf entledigen (§ 373 HGB). Beim Handelsfixkauf ist der mit der Erfüllung säumige Kontrahent nach § 376 HGB zum Schadensersatz unter Zugrundelegung der abstrakten Berechnung verpflichtet (Vergütung des Unterschiedes des Kaufpreises und des Börsenpreises zur Zeit und am Ort der geschuldeten Leistung). Gerät ein Kontrahent vor Eintritt des Erfüllungstermins in Konkurs, so tritt nach § 18 KO an die Stelle der Erfüllungsforderung ein Differenzanspruch zwischen dem Kaufpreis und dem am zweiten Werktag nach Verfahrenseröffnung bestehenden Börsenpreis. Endlich kann ein Kommissionär einen Einkaufs- oder Verkaufsauftrag in Waren, für die ein Börsenpreis besteht, oder in Wertpapieren, für die ein Börsenpreis amtlich festgestellt wird, durch Selbsteintritt ausführen (§ 400 HGB).

b) Waren oder Wertpapiere mit Börsenpreis können als Pfänder durch einen zu solchen Verkäufen ermächtigten Handelsmakler (insbesondere Kursmakler; vgl. 34 BörsG) oder durch eine zur öffentlichen Versteigerung befugte Person freihändig unter bestimmten Umständen verkauft werden (§ 1235 Abs. 2, § 1221 BGB). Gepfändete Wertpapiere dieser Art kann der Gerichtsvollzieher aus freier Hand zum Tageskurs verkaufen (§ 821 ZPO).

c) Wertpapiere und Waren, die zur Zeit der Bilanzaufstellung einer Aktiengesellschaft einen Börsenpreis haben, dürfen höchstens zu diesem Preis eingestellt werden (§ 155 AktG). Auch für die Lombardfähigkeit von festverzinslichen Schuldverschreibungen und Schuldbuchforderungen ist der Kurswert von entscheidender Bedeutung. Ob sich der Begriff der kurswerthabenden Wertpapiere im Sinne der §§ 234 BGB, 54 BörsG auf die Wertpapiere, die einen Börsenpreis haben, beschränkt, ist zweifelhaft.

3. Das BörsG hat das Interesse der Allgemeinheit an der Bildung und Festsetzung eines „richtigen" Börsenpreises durch verwaltungsrechtliche

und strafrechtliche Vorschriften zu sichern versucht. Sie sind, soweit sie verwaltungsrechtliche Natur haben, in den §§ 29—32 und 35 enthalten (Regelung der amtlichen Kursfeststellung), soweit sie strafrechtliche Natur haben, in § 88 (Verbot der Anwendung von täuschenden Mitteln, um auf den Börsen- und Marktpreis einzuwirken). Die Strafandrohung des § 92 gegen den Abschluß verbotener Getreidetermin- oder Differenzgeschäfte ist im Augenblick gegenstandslos. Einen weiteren Schutz gewährt das ehrengerichtliche Verfahren im Sinne des § 9f. und die Disziplinargerichtsbarkeit der Kursmakler sowie ganz allgemein die Staatsaufsicht über die Börsen und über die Maklerkammern.

Literatur

BARON: Die Börsenenquete, ArchBürgR 9. Bd. (1894), S. 183f. — MAX WEBER: Die Ergebnisse der deutschen Börsenenquête, ZHR 43. Bd. (1895), S. 83f, S. 457f. — WERMERT: Über die Kursnotierung an der Börse, ihre Schäden und die Mittel zur Schaffung der Kurszettelwahrheit, Conrads Jhb., III. Folge, 33. Bd. (1907), S. 601f. — COPER: Die Kursbildung an der Effektenbörse, Diss. Berlin 1930.

B. Rechtsnatur, Gegenstand und Organe der amtlichen Feststellung des Börsenpreises

1. Nach § 29 Abs. 1 erfolgt bei Waren oder Wertpapieren die „amtliche" Feststellung des Börsenpreises sowohl für Kassa- wie für Zeitgeschäfte (Termingeschäfte) durch den Börsenvorstand, soweit die Börsenordnung nicht die Mitwirkung von Vertretern anderer Berufszweige vorschreibt. An Wertpapierbörsen, an denen eine Maklerkammer besteht, erfolgt sie grundsätzlich durch die Kursmakler unter Aufsicht der Maklerkammer.

2. Die amtliche Feststellung des Börsenpreises ist der Ausspruch des hierfür zuständigen Börsenorgans (Börsenvorstand oder Kursmakler) über den börsenmäßigen Verkaufswert einer Ware oder eines Wertpapiers. Die Feststellung hat lediglich deklaratorischen Charakter; sie begründet eine widerlegliche Vermutung für die Richtigkeit des festgesetzten Kurses (vgl. für die frühere Zeit Art. 353 ADHGB). Der Nachweis, daß die amtliche Feststellung den gesetzlichen Anforderungen und dem börsenautonomen Recht, deshalb der Sach- und Rechtslage nicht entspreche, ist somit nicht abgeschnitten (RG in RGZ Bd. 12 S. 7).

Um die Sicherheit des Verkehrs nicht zu gefährden, wird man allerdings den Gegenbeweis nur insoweit zulassen können, als der Nachweis erbracht wird, daß dem Feststellungsorgan bei Vornahme der Kursfeststellung eine für das Ergebnis erhebliche Tatsache unbekannt geblieben ist oder von ihm irrtümlich angenommen wurde. Die Behauptung, daß das Börsenorgan auf Grund des ihm bekannten Materials eigentlich zu einer anderen Kursfeststellung hätte gelangen müssen, dürfte nicht ausreichen.

Als Gegenstand der amtlichen Preisfeststellung dienen Waren sowie Wechsel und ausländische Geldsorten (Devisen), deren Umsatz die Börseneinrichtungen nach der Börsenordnung zu dienen bestimmt sind (§ 5 Nr. 2) oder die börsenordnungsgemäß zur Benutzung der Börseneinrichtungen zugelassen sind (§ 6), vor allem jedoch die Wertpapiere im Sinne des Abschnitts III des BörsG, soweit sie generell (§§ 5, 6) und speziell (§ 36f.) zum Börsenhandel zugelassen sind (vgl. aber auch § 42 BörsG und § 17 ZulBek.).

In den bestimmungsgemäßen Gegenständen des Börsenverkehrs (§ 5) haben die Börsenbesucher einen Anspruch auf amtliche Feststellung des Börsenpreises, wobei die von ihnen geschlossenen Geschäfte zugrunde zu legen sind, soweit sie durch Vermittlung der Kursmakler zustandegekommen sind (§ 31 Satz 1). Bei lediglich zur Benutzung der Börseneinrichtungen zugelassenen Gegenständen besteht ein solcher Anspruch nicht.

Aus der Natur der Sache ergibt sich, daß für Kassa- und für Zeitgeschäfte eine gesonderte Kursfeststellung erfolgen muß. Kassageschäfte sind Abschlüsse in Wertpapieren, die durch sofortige tatsächliche Lieferung abgewickelt werden. Zeitgeschäfte sind solche Geschäfte, bei denen die Vertragspartner keine sofortige Lieferung beziehungsweise Abnahme der Wertpapiere zur Zeit des Geschäftsabschlusses mit den zur Realisierung des Geschäfts unbedingt notwendigen Fristen beabsichtigen, sondern für die Erfüllung des Geschäfts einen späteren Termin festsetzen. Zeitgeschäfte werden deshalb regelmäßig Termingeschäfte genannt.

Beim Zeitgeschäft ist die Preisbestimmung nicht nur durch die gegenseitige Kreditgewährung, sondern auch durch die sonstigen Geschäftsbedingungen beeinflußt. Kassa- und Termingeschäfte stellen praktisch verschiedenartige Gegenstände des Handelsverkehrs dar (RG in RGZ Bd. 34 S. 122). Selbstverständlich gilt dies nur für echte Kassa- und Zeitgeschäfte. Gewisse kurz bemessene Lieferfristen gemäß Börsenusance machen aus einem Kassageschäft kein Zeitgeschäft. So sind z. B. nach den Bedingungen für die Geschäfte an der Berliner Börse Kassageschäfte in Wertpapieren, Zins- und Gewinnanteilscheinen an dem dem Abschlußtage folgenden zweiten Werktag zu erfüllen.

Getrennte Preisnotierung gilt auch für Qualitätsunterschiede gehandelter Waren.

3. Organe der amtlichen Kursfeststellung sind der Börsenvorstand oder die Kursmakler unter Aufsicht der Maklerkammer, unter Umständen auch ein in besonderer Weise gebildetes Feststellungsorgan (vgl. § 29 Abs. 1 Satz 1 und 2, § 35 Abs. 2). Die Tätigkeit dieser Organe ist Ermittlung und Ansagen der Preise und Kurse. Dabei müssen die Ermittlungen, da sie die Grundlage für den amtlichen Börsenpreis bilden, den materiellen und formellen Anforderungen entsprechen, die das BörsG und etwa das BörsG ergänzendes Recht an diese Tätigkeit stellen.

Literatur
MATTHES: Das Recht des Kursmaklers, 1932, S. 90f.

II. Das Verfahren bei der Kursfeststellung

1. Das BörsG kennt keine einheitliche Methode der Kursfeststellung, sondern hat die Bestimmung hierüber den Börsenordnungen überlassen. Trotzdem stimmen die Methoden bei fast allen deutschen Börsen überein. Ihre zwei Hauptarten sind die variable Notierung und die Notierung zum Einheitskurs (Kassakurs). Bei der variablen Notierung beschränkt sich die Kursfeststellung darauf, daß durch Mitteilung der laufenden Kurse ein nachträgliches Bild des wirklichen Hergangs des Börsengeschäftes gegeben wird. Dabei werden im amtlichen Kursblatt im allgemeinen die ersten Kurse und die folgenden Eckkurse veröffentlicht. Im übrigen werden bei dieser Notierungsart bestimmte Mindestschlüsse vorausgesetzt (3000 DM oder 50 Stück). Die Feststellung des Einheitskurses erfolgt dagegen auf Grund des Gesamtangebots und der Gesamtnachfrage an der Börse. Sie ist für das Wertpapierkassageschäft die übliche Art der Kursfeststellung. Als Einheitskurs wird hierbei derjenige Kurs festgestellt, zu welchem die einander gegenüberstehenden nichtlimitierten und limitierten Aufträge im größtmöglichen Umfang zur Ausführung gelangen können. Die nichtlimitierten (Bestens-)Aufträge sind hierbei in erster Linie, im übrigen alle Aufträge ohne Rücksicht auf ihre Größe gleichmäßig zu berücksichtigen.

Steht dem Angebot keine Nachfrage oder der Nachfrage kein Angebot gegenüber, oder lassen die auseinandergehenden Limite keine Geschäftsabschlüsse zu, so wird entweder das niedrigste Verkaufslimit als Briefkurs (Angebot) oder das höchste Kauflimit als Geldkurs (Nachfrage) notiert.

2. Nicht immer ist allerdings die Marktlage so einfach. Häufig verlangt die Marktsituation, daß die Kurse mit Zusätzen versehen werden, die die unterschiedlichen Sachverhalte auf den Wertpapiermärkten verdeutlichen. Dies geschah bisher durch Kurszusätze, die an den einzelnen Börsenplätzen verschiedene Bedeutung hatten. Um eine Vereinheitlichung durchzuführen, haben sich die Länder und die Arbeitsgemeinschaft der deutschen Wertpapierbörsen 1965 auf ein Schema geeinigt, das im Laufe der Zeit bei allen Wertpapierbörsen eingeführt werden soll. Das Ergebnis sind die nachstehenden Kurszusätze und ihre jeweilige Erklärung, wobei zu den festgestellten Kursen bei Ziff. 1—5 außer den unlimitierten Kauf- und Verkaufsaufträgen auch alle über dem festgestellten Kurs limitierten Kauf- und alle unter dem festgestellten Kurs limitierten Verkaufsaufträge ausgeführt sein müssen:

1) „b" oder Kurs ohne Zusatz = bezahlt: Alle Aufträge sind ausgeführt.

2) „bG" = bezahlt und Geld: Die zum festgestellten Kurs limitierten Kaufaufträge sind nicht vollständig ausgeführt; es bestand weitere Nachfrage.

3) „bB" = bezahlt und Brief: Die zum festgestellten Kurs limitierten Verkaufsaufträge wurden nicht vollständig ausgeführt; es bestand weiteres Angebot.

4) „ebG" = etwas bezahlt und Geld: Die zum festgestellten Kurs limitierten Kaufaufträge konnten nur zu einem geringen Teil ausgeführt werden.

5) „ebB" = etwas bezahlt und Brief: Die zum festgestellten Kurs limitierten Verkaufsaufträge konnten nur zu einem geringen Teil ausgeführt werden.

6) „bGr" = bezahlt und Geld repartiert (rationiert): Die zum Kurs und darüber limitierten sowie die unlimitierten Kaufaufträge konnten nur durch beschränkte Zuteilung ausgeführt werden.

7) „bBr" = bezahlt und Brief repartiert (rationiert): Die zum Kurs und niedriger limitierten sowie die unlimitierten Verkaufsaufträge konnten nur durch beschränkte Abnahme ausgeführt werden.

8) „*" = Sternchen: Kleine Stücke konnten nur beschränkt gehandelt werden.

Außerdem werden folgende Hinweise verwendet:

1) „G" = Geld: Auf dieser Basis nur Nachfrage vorhanden.

2) „B" = Brief: Auf dieser Basis nur Angebot vorhanden.

3) „—" = gestrichen ohne Zusatz: Ein Kurs konnte nicht festgestellt werden.

4) „—G" = gestrichen Geld: Ein Kurs konnte nicht festgestellt werden; Nachfrage vorhanden.

5) „—B" = gestrichen Brief: Ein Kurs konnte nicht festgestellt werden; Angebot vorhanden.

6) „—T" = gestrichen Taxe: Ein Kurs konnte nicht festgestellt werden; der Kurs ist geschätzt.

7) „ex D" = ohne Dividende.

8) „ex BR" = ohne Bezugsrecht.

9) „ex BA" = ohne Berichtigungsaktien.

10) „V" — Verlosung.

11) „—Z" = gestrichen Ziehung: Die Notierung ist an den beiden, dem Auslosungstag vorangehenden Börsentagen ausgesetzt.

12) „ex Z" = ausgenommen Ziehung: Der notierte Kurs versteht sich für die nicht ausgelosten Stücke. Der Hinweis ist nur am Auslosungstag zu verwenden.

3. Als Unterlagen für die Kursfeststellung dienen nicht alle an der Börse abgeschlossenen Geschäfte. Dies ergibt sich aus § 31 Satz 1, wonach nur bei den durch Vermittlung eines Kursmaklers abgeschlossenen Geschäften in Waren oder Wertpapieren ein Anspruch auf Berücksichtigung bei der Feststellung des Börsenpreises erhoben werden kann. Erst durch diese Vor-

schrift erhält die Kursfeststellung in Form des Einheitskurses, die die Zentralisierung des Gesamtangebotes und der Gesamtnachfrage zur Voraussetzung hat, die rechtliche Grundlage. Andererseits wird sie auch im Fall der Feststellung laufender Kurse (variabler Kurse) von Bedeutung, weil nur die durch Vermittlung der Kursmakler geschlossenen Geschäfte einen Einfluß auf die Festsetzung der variablen Notiz gewährleisten. Der Börsenvorstand oder die Maklerkammer können zwar, müssen jedoch nicht Abschlüsse unter sonstigen Börsenbesuchern bei der amtlichen Kursfeststellung berücksichtigen (§ 31 Satz 2 in Verb. mit § 29 Abs. 1 Satz 2). Das BörsG (§ 29 Abs. 3) gebietet nur dann die Berücksichtigung solcher „freien" Geschäfte, wenn die von den Kursmaklern abgeschlossenen Geschäfte ein richtiges Urteil über die Lage des Marktes nicht gestatten.

Das BörsG gibt den Börsenbesuchern im übrigen keinen Anspruch auf eine tägliche Kursfeststellung (vgl. § 31). Maßgebend ist allein die Börsenordnung, die in der Regel genau bestimmt, an welchen Tagen die Kursfeststellung erfolgt. Sie beschränkt sich an allen deutschen Wertpapierbörsen auf die Tage von Montag bis Freitag, sofern nicht einer dieser Tage ein gesetzlicher Feiertag ist.

4. Für die eigentliche Kursfeststellung bestimmt das BörsG, daß sie nicht öffentlich vorgenommen wird. Außer dem Staatskommissar, dem Börsenvorstand, den Börsensekretären (Syndici), den Kursmaklern und etwaigen Vertretern der beteiligten Berufszweige, deren Mitwirkung die Börsenordnung vorschreibt, darf niemand zugegen sein (§ 29 Abs. 2). Die Bedeutung dieser Vorschrift ist jedoch gering, da sich die bei der Ermittlung des Einheitskurses stattfindende vorläufige Kursfeststellung durch die Kursmakler in voller Öffentlichkeit vollzieht und regelmäßig mit der eigentlichen Kursnotierung identisch ist. Der Kursmakler ruft den Kurs, der sich nach der Lage der ihm vorliegenden Aufträge ergibt, öffentlich aus; die vor seiner Schranke versammelten Börsenbesucher sind dadurch in der Lage, die ordnungsmäßige Berücksichtigung ihrer Aufträge zu prüfen. Auch können sie durch neue Aufträge, wenn nicht die Zeit überschritten ist, auf die Gestaltung des Kurses einwirken.

Soweit sich Zweifel an der Gestaltung der Kurse ergeben, werden die Kursmakler dort, wo der Börsenvorstand die Kurse (Kursliste) feststellt, sonst die Maklerkammer, zu allen Auskünften verpflichtet sein, die notwendig sind, um die Kursgestaltung als rechtmäßig erscheinen zu lassen. Nähere Einzelheiten hierüber sind meist in den Börsenordnungen der einzelnen Börsen enthalten.

4. Wenn die Kurse festgestellt sind, werden sie in den amtlichen Kursblättern der Börsen veröffentlicht. Regelmäßig übernimmt die Presse die amtlichen Ergebnisse. Ist bei der Kursfeststellung ein Irrtum unterlaufen (z. B. durch irrtümliche Angaben des Kursmaklers oder durch Druckfehler), so ist die Feststellung bis zum nächsten Börsentag zu berichtigen.

Soweit Berichtigungen in späterer Zeit durch die Börsenordnung verboten sind, hindert dies Börsenbesucher und Publikum nicht, prozessual die Unrichtigkeit eines festgestellten Kurses geltend zu machen.

Literatur
PRION: Die Kursbildung an der Wertpapierbörse, 2. Aufl., 1929. — MEITHNER: Die Preisbildung an der Effektenbörse, Wien 1930. — KAISER: Die Preisfeststellung an den deutschen Produktenbörsen und -märkten und die Frage der Reform eines Notierungswesens, 1932. — DONNER: Die Kursbildung am Aktienmarkt, Vierteljahreshefte zur Konjunkturforschung, Sonderheft Nr. 36, 1934. — BELLINGER: Die kursbildenden Faktoren am deutschen Aktienmarkt, Diss. Köln 1956. — WANNER: Die am Aktienmarkt herrschenden Kräfte und ihr Einfluß auf die Kursgestaltung, Diss. München 1956. — KÖHLER: Börsenkurse und Kurszusätze, Wertpapier 1962, S. 821 f.

III. Anhang: Die Kurse und die Aktienbewertung. Wirklicher (innerer) Wert; Price-Earnings-Ratio; Cash Flow

1. Der Kurs von Aktien kann sich gelegentlich mit dem wahren Wert der Aktien decken. Er kann aber auch niedriger oder höher sein, denn er ergibt sich, wie bereits ausgeführt, aus dem im Augenblick der Kursbildung vorhandenen Verhältnis von Angebot und Nachfrage, das wiederum von Größe oder Enge des Marktes, zufallsbedingten Umsätzen, spekulativen Einflüssen und sonstigen nicht wertbezogenen Faktoren oder einer allgemeinen Tendenz abhängen kann (BGH, Urt. v. 30. 3. 1967, II ZR 141/64). Vom Kurs der Aktie ist daher der wirkliche (innere) Wert der Aktie zu unterscheiden. Er wird vom Verhältnis des Gesellschaftsvermögens zum Grundkapital bestimmt, und errechnet sich, wenn die Aktien den gleichen Nennbetrag haben, durch Teilung des Reinvermögens der Gesellschaft durch die Zahl der vorhandenen Aktien (WÜRDINGER, S. 23). In der Praxis ist die Feststellung des wirklichen Werts eines lebenden Unternehmens allerdings außerordentlich schwierig. Sie wird in der Regel nur durch Sachverständigengutachten erfolgen können. Trotzdem ist die Feststellung häufig nicht zu umgehen, da beispielsweise nach § 12 des Gesetzes über die Umwandlung von Kapitalgesellschaften und bergrechtlichen Gewerkschaften vom 12. 11. 1956 ein Aktionär Anspruch auf angemessene Entschädigung hat und für den Verlust seiner Rechtsposition wirtschaftlich voll entschädigt werden muß (vgl. BVerfG in NJW 1962 S. 1667). Eine volle Entschädigung verlangt aber die Feststellung des wirklichen Werts der Aktie.

2. Die Bewertung von Aktien kann auch von anderen Überlegungen ausgehen. Sieht man einmal vom sog. Renditedenken ab (Dividende geteilt durch Aktienkurs mal hundert), so gewinnen zwei Mittel zur Aktienbewertung immer größere Bedeutung: "Price-Earnings-Ratio" und "Cash Flow".

a) Beim Price-Earnings-Ratio (Kurs-Gewinn-Verhältnis) wird der Gewinn je Aktie auf den Kurs bezogen, was im Grundsatz dasselbe bedeutet wie die Rendite. Im Unterschied zu der in Deutschland darunter aufgefaßten Bewertung versteht jedoch der amerikanische Bewerter unter "earnings" nicht nur die ausgeschütteten, sondern auch die im Unternehmen verbleibenden Gewinne. Denn der einbehaltene Gewinn erhöht den Substanzwert des Unternehmens. Die Berechnung des Price-Earnings-Ratio ergibt eine Kennziffer, die, wenn sie niedrig ist, Aktien als billig, und wenn sie hoch ist, als teuer erscheinen läßt. Die Berechnung des Price-Earnings-Ratio bei einer deutschen Aktiengesellschaft ist nach dem neuen Aktienrecht zwar erleichtert worden, aber wohl kaum in gleicher Weise möglich wie in den Vereinigten Staaten.

b) Unter Cash Flow versteht man denjenigen Teil der Umsatzerlöse, der nicht für laufende Zahlungen wie Löhne, Material, Schuldendienst, Steuern u. dgl. benötigt wird, sondern dem Unternehmen zur Ausschüttung oder für neue Investitionen zur Verfügung steht. Dazu gehören außer dem für die Ausschüttung erforderlichen Betrag und der Zuweisung zu den offenen Rücklagen vor allem die Abschreibungen und Zuweisungen zu den Pensionsrückstellungen. Je höher diese für Rationalisierungs- und Erweiterungsinvestitionen verfügbaren Eigenmittel sind, um so besser wird die Wachstumsfähigkeit und die künftige Ertragskraft des Unternehmens zu bewerten sein.

Ebenso wie die Earnings kann man auch den Cash Flow auf das Aktienkapital oder die einzelne Aktie beziehen und dadurch Vergleiche zwischen verschiedenen Unternehmen anstellen. Je niedriger die Kennziffer ist, desto billiger ist die Aktie im Vergleich zu anderen Aktien.

Literatur

Würdinger: Aktienrecht, 1959. — Claussen: Verbesserter Kursvergleich bei Quotenaktien?, Volkswirt 1960, S. 2130f. — Büschgen: Aktienanalyse und Aktienbewertung nach der Ertragskraft, 1962. — Busse von Colbe: Zur Maßgeblichkeit des Börsenkurses für die Abfindung der bei einer Umwandlung ausscheidenden Aktionäre, Aktienges. 1964, S. 263f. — Schiecke: Der Cash Flow, Aktienges. 1965, S. 77f. — Clausen: Synthese zwischen Ertrags- und Renditedenken, Wertpapier 1965, S. 485f. — Büschgen: Beurteilung von Aktien nach Dividenden und Gewinnen, Wertpapier 1965, S. 763f., S. 808f. — Klinger: Ermöglicht der Cash Flow eine aussagekräftige Schnellanalyse für Aktien?, Betrieb 1965, S. 1709f. — Büschgen: Wertpapieranalyse, 1966.

IV. Der Kursmakler

A. Herkunft und allgemeine Rechtsstellung

1. Schon im Ersten Teil und bei den Ausführungen über die amtliche Feststellung des Börsenpreises und das Kursfeststellungsverfahren wurden

die Kursmakler erwähnt. Sie sind eine besondere Erscheinungsform des Handelsmaklers, die sich im Laufe der Zeit herausbildete. Als amtliche Handelsmakler waren sie behördlich angestellte und vereidigte Personen, die zwischen den Parteien eine neutrale Stellung einnahmen. Ihr Recht wurde durch besondere Maklerordnungen geregelt. Dabei bildete sich ein Vermittlungsmonopol, bisweilen auch ein Maklerzwang heraus, während andererseits die Makler gewissen Beschränkungen zur Sicherung ihrer unparteiischen Stellung unterlagen.

2. Das Allgemeine Deutsche Handelsgesetzbuch von 1861 übernahm das Institut der amtlichen Handelsmakler. Sie waren danach „amtlich bestellte Vermittler für Handelsgeschäfte", die von einer Staatsbehörde angestellt und vereidigt wurden (Art. 66). Die Beschränkungen ihrer Vermittlungstätigkeit wurden aufrechterhalten (vgl. Art. 69). Ihre schriftlichen Beurkundungen genossen weiterhin erhöhte Beweiskraft, die erst 1879 durch § 13 Nr. 2 EGZPO aufgehoben wurde. Dagegen wurde das Vermittlungsmonopol grundsätzlich beseitigt.

3. Durch den Verlust des Vermittlungsmonopols gestaltete sich die Stellung der vereidigten Makler immer schwieriger. Eine grundsätzliche Änderung brachte erst das BörsG, das für das Gebiet des Börsenrechts die amtlichen Handelsmakler abschaffte und dafür das Institut der Kursmakler einführte. Kursmakler wurden nunmehr Hilfspersonen bei der amtlichen Feststellung des Börsenpreises und zu diesem Zweck amtlich bestellt und vereidigt. Ihre Tätigkeit als Vermittler von Börsengeschäften hatte jedoch privatrechtliche Natur.

4. Nach heutiger Rechtslage hat der Kursmakler zwei verschiedene Aufgaben. Einmal ist er als Hilfsperson zur Mitwirkung bei der amtlichen Preisfeststellung, beim Bestehen einer Maklerkammer zur selbständigen Feststellung des Börsenpreises berufen, wobei er sich in einem besonderen öffentlich-rechtlichen Rechtsverhältnis befindet. Zum anderen ist er Handelsmakler, der eine kaufmännische Vermittlungstätigkeit ausübt, wodurch er in die Reihen der übrigen, die Börse zu geschäftlichen Zwecken besuchenden Kaufleute gestellt wird.

5. Soweit das öffentlich-rechtliche Rechtsverhältnis in Rede steht, ist der Kursmakler weder Staatsbeamter, noch mit einem öffentlichen Amt belehnt, auch wenn häufig vom „Amt" des Kursmaklers gesprochen wird. Er führt nicht einen durch das öffentliche Recht begrenzten Kreis staatlicher Geschäfte. Er handelt nicht im Namen und in Vertretung des Staates. Seine Tätigkeit ist vielmehr nur in einem weiteren Sinn ein öffentliches „Amt". Er übt einen öffentlich gebundenen Beruf aus, wie Rechtsanwälte, Patentanwälte und Notare, ist in besonderer Weise öffentlich bestellt und hat eine Verpflichtung zur tatsächlichen Berufsausübung. Seine „amtliche" Tätigkeit ist in diesem Sinn „öffentlich-rechtlich gebundene Tätigkeit". Im Ergebnis finden daher alle für Beamte bestehenden Vorschriften auf den Kursmakler

keine Anwendung. Andererseits kann er nicht in allen Beziehungen als Nur-Kaufmann betrachtet werden.

6. Soweit der Kursmakler als Vermittler von Börsengeschäften tätig wird, übt er diese Tätigkeit als Handelsmakler im Sinne des § 93 HGB aus. Auf seine Vermittlungstätigkeit finden daher die §§ 93f. HGB Anwendung (Ausnahme: § 104). Ergänzend kommen die §§ 652–654 BGB in Betracht. Der Gewerbebetrieb des Kursmaklers ist stets Handelsgewerbe gemäß § 1 Abs. 2 Nr. 7 HGB. Der Kursmakler ist Vollkaufmann, da sein Gewerbebetrieb über den Umfang des Kleingewerbes hinausgeht (vgl. auch § 32 Abs. 2 BörsG). Er hat seine Firma in das Handelsregister einzutragen (§ 29 HGB) und ist zur Führung von Handelsbüchern verpflichtet (§ 38 HGB).

Beide Funktionen des Kursmaklers – Organ bei der amtlichen Preisfeststellung und Vermittlungstätigkeit – stehen in einem engen Zusammenhang. Die kaufmännische Tätigkeit bildet die Grundlage, auf der sich der Kursmakler die erforderliche Kenntnis der Marktlage erwirbt, um den der wirklichen Geschäftslage des Verkehrs entsprechenden Preis der Waren oder Wertpapiere zu ermitteln (§ 29 Abs. 3). Zur Sicherung der Durchführung seiner Aufgabe obliegt ihm im Gegensatz zum gewöhnlichen Handelsmakler die Betriebspflicht (§ 32 Abs. 1 Satz 1), und sind ihm gewisse Beschränkungen auferlegt, die seine Unparteilichkeit gewährleisten sollen (§ 32 Abs. 1 Satz 2 und Abs. 2).

Da der Kursmakler seine amtliche Funktion nur ausüben kann, wenn er zugleich als Vermittler in Börsengeschäften tätig ist, erfolgt die Zulassung zur Börse nicht durch den Börsenvorstand, sondern ist in seiner Bestellung enthalten (vgl. § 5 MO Berlin; § 5 MO Düsseldorf; § 3 Abs. 2 MO München). Ein besonderer Zulassungsakt des Börsenvorstandes würde die staatliche Zuständigkeit für die Bestellung in Frage stellen. Der Börsenvorstand kann daher die Bestellung des Kursmaklers auch nicht zurücknehmen. Die Entlassung ist grundsätzlich der für die Bestellung zuständigen Stelle vorbehalten.

Mit Ausübung seiner Tätigkeit unterfällt der Kursmakler zwar der Börsenleitung im Sinne des § 8 Abs. 2, jedoch nur insoweit, als Sofortmaßnahmen in Rede stehen, um unmittelbare Störungen zu beseitigen. Zeitweilige Ausschließung von der Börse oder Bestrafung mit Geldstrafe ist nicht Sache des Börsenvorstandes, sondern der mit der Aufsicht über die Kursmakler betrauten Organe und der besonderen Kursmakler-Disziplinargerichtsbarkeit (a.M. NEDON, S. 22).

Im übrigen nehmen die Kursmakler keine Sonderstellung ein. Sie haben die für den Besuch der Börse festgesetzten Gebühren zu zahlen und sind nach Maßgabe der Usancen dem Börsenschiedsgericht und den Sachverständigenkommissionen unterworfen. Auch können Kursmakler Mitglied des Börsenvorstandes, der Zulassungsstelle für Wertpapiere, der Sachverständigenkommission oder des Börsenschiedsgerichts sein, wobei die beiden letzten Funktionsstellen allerdings zweckmäßig ohne Kursmakler zu bilden sein werden.

Literatur

GOLDSCHMIDT: Ursprünge des Mäklerrechts. Insbesondere: SENSAL, ZHR Bd. 28 (1874), S. 115f. — MATTHES: Das Recht des Kursmaklers, 1932. — NEDON: Die rechtliche Stellung des Kursmaklers, Diss. Leipzig 1936.

B. Die amtliche Stellung des Kursmaklers im einzelnen

1. Nach § 30 Abs. 1 Satz 2 hat die Bestellung der Kursmakler durch die Landesregierung zu erfolgen. Wo eine Maklerkammer besteht, muß sie vorher gehört werden. Im übrigen sind die näheren Bestimmungen über die Bestellung der Landesregierung überlassen (§ 30 Abs. 2).

Bestimmte Voraussetzungen in der Person der zu bestellenden Kursmakler sind nicht vorgeschrieben. Jedoch ist es Übung, daß regelmäßig Personen aus dem Kreise der amtlich bestellten Vertreter der Kursmakler genommen werden. Die Bestellung erfolgt teils auf Lebenszeit, teils für einen bestimmten Zeitraum oder bis zur Vollendung des 65. Lebensjahrs (vgl. für Berlin das Gesetz vom 4. 10. 1965 – GVBl. S. 1456 –). Die Ermächtigung im BörsG (§ 30 Abs. 2) gibt für die Bemessung der Zeitdauer der Bestellung einen weiten Rahmen.

Die Festsetzung einer Altersgrenze für Kursmakler widerspricht nicht Art. 12 Abs. 1 GG. Zwar ist die Tätigkeit des Kursmaklers ein Beruf im Sinne dieser Bestimmung. Auch schränkt die Einführung einer Altersgrenze die Freiheit der Berufswahl ein. Jedoch sind subjektive Zulassungsbeschränkungen dort zulässig, wo sie dem Schutz eines wichtigen Gemeinschaftsgutes dienen und nicht zu einer unzumutbaren Belastung der Berufsangehörigen führen, die zu dem angestrebten Zweck ordnungsgemäßer Erfüllung der Berufstätigkeit außer Verhältnis steht. Diese Voraussetzungen sind bei der Altersbegrenzung für Kursmakler gegeben (OVG Berlin in Aktienges. 1964 S. 341, unter Bezugnahme auf BVerfG in BVerfGE Bd. 7 S. 403 und Bd. 13 S. 107).

Nach der Bestellung, jedoch vor Antritt seiner Stellung wird der Kursmakler von der Landesregierung oder dem von der Landesregierung bestellten Staatskommissar darauf vereidigt, daß er seine Pflichten getreu erfüllen werde (§ 30 Abs. 1 Satz 2). Die Übergabe der Bestallungsurkunde hat wie der Eid deklaratorische, nicht konstitutive Wirkung.

2. Die Betriebspflicht verpflichtet den Kursmakler zur regelmäßigen Anwesenheit in allen Börsenversammlungen. Bei Krankheit oder Urlaub muß er für seine Stellvertretung sorgen. Soweit sich die Kursmakler nicht gegenseitig vertreten können, übernehmen Kursmakler-Stellvertreter (Substitute) die Vertretung. Substitute werden meist aus den Reihen der Angestellten der Kursmakler entnommen. Sie haben zuvor in der Regel eine Banklehre absolviert. Da der Kursmakler seine amtlichen Funktionen nicht

durch Privatrechtsakt übertragen kann, ist ein besonderer staatlicher Bestellungsakt notwendig, um den Substituten während der Dauer der Stellvertretung die Rechte und Pflichten von Kursmaklern zu geben.

3. In seiner gesamten Tätigkeit unterliegt der Kursmakler einer Aufsichtsgewalt, die an den Börsen, an denen eine Maklerkammer besteht, die Maklerkammer, sonst die Landesregierung ausübt, die sie unter Umständen auf einen Vertrauensmann oder Vorsitzenden der Kursmakler übertragen kann (vgl. § 30 Abs. 2 Satz 2). Zum Inhalt der Aufsicht gehört das Recht der Aufsichtsorgane, in die Hand- und Tagebücher der Kursmakler Einsicht zu nehmen. Während der Kursmakler bei Vorlegung seiner Bücher zur Behebung von Zweifeln bei der Kursfeststellung die Namen seiner Auftraggeber verdecken darf, ist er hierzu bei der Einsichtnahme durch die Aufsichtsorgane nicht befugt, da sonst eine wirksame Kontrolle insbesondere von Eigengeschäften nicht möglich wäre (vgl. § 32 Abs. 1).

4. Der Aufsichtsgewalt auf der einen Seite entspricht die Disziplinarstrafgewalt auf der anderen Seite. Sie dient zur Ahndung begangener Pflichtwidrigkeiten und kann bei groben Verstößen bis zur Geldbuße und zur Untersagung des Börsenbesuches sowie der Amtsausübung bis zur Dauer von drei Monaten führen. Die Entlassung des Kursmaklers ist regelmäßig den Landesregierungen vorbehalten (vgl. § 16 MO Berlin; § 4 MO Düsseldorf; § 5 MO Frankfurt a. Main; § 5 MO München).

Über das Verfahren in Disziplinarsachen enthalten die Maklerordnungen nähere Bestimmungen. Die Verhandlungen sind nicht öffentlich. Im allgemeinen finden die Bestimmungen des BörsG über das Börsenehrengerichtsverfahren entsprechende Anwendung. Über den Widerspruch gegen die Entscheidung des Disziplinarausschusses, der einen Verwaltungsakt darstellt, entscheidet der Vorstand der Maklerkammer (§ 73 Abs. 1 Nr. 3 VwGO). Nach Abschluß des Widerspruchsverfahrens ist Klage im Verwaltungsstreitverfahren möglich (§ 74f. VwGO).

5. Nach § 30 Abs. 2 ist „eine Vertretung der Kursmakler (Maklerkammer) bei der Bestellung neuer Kursmakler und bei der Verteilung der Geschäfte unter die Kursmakler gutachtlich zu hören". Das besagt nicht, daß die Institution einer Vertretung der Kursmaklerschaft obligatorisch wäre (vgl. auch § 29 Abs. 1 Satz 2). Sie findet sich jedoch an größeren Wertpapierbörsen insbesondere in Form der Maklerkammer, die dann die anerkannte Berufsvertretung der Kursmakler bildet.

Ihrer Rechtsnatur nach sind die Maklerkammern Selbstverwaltungskörperschaften des öffentlichen Rechts, die in Ausführung der Ermächtigung des § 30 Abs. 2 Satz 2 auf einer Anordnung der Regierung in der Maklerordnung beruhen. Die Maklerkammer ist Mitgliedskörperschaft, die von der Regierung mit Zwangsbefugnissen gegenüber den Kursmaklern ausgestattet ist. Sie setzt die Beiträge fest, übt die Aufsicht und die Disziplinarstrafgewalt über die Kursmakler aus und steht selbst unter der Aufsicht des

Staates. Im Hinblick auf ihre Aufsichts- und Disziplinarbefugnisse hat die Maklerkammer Behördeneigenschaft.

Ihre Aufgaben sind in ihrer Eigenschaft als Berufskammer enthalten. Sie hat die Interessen der Kursmakler zu vertreten, über das Ansehen ihrer Mitglieder zu wachen, die Staatsaufsicht bei ihrer Tätigkeit zu unterstützen und für eine gewissenhafte und lautere Berufsausübung der Kursmakler und Kursmakler-Stellvertreter zu sorgen (vgl. § 19 Abs. 1 MO Berlin). Sie kann neben manchen weiteren Aufgaben vor allem auch Richtlinien und allgemeine Weisungen für die Amtsausübung der Kursmakler erlassen. Insbesondere der Erlaß von Richtlinien für die Kursmakler ist von wesentlicher Bedeutung. Sie enthalten, wie beispielsweise diejenigen der Berliner Maklerkammer vom 26. 5. 1934, die verschiedenartigsten Anweisungen. In erster Linie sind es Verfügungen zur Kursfeststellung, zur Hinzuziehung von Notierungskommissaren, über Folgtscheine, Kompensationen, Ausstellung von Schlußscheinen usw., aber auch Verfügungen über die Führung der Tagebücher, den Courtageausgleich, Steuern, Versorgungseinrichtungen und ähnliche Gegenstände. Weisungen über den Courtageausgleich können allerdings heute nicht mehr öffentlich-rechtlich ergehen. Nur eine Vereinbarung sämtlicher Kursmakler kann den Ausgleich herbeiführen.

Wo die amtliche Feststellung der Kurse Sache der Kursmakler ist, hat die Maklerkammer die Kursfeststellung zu überwachen. Ihr unterliegt unter Umständen die Herausgabe des amtlichen Kursblatts, die Schlichtung von Streitigkeiten unter Kursmaklern und aus dem Auftragsverhältnis zwischen einem Kursmakler und dem Auftraggeber sowie im allgemeinen die Einsetzung der Kursmakler in die einzelnen Märkte, gegebenenfalls auch die Gruppenbildung.

6. Was die Mitwirkung der Kursmakler an der amtlichen Kursfeststellung betrifft, so sind die Einzelheiten in den Ausführungen über die Rechtsnatur, den Gegenstand und die Organe der amtlichen Feststellung des Börsenpreises sowie über das Verfahren bei der Kursfeststellung enthalten. Das Erfordernis des BörsG (§ 29 Abs. 3), daß als Börsenpreis derjenige Preis festzusetzen ist, der der wirklichen Geschäftslage des Verkehrs an der Börse entspricht, erfordert vom Kursmakler außer der Beachtung der materiellen Grundsätze der Kursfeststellung ein hohes Maß von Geschicklichkeit bei der Technik der Kursbildung.

Die Aufgabe des Kursmaklers, die der Geschäftslage des Verkehrs an der Börse entsprechenden Preise zu ermitteln, wird am besten erfüllt, wenn die Börsenbesucher den Kursmakler in möglichst großem Umfang in Anspruch nehmen. Als daher die Konzentration im Bankgewerbe nach dem ersten Weltkrieg dazu führte, daß die Banken verstärkt Wertpapierkauf- und -verkaufsaufträge innerhalb des eigenen Instituts ausglichen (sog. Kompensationen), wurde diese Übung in der Verordnung des Reichspräsidenten vom 8. 12. 1931 bekämpft. Nach ihr wurden Kompensationsgeschäfte über Wertpapiere neben der Börsenumsatzsteuer mit einer hohen Zusatzsteuer belastet. Ein nennenswerter Erfolg dieser Maßnahme blieb jedoch aus, so daß die Rechtslage später auf den ursprünglichen Zustand zurückgeführt wurde.

7. Der Gedanke, Wertpapierkäufe und -verkäufe in amtlich notierten Aktien möglichst weitgehend über den Kursmakler abzuwickeln, ist jedoch auch heute wieder ein Programmpunkt der Regierung. Obwohl die Kompensationen kaum noch einen nennenswerten Umfang haben und höchstens 10—15 vom Hundert der Wertpapierumsätze betreffen, soll ein „Börsenzwang" eingeführt werden, der zum mindesten bei Kleinaufträgen Kompensationen verbietet. Die Banken halten einen solchen Börsenzwang, der weitgehend in die Vertragsfreiheit eingreift, nicht für gerechtfertigt. Sie haben jedoch in ihre Allgemeinen Geschäftsbedingungen (Ziff. 29 Abs. 1) eine Klausel aufgenommen, wonach mit Wirkung vom 1. Juli 1968 alle Wertpapierkauf- und -verkaufsaufträge über die Börse abzuwickeln sind, sofern der Kunde nicht ausdrücklich eine andere Ausführung wünscht. Es ist anzunehmen, daß diese Klausel einen staatlichen Eingriff gegenstandslos machen wird.

Literatur

APT: Über § 30 Abs. 2 des Börsengesetzes und § 9 der Maklerordnung für Berlin, Holdheims Mschr. 6. Jhg. (1897), S. 303f. — FREUND: Die Verteilung der Geschäfte unter die Kursmakler, Holdheims Mschr. 6. Jhg. (1897), S. 225f. — RIESENFELD: Die Registerpflicht der Kursmakler, Holdheims Mschr. 7. Jhg. (1898), S. 10f. — PRION: Ist die Börse reformbedürftig?, 1932; — Schutz vor Kursverzerrungen, Wertpapier 1960, S. 633.

Anhang: Die Umsatzveröffentlichung

1. Im Zusammenhang mit der Forderung nach einem modifizierten Börsenzwang ist auch die Forderung erhoben worden, börsentäglich die Umsätze in jedem einzelnen Wertpapier zu erfassen und für jede Börse bekanntzugeben. Durch eine solche Mitteilung sollen Umstände sichtbar gemacht werden, die bei der Kursgestaltung eine entscheidende Rolle gespielt haben.

2. Ob durch die Umsatzpublizität eine Verbesserung erzielt und nicht eher die Voraussetzungen für eine Beeinflussung von Angebot und Nachfrage geschaffen werden, dürfte zweifelhaft sein. Als Erkenntnismittel für die Börsentendenz ergibt der Umsatz nicht mehr als der Kurs. Auch ist aus der Kenntnis von Umsatz und Kurs kaum eine Prognose für die zukünftige Entwicklung abzuleiten, selbst nicht bei langfristiger Betrachtung. Zudem kann eine Kursänderung durch relativ kleine Summen eines zunächst leer laufenden Angebots oder einer ungedeckten Nachfrage bewirkt sein, während der größte Teil der Aufträge auf der Vortagsbasis gelegen hat.

Auch für die Kontrolle bei der Auflösung oder Bildung von Beteiligungen ist die Umsatzangabe ohne größeren Aussagewert, da eine rege

Umsatztätigkeit in einem Papier verschiedene Gründe haben kann. Im übrigen enthält das Aktiengesetz eine Mitteilungspflicht, wenn eine Gesellschaft größere Beteiligungen an einer anderen erwirbt (§ 20f. AktG).

3. Demgegenüber birgt die Umsatzveröffentlichung gewisse Gefahren. In kleinen Werten ist der Umsatz häufig gering, ohne daß dies als nachteilig angesehen werden muß. Besonders aber wird die Emissionsfähigkeit kleinerer und mittlerer Unternehmen gefährdet. Treten über längere Zeit nur geringe Umsätze in Aktien solcher Unternehmen auf, so erhält das Publikum den Eindruck, daß es sich nicht lohnt, solche Papiere zu kaufen. Kapitalerhöhungen derartiger Unternehmen werden deshalb schwer unterzubringen sein. Ähnliche Gefahren bestehen bei Gesellschaften, deren Aktien sich zum wesentlichen Teil in festen Händen befinden. Gesellschaften, die diesen Gefahren ausgesetzt sind, können sich auch veranlaßt sehen, auf eine amtliche Zulassung überhaupt zu verzichten und in den Bereich des Freiverkehrs überzuwechseln. Man wird daher die Umsatzveröffentlichung nicht uneingeschränkt bejahen können.

Literatur
BRUNS: Transparenz der Börse und Umsatzpublikation, ZfgesKred. 1962, S. 38f. — HESBERG: Sind Börsenumsätze ein Tendenzbarometer?, ZfgesKred. 1962, S. 286f. — BEYER-FEHLING: Was können Börsenumsätze zeigen?, ZfgesKred. 1962, S. 395f. — BRUNS: Die Publizitätsproblematik der deutschen Wertpapierbörsen, ZfgesKred. 1962, S. 969f.

C. Die privatrechtliche Stellung des Kursmaklers

1. Der zwischen einem Börsenbesucher und dem Kursmakler abgeschlossene Vertrag auf Vermittlung eines Börsengeschäfts ist wesensmäßig ein Handelsmaklervertrag. Für ihn haben die Vorschriften der §§ 93f. HGB und subsidiär die Vorschriften über den bürgerlich-rechtlichen Maklervertrag (§ 652f BGB) Geltung. Er weist jedoch Besonderheiten auf, die aus der Sonderstellung des Kursmaklers und den Bedürfnissen des Börsenverkehrs herrühren.

a) Der Vertrag mit dem Kursmakler erfährt zunächst in Hinsicht des Kreises der zu vermittelnden Geschäfte eine Einschränkung, da die Aufgabe des Kursmaklers nach § 32 Abs. 1 Satz 1 in der Vermittlung von Börsengeschäften besteht. Er betreibt vornehmlich die Vermittlung von Anschaffungs- und Veräußerungsgeschäften in Waren oder Wertpapieren. Seine Tätigkeit erstreckt sich hierbei nur auf Geschäfte, die unter Zugrundelegung der Börsenusancen abgeschlossen werden. Aber auch bei diesen Geschäften kommen nur solche in Frage, die zu dem amtlichen Geschäftskreis des Kursmaklers gehören, und deren amtliche Preisfeststellung durch ihn oder unter seiner Mitwirkung erfolgt. Vermittelt er Geschäfte außerhalb dieses Geschäftskreises, so handelt er nicht in seiner Eigenschaft als Kursmakler.

b) Der Kursmakler ist bei seiner Vermittlungstätigkeit auf den Verkehr zwischen Börsenbesuchern beschränkt. Die Beschränkung folgt nach den Börsenusancen auch daraus, daß als Aufgabe nur eine an der Börse zugelassene Firma benannt werden kann. Bei Annahme eines Auftrages von einem Nicht-Börsenbesucher würde der Kursmakler nicht in der Lage sein, diesen einem anderen Auftraggeber als Gegenpartei zuzuweisen. Er müßte das Geschäft im eigenen Namen als Kommissionär abschließen, was gegen das Verbot in § 32 Abs. 1 Satz 2 verstoßen würde.

c) Der Kursmakler hat nach § 32 Abs. 1 Satz 1 eine gewerbliche Betriebspflicht. Neben dieser Pflicht im allgemeinen besteht eine weitere Pflicht zur Übernahme der Vermittlung im einzelnen Fall. Er muß grundsätzlich von jedem Börsenbesucher Aufträge entgegennehmen und dabei einen Maklervertrag abschließen. Dieser Kontrahierungszwang resultiert aus seiner „Amtsstellung", die ohne den Zwang nicht denkbar wäre. Er gilt auch für Aufträge von freien Maklern, da der Kursmakler kein Vermittlungsmonopol besitzt. Ohne Bedeutung ist, ob der freie Makler den Auftrag für Rechnung einer anderen Firma oder als Selbstkontrahent erteilt.

Die Kontrahierungspflicht dürfte dann allerdings nicht bestehen, wenn an der Vertrauenswürdigkeit oder Bonität des Auftraggebers begründete Zweifel bestehen, er also nicht aufgabefähig ist.

d) Der Kontrahierungszwang verpflichtet den Kursmakler auch, für die Vermittlung des Hauptgeschäfts tätig zu werden. Die Pflicht des Kursmaklers zur Berücksichtigung der Aufträge bei der Preisfeststellung ist nicht nur eine öffentlich-rechtliche Pflicht, sondern zugleich eine schuldrechtliche Verpflichtung aus dem Maklervertrag, deren Verletzung den Kursmakler nicht nur disziplinarrechtlich verfolgbar machen, sondern ihn unter Umständen auch zum Schadensersatz verpflichten kann. Im übrigen „garantiert" der Kursmakler dafür, dem Auftraggeber eine einwandfreie Gegenpartei aufzugeben, allerdings unter der Voraussetzung, daß die Ausführung des Auftrags nach der Börsenlage überhaupt möglich ist. Das ist besonders bei Aufträgen zum Einheitskurs dann der Fall, wenn der Auftrag „bestens" erteilt oder als Kaufauftrag höher, als Verkaufsauftrag niedriger als der amtlich festgestellte Kurs limitiert war. Kommt es nicht zur Notierung eines amtlichen Kurses, so ist kein Auftrag ausführbar. Bezeichnet der Kursmakler trotz Ausführbarkeit des Auftrags eine Aufgabe innerhalb der usancemäßig bestimmten Frist nicht oder nur eine solche, gegen die begründete Einwendungen erhoben werden können, so kann ihn der Auftraggeber selbst auf die Erfüllung des zu vermittelnden Geschäfts in Anspruch nehmen oder zur Zwangsregulierung (Exekution) schreiten. In diesem Fall kauft er für Rechnung des säumigen Kursmaklers den Geschäftsgegenstand von einem Dritten oder verkauft ihn an diesen.

e) Der Abschluß des Vertrages mit dem Kursmakler vollzieht sich formfrei, durch konkludente Handlung oder auch stillschweigend. Eine ausdrückliche Annahmeerklärung des Kursmaklers unterbleibt häufig und ist nicht erforderlich, da Kontrahierungszwang besteht.

Die Gründe für die Beendigung des Vertrages sind die gleichen wie beim sonstigen Handelsmaklervertrag. Abgesehen von der eingeschränkten Rücknahme des Auftrags endet der Vertrag insbesondere durch Erfüllung, durch vertragsmäßige Aufhebung oder durch nachträgliche Unmöglichkeit des Abschlusses des Hauptgeschäfts. Die Endigung kann auch durch den Eintritt des Endtermins erfolgen. Börsenaufträge sind in der Regel auf das Ende eines Monats beschränkt.

2. Regelmäßig nach Schluß der Börse stellt der Kursmakler die nach dem festgestellten oder vereinbarten Kurse ausgeführten Aufträge in seinem Geschäftsbuch gegenüber und ermittelt auf diese Weise die Auftraggeber, die er einander als Aufgabe bezeichnen kann (Skontrierung der Aufträge). Die Bezeichnung erfolgt entsprechend den Börsenusancen im allgemen durch Übersendung einer Schlußnote oder schriftliche Bestätigung an die Vertragsparteien. Mit der Bezeichnung der Aufgabe ist die Vermittlungstätigkeit beendet.

3. Die amtliche Stellung des Kursmaklers hat eine Reihe von Beschränkungen für seine Vermittlungstätigkeit ergeben, die noch durch das Verbot bestimmter Geschäfte und den Abschluß von Eigengeschäften in bestimmtem Umfang fortgesetzt wird.

a) Grundsätzlich darf der Kursmakler folgende Geschäfte überhaupt nicht vermitteln: Geschäfte in zur öffentlichen Zeichnung aufgelegten Wertpapieren vor beendeter Zuteilung an die Zeichner (arg. § 42); Geschäfte in Wertpapieren, die zum Börsenhandel nicht zugelassen sind (§ 43), es sei denn, daß es sich um Ausnahmen nach § 39 und § 40 handelt; Börsentermingeschäfte in Waren oder Wertpapieren, in denen der Börsenterminhandel überhaupt verboten ist oder in denen nur ein sog. inoffizieller Terminhandel geduldet wird, weil sie zum Börsenterminhandel nicht zugelassen sind oder weil die Geschäftsbedingungen von den vom Börsenvorstand festgesetzten Bedingungen abweichen (§ 51 in Verb. mit § 50 Abs. 2).

b) In Anlehnung an Art. 69 Nr. 1 und 2 ADHGB hat das BörsG in § 32 dem Kursmakler den Eigenhandel verboten. Das Verbot gilt allerdings nur im Grundsatz. Ausnahmen sind für solche Fälle vorgesehen, bei denen der Abschluß eines Geschäfts für eigene Rechnung mit Rücksicht auf die Bedürfnisse des Börsenverkehrs nicht zu vermeiden und im Hinblick auf die Tätigkeit des Kursmaklers unbedenklich ist (vgl. im einzelnen § 32 Abs. 1 Satz 2). In der Praxis wird es sich meist darum handeln, daß ein Spitzenausgleich notwendig ist, der anders nicht erzielt werden kann. Grundsätzlich muß das Eigengeschäft einem höheren Zweck, dem Börsenverkehr und dem möglichst vollkommenen Ausgleich von Angebot und

Nachfrage an der Börse, dienen, um die zulässigen Grenzen des Eigengeschäfts nicht zu verletzen.

c) Neben dem Verbot eigener Geschäfte des Kursmaklers innerhalb seines amtlichen Geschäftsbereichs bestehen nach § 32 Abs. 2 Beschränkungen in der Richtung, daß der Kursmakler kein sonstiges Handelsgewerbe betreiben und auch nicht an einem solchen als Kommanditist oder stiller Gesellschafter beteiligt sein darf. Von dem Verbot, ein sonstiges Handelsgewerbe zu betreiben, kann die Landesregierung Befreiung erteilen.

4. Das zwischen dem Kursmakler und dem Auftraggeber bestehende Verhältnis ist ein gegenseitiges Vertrauensverhältnis. Es verpflichtet den Kursmakler, bei der Erledigung des Vermittlungsauftrags die gebotene Sorgfalt zu beachten. Die Treueverpflichtung beherrscht das gesamte Vertragsverhältnis bis zum Abschluß des Hauptvertrages. Einzelpflichten hieraus sind insbesondere die Mitteilungspflicht und die Pflicht zur Verschwiegenheit. Verletzt der Makler schuldhaft seine Pflichten, so haftet er nach den allgemeinen Grundsätzen des Schuldrechts (§§ 280, 286 BGB) jeder der beiden Parteien (§ 98 HGB).

5. Sonstige handels- und börsenrechtliche Pflichten ergeben sich teils aus der Handelsmaklerstellung des Kursmaklers, teils aus den Notwendigkeiten des Börsenverkehrs. Nach § 94 HGB hat der Handelsmakler im allgemeinen unverzüglich nach dem Abschluß des Geschäfts jeder Partei eine von ihm unterzeichnete Schlußnote zuzustellen. Bei Termingeschäften ist die Schlußnote den Parteien selbst zur Unterschrift zuzustellen und jeder Partei die von der anderen unterschriebene Schlußnote zu übersenden.

6. Wie jeder Handelsmakler hat auch der Kursmakler einen Anspruch auf Maklerlohn. Für den Maklerlohn ist im Börsenverkehr der Ausdruck Maklergebühr oder Courtage üblich. Voraussetzung für den Anspruch ist das Zustandekommen des zu vermittelnden Vertrages und die Vermittlungstätigkeit des Maklers. An die erforderliche Identität des vermittelten mit dem aufgetragenen Geschäft sind im Börsenverkehr strengere Anforderungen als sonst zu stellen. Aufträge, die zum Einheitskurs erteilt sind, können nicht im variablen Verkehr oder umgekehrt ausgeführt werden. Desgleichen sind Abweichungen von dem gesetzten Limit, der Lieferungsmenge oder den usancemäßigen Zahlungs- und Lieferungsbedingungen identitätsverneinend. Von der Erfüllung des vermittelten Vertrages ist die Courtage jedoch nicht abhängig.

Die Courtage ist mangels Parteivereinbarung oder eines abweichenden Ortsgebrauchs von jeder Partei zur Hälfte zu zahlen (§ 99 HGB). Ihre Höhe unterliegt grundsätzlich der Vereinbarung. An den Börsen wird jedoch die Courtage im allgemeinen als Börsenusance angesehen, deren Festsetzung Sache des Börsenvorstandes ist (vgl. § 8 Abs. 1 Nr. 8 BO Düsseldorf und § 9 Abs. 1 Nr. 4 BO Frankfurt a. Main). Die Courtage wird teils vom Nennbetrag, teils vom ausmachenden Betrag gerechnet. Der ausmachende Betrag ist der zu zahlende Betrag, abzüglich Spesen, Provision, Steuern usw. Gegenwärtig beträgt die Courtage auf Empfehlung der Arbeitsgemeinschaft der deutschen Wertpapierbörsen bei Aktien regelmäßig 0,7 pro Tausend vom ausmachenden Betrag, bei Rentenwerten 0,75 pro Tausend vom Nennbetrag. Die Mindestcourtage ist in jedem Fall 0,50 DM.

7. Eine besondere Befugnis der Kursmakler bildet die Befugnis zur Vornahme freihändiger Verkäufe und Käufe zum laufenden Preis und in öffentlichen Versteigerungen. Sie ist in § 34 enthalten, der die Kursmakler zur Vornahme von Verkäufen und Käufen befugt, die durch einen dazu öffentlich ermächtigten Handelsmakler zu bewirken sind. Diese Vorschrift ermächtigt den Kursmakler aber lediglich zur Vornahme freihändiger Verkäufe und Käufe, die bei Gegenständen, die einen Börsen- oder Marktpreis haben, an Stelle der öffentlichen Versteigerung zulässig sind (§§ 385, 1221, 1235 Abs. 2 BGB; §§ 373, 376, 379, 388, 389, 437 HGB). Sie berechtigt nicht zur Abhaltung öffentlicher Versteigerungen. Hierzu wäre eine besondere, nach Landesrecht zu erteilende Ermächtigung notwendig.

Literatur
HEILBORN: Der Kursmakler als Versteigerer, Bank-Arch. Jhg. II (1902), S. 189 f.

V. Das Verordnungsrecht des Bundes und der Länder in bezug auf die Kursfeststellung

1. In § 35 Abs. 1 Nr. 1—3 waren dem früheren Bundesrat bestimmte Befugnisse beigelegt worden, die amtliche Feststellung des Börsenpreises von Waren oder Wertpapieren in verschiedener Weise abweichend zu regeln. Nach Abs. 1 Nr. 1 war der Bundesrat befugt, eine von den Vorschriften in § 29 Abs. 1 und 2 und in den §§ 30 und 31 abweichende Feststellung des Börsenpreises von Waren oder Wertpapieren für einzelne Börsen zuzulassen. Nach Nr. 2 konnte er eine amtliche Feststellung des Börsenpreises bestimmter Waren allgemein oder für einzelne Börsen vorschreiben. Endlich war ihm in Nr. 3 gestattet, Bestimmungen zu erlassen, um eine Einheitlichkeit der Grundsätze über die den Feststellungen von Warenpreisen zugrunde zu legenden Mengen und über die für die Feststellung der Preise von Wertpapieren maßgebenden Gebräuche herbeizuführen.

§ 35 Abs. 2 erklärt, daß die Befugnis der Landesregierungen zu Anordnungen der oben bezeichneten Art nicht berührt werde, „soweit der Reichsrat oder die Reichsregierung keine Anordnungen getroffen hat". Zu Anordnungen der in Abs. 1 Nr. 1 bezeichneten Art bedürfe jedoch die Landesregierung der Zustimmung der „Reichsregierung". Sie seien der „Reichsregierung" zur Kenntnisnahme mitzuteilen.

2. Das hier dargelegte Verordnungsrecht in Ansehung der Kursfeststellung hat praktisch eine erhebliche Bedeutung.

a) Was die Zulassung örtlicher Abweichungen von den gesetzlichen Vorschriften über die amtliche Kursfeststellung betrifft, (§ 35 Abs. 1 Nr. 1), so hat der frühere Bundesrat (Reichsrat) kaum Gelegenheit gehabt, derartige Bestimmungen zuzulassen, die gemäß § 5 Nr. 4 zuvor in den Börsenordnungen zu treffen gewesen wären. Die Befugnis des Bundesrats (Reichsrats) ist heute erloschen. Die Landesregierungen sind daher jetzt allein befugt, abweichende Regelungen in Kraft zu setzen, soweit nicht der Bund (an Stelle der Reichsregierung der Bundesminister für Wirtschaft mit Zustimmung des Bundesrates) Anordnungen durch Rechtsverordnung getroffen hat. Die Notwendigkeit der generellen Zustimmung der zuständigen Bundesinstanz ist entfallen, da sie eine nach dem Grundgesetz unzulässige Mischverwaltung darstellen würde (Art. 83 GG; anders noch MEYER/BREMER, Anm. 5 zu § 36).

Faktisch können somit die Landesregierungen abweichende Regelungen für folgende Fälle treffen: für das für die amtliche Kursfeststellung zuständige Organ (vgl. z. B. § 36 BO Berlin; § 27 BO Düsseldorf; § 24 BO München; im Sinne des § 29 Abs. 1 Satz 2 BörsG dagegen die Regelung in § 25 BO Frankfurt a. Main); für den Ausschluß der Öffentlichkeit bei der Kursfeststellung; für die Mitwirkung von Kursmaklern bei der amtlichen Feststellung; für die Berücksichtigung der im freien Verkehr getätigten Geschäfte bei der Festsetzung des Börsenpreises.

b) Die Möglichkeit, Anordnungen, nach denen eine amtliche Feststellung des Börsenpreises bestimmter Waren allgemein oder für einzelne Börsen erfolgen muß, zu erlassen (§ 35 Abs. 1 Nr. 2), ist vom früheren Bundesrat auf den Bundesminister für Wirtschaft mit Zustimmung des Bundesrates übergegangen. Gedacht war in erster Linie an die Preisfeststellung für landwirtschaftliche Erzeugnisse. Bisher hat weder der frühere Bundesrat noch der Bundesminister für Wirtschaft die Ermächtigung in Anspruch genommen.

c) Soweit Bestimmungen über die Einheitlichkeit der Notiz von Waren und Wertpapieren in Rede stehen (§ 35 Abs. 1 Nr. 3), ist die Ermächtigung im BörsG die weitaus wichtigste. Zur Zeit der Börsenenquete waren an den einzelnen deutschen Börsen im Hinblick auf die Kursnotierung, vor allem im Verkehr mit Wertpapieren und für die Umrechnung ausländischer Valuten, verschiedene Übungen in Geltung, deren Aufrechterhaltung die Provinzbörsen wünschten (BERNSTEIN, S. 101). Es bestand deshalb die Besorgnis, daß das Publikum in Unkenntnis der Verschiedenheit der Usancen verleitet werden könnte, bestimmte Börsen mit scheinbar günstigeren Kursen zu bevorzugen. Eine reichseinheitliche Regelung erschien angezeigt. Sie erfolgte zuerst in einer Bekanntmachung vom 28. 6. 1898, später in der Bekanntmachung betreffend die Feststellung des Börsenpreises von Wertpapieren vom 21. 11. 1912 (RGBl. I S. 73).

Nach den Grundsätzen dieser Rechtsverordnung wurden die Preise nach Prozenten des Nennwertes festgestellt. Für bestimmte Wertpapiere, insbesondere für Aktien von Versicherungsgesellschaften, Genußscheine, Kuxe usw. waren Ausnahmen zulässig. Bei Wertpapieren, die gleichzeitig auf die deutsche und auf eine ausländische Währung lauteten, wurde der Preisfeststellung die deutsche Währung zugrunde gelegt. Auch hier waren Ausnahmen vorgesehen. Für die Umrechnung von Werten, die in ausländischer oder in einer außer Wirksamkeit getretenen inländischen Währung ausgedrückt waren, sollten bestimmte Umrechnungssätze gelten.

In Auswirkung des § 8 Abs. 1 Satz 1 AktG 1965, der den Mindestnennbetrag je Aktie auf DM 50,— herabsetzte, wurden mit Wirkung vom 17. 10. 1966 einige Industrie- und Bankaktien von der Prozentnotiz auf die Stücknotiz umgestellt. Im Frühjahr 1967 wurde sodann die Verordnung über die Feststellung des Börsenpreises von Wertpapieren vom 17. 4. 1967 (BGBl. I S. 479) erlassen, nach der die Preise für Wertpapiere, in denen die Zahlung einer bestimmten Geldsumme versprochen wird (Obligationen, Wandelanleihen usw.), in Prozenten des Nennbetrages, die Preise für andere Wertpapiere dagegen in Deutscher Mark je Stück festgestellt werden. Im übrigen wird nur der Preis für die Stücke mit dem niedrigsten Nennbetrag notiert. Ausnahmen sind zulässig, wenn dadurch im Einzelfall eine für das Publikum übersichtlichere oder verständlichere Preisfeststellung erreicht wird und wenn die Vorstände der Börsen, an denen diese Wertpapiere zum amtlichen Handel zugelassen sind, hierüber Einvernehmen erzielen. In bestimmter Weise soll hierbei auch der Bundesminister für Wirtschaft eingeschaltet werden.

Die Stücknotiz, die an den meisten ausländischen Börsen die Regel ist, soll sowohl das Verständnis für das Wesen der Aktie fördern als auch die deutschen Notierungsformen internationalen Gepflogenheiten anpassen. Die Gleichbehandlung der Aktie und des festverzinslichen Wertpapieres in der Notierungspraxis lenke, so sagt man, von den wesentlichen Unterschieden beider Wertpapierformen ab. Insbesondere trete nicht in Erscheinung, daß sich die Aktienbewertung unmittelbar nach der Relation zwischen dem je Aktie erzielten oder ausgeschütteten Gewinn einerseits und dem Preis der Aktie andererseits ausrichtet. Ob die erwarteten Vorzüge in Wirklichkeit eintreten werden, bleibt abzuwarten.

Literatur

COING, u. KRONSTEIN: Die nennwertlose Aktie als Rechtsproblem, 1959. — BOESEBECK: Eine Lanze für die nennwertlose Aktie, Betrieb 1959, S. 309f. — WEINSTEIN: Nennwertlose Aktien, Wertpapier 1961, S. 48f. — JAHR, u. STÜTZEL: Aktien ohne Nennbetrag, 1963. — GRUSSENDORF: Die Wandlungen der nennwertlosen Aktie, Aktienges. 1963, S. 205f. — CLAUSSEN: Die Aktie ohne Nennbetrag ist die richtigere, Aktienges. 1963, S. 237f. — BEYER-FEHLING: Stücknotierung für Aktien, ZfgesKred. 1967, S. 486f.

KAPITEL 3

Die Zulassung von Wertpapieren zum Börsenhandel und die Prospekthaftung

I. Allgemeines zur Zulassung von Wertpapieren zum Börsenhandel

1. Als nach Gründung des Deutschen Reiches Emissionen auf den Markt gelangten, die von zweifelhaftem Wert waren, machte die Berliner Börse 1881 die Zulassung der Wertpapiere privater Aussteller zum Börsenhandel von gewissen Mindestanforderungen abhängig. Insbesondere wurde die Veröffentlichung eines Prospekts verlangt, der alle für die Beurteilung der Wertpapiere wesentlichen Tatsachen enthielt. Etwas später bestimmte die Berliner Börsenordnung, daß das Börsenkommissariat der Fondsbörse den Handel in einem bestimmten Effekt den vereideten Maklern nur dann gestatten dürfe, wenn in hinreichender Weise die für die Beurteilung des Effekts wichtigen Angaben von der einführenden Firma durch Aushang in der Börse und Insertion in Berliner Zeitungen bekanntgemacht worden seien. In der Praxis hatte sich dazu eine Anzahl leitender Gesichtspunkte herausgebildet, die auch für die anderen deutschen Börsen zum Vorbild wurden. Sie stellten jedoch kein bindendes Recht dar, sondern waren Erfahrungssätze, die im Einzelfall Abwandlungen unterlagen. Die Bonität des zuzulassenden Papiers prüfte das Börsenkommissariat nicht. Jedoch beanspruchte es das Recht, die Zulassung von Papieren auch dann zurückzuweisen, wenn ihre Unzuverlässigkeit offenbar erschien.

2. Auf der Grundlage der Praxis und der Erfahrungen der Berliner Börse hat das BörsG in seinem III. Abschnitt die Zulassung von Wertpapieren zum Börsenhandel geregelt. Hierbei betrifft die Regelung die Organisation der Zulassungsstelle, ihre Aufgaben und Pflichten, den Gang des Zulassungsverfahrens und bestimmte Sonderfälle, die vom normalen Gang des Verfahrens abweichen. Weitere Bestimmungen beziehen sich auf das Verbot der Einführung vor beendeter Zuteilung an die Zeichner, auf die Rechtslage des Börsenhandels in nicht zugelassenen Papieren und auf die börsenrechtliche Prospekthaftung. Soweit das BörsG das Verbot der Einführung vor beendeter Zuteilung an die Zeichner und die Prospekthaftung regelt, haben die Vorschriften ihre Bedeutung heute aus verschiedenen Gründen weitgehend eingebüßt. Dagegen sind die Bestimmungen über die Aufgaben der Zulassungsstelle und den Gang des Verfahrens von aktueller Bedeutung, besonders auch im Hinblick auf Bestrebungen, die Bekanntmachung betreffend die Zulassung von Wertpapieren zum Börsenhandel vom 4. 7. 1910, die das BörsG ergänzt, durch eine den heutigen Bedürfnissen entsprechende Verordnung zu ersetzen.

3. Wird ein Wertpapier zum Börsenhandel zugelassen, so wird damit seine Einführung in den offiziellen, d. h. in den sich unter Benutzung der Börseneinrichtungen vollziehenden Börsenhandel gestattet. Damit erwirbt der Antragsteller vor allem den Anspruch auf amtliche Kursfeststellung (vgl. § 43). Nicht zum Börsenhandel zugelassene Wertpapiere sind vom Handel in den Räumen der Börse nicht ausgeschlossen. Die Tatsache, daß ihr Kurs nicht amtlich festgestellt werden darf, ihre Vermittlung durch Kursmakler und die Veröffentlichung von offiziellen Preislisten sowie Kurszetteln untersagt ist, erschwert jedoch ihre Unterbringung und Veräußerung. Eine offizielle Zulassung von Wertpapieren zum Börsenhandel gibt es an den Börsen fast aller Länder. Dabei sind heute weitgehend Vereinheitlichungstendenzen erkennbar.

4. Die Befugnisse und Pflichten der Zulassungsstelle gehen aus dem BörsG und der Zulassungsbekanntmachung von 1910 hervor. Die Zulassungsstelle hat hiernach die Aufgabe, verschiedene Voraussetzungen formellen und materiellen Inhalts zu prüfen und bei ihrem Vorhandensein die Zulassung auszusprechen. Vor allem hat sie darauf zu sehen, daß die für die Wertbestimmung der einzuführenden Wertpapiere maßgebenden tatsächlichen und rechtlichen Verhältnisse des Unternehmens in einem Prospekt offengelegt werden. Er soll das Publikum in die Lage versetzen, sich über den Wert der Emission ein eigenes Urteil zu bilden (sog. Prospekttheorie). Eine materielle Prüfung der Wertbeschaffenheit der einzuführenden Papiere ist der Zulassungsstelle dagegen nicht übertragen. Sie würde das Zulassungsorgan überfordern.

Literatur
THORWART: Die Zulassung von Wertpapieren an den Börsen, Bank-Arch. I. Jhg. (1901), S. 9f. — LANG: Die Zulassung von Wertpapieren zum offiziellen Börsenhandel, Aarau 1934.

II. Die Zulassungsstelle und ihre Organisation

1. Das BörsG bestimmt, daß die Zulassung von Wertpapieren an jeder Börse durch eine Kommission (Zulassungsstelle) erfolgt, deren Mitglieder zur Hälfte aus Personen bestehen muß, die sich nicht berufsmäßig am Börsenhandel mit Wertpapieren beteiligen (§ 36 Abs. 1). In der Regel besteht die Zulassungsstelle zur Hälfte aus Vorstandsmitgliedern von Großbanken oder Privatbankiers, zur Hälfte aus Vorstandsmitgliedern bedeutender und für den Börsenort repräsentativer Industrieunternehmen. Durch diese Zusammensetzung wird ein Höchstmaß an Sachkunde und Erfahrung für die Aufgaben der Zulassungsstelle erreicht.

2. Regelmäßig wird die Zusammensetzung der Zulassungsstelle und die Zahl ihrer Mitglieder in den Börsenordnungen bestimmt, während nähere Einzelheiten über die Wahl des Vorsitzenden und der Stellvertreter, über die

Einladung zu den Sitzungen und weitere Formalien in den Geschäftsordnungen der Zulassungsstellen enthalten sind. Alle Vorschriften müssen sich im Rahmen der Bestimmungen des § 36 Abs. 1 und 2 halten, wobei wichtig ist, daß von der Beratung und Beschlußfassung über die Zulassung eines Wertpapiers diejenigen Mitglieder ausgeschlossen sind, die an der Einführung dieses Wertpapiers beteiligt sind. Von dieser zwingenden Vorschrift, deren Verletzung nur aufsichtsrechtlich beanstandet werden kann, ist eine Befreiung durch übereinstimmenden Beschluß der übrigen Mitglieder nicht möglich. „Beteiligt" sind die Antragsteller oder Konsortialbeteiligten, aber auch Vorstands- und Aufsichtsratsmitglieder der Unternehmen, deren Wertpapiere zugelassen werden sollen. § 36 Abs. 2 ist im übrigen Schutzgesetz im Sinne des § 823 Abs. 2 BGB.

3. In der Praxis werden die Zulassungsstellen auf ganz verschiedene Weise in Funktion gesetzt. An der Berliner Börse werden die Mitglieder von der Industrie- und Handelskammer auf drei Jahre gewählt. Dabei bedarf die Wahl des Vorsitzenden und seiner beiden Stellvertreter durch die Mitglieder der Bestätigung durch die Kammer. An der Börse in Bremen erfolgt die Zulassung von Wertpapieren durch die sog. Sachverständigen-Kommission, die vom Präsidium der Handelskammer gemeinsam mit dem Börsenvorstand gewählt wird. An der Düsseldorfer Börse wird die Zulassungsstelle auf drei Jahre vom Börsenvorstand gewählt. An der Hamburger Börse besteht die Zulassungsstelle zur Hälfte aus Mitgliedern, die vom Börsenvorstand gewählt werden und von der Handelskammer zu bestätigen sind, zur anderen Hälfte aus Mitgliedern, die von der Handelskammer gewählt werden. Während die Frankfurter Börsenordnung vorsieht, daß die Entscheidungen regelmäßig im schriftlichen Verfahren ergehen, verlangen die anderen Börsenordnungen die Abstimmung nach mündlicher Verhandlung, ein Verfahren, daß den Vorzug verdient.

III. Die Aufgaben der Zulassungsstelle

1. Die Zulassungsstelle hat die Aufgabe und Pflicht, die positiven und negativen Voraussetzungen zu prüfen, die das BörsG (§ 36 Abs. 3 Buchst. a bis c) oder Bestimmungen in Ergänzung des BörsG (s. § 44) für die Zulassung von Wertpapieren zum Börsenhandel aufgestellt haben. Danach erstreckt sich die Prüfung vor allem auf die Zulassungsfähigkeit der einzuführenden Wertpapiere, die in den gesetzlichen Vorschriften normiert ist, die Vollständigkeit des Prospekts und der zugehörigen Unterlagen, die materielle Unschädlichkeit der Zulassung, auf diese jedoch nur insoweit, als Hinderungsgründe aus § 36 Abs. 3 Buchst. c BörsG und § 14 Abs. 2 der Zulassungsbekanntmachung gegeben sein können (Schädigung erheblicher allgemeiner Interessen; offenbare Übervorteilung des Publikums; Bedenken örtlicher Natur oder wichtige wirtschaftliche Bedenken). Bemerkenswert

ist, daß die Hinderungsgründe des BörsG (Schädigung erheblicher allgemeiner Interessen; offenbare Übervorteilung des Publikums) in der Zulassungsbekanntmachung von 1910 eine nicht unwesentliche Verschärfung erfahren haben (wichtige wirtschaftliche Bedenken; Bekanntwerden von Umständen, die eine erhebliche Benachteiligung der Wertpapiererwerber oder eine Gefährdung erheblicher allgemeiner Interessen „befürchten" lassen).

2. Die Möglichkeiten, einen Zulassungsantrag abzulehnen, sind mit diesen Vorschriften so weit gefaßt, daß die Zulassungsstelle in jedem begründeten Fall in der Lage sein wird, bedenklichen Emissionen die Anerkennung zu verweigern. Aus anderen als den im materiellen Recht niedergelegten Gründen kann ein Zulassungsantrag nicht zurückgewiesen werden, insbesondere auch nicht nach pflichtgemäßem Ermessen. Die im BörsG und in der Zulassungsbekanntmachung genannten Voraussetzungen sind trotz ihrer weiten Fassung unbestimmte Rechtsbegriffe, die im Verwaltungsstreitverfahren nachgeprüft werden können. Liegen keine Hinderungsgründe vor, so besteht ein öffentlich-rechtlicher Anspruch auf die beantragte Zulassung. Dies folgt unter anderem auch aus § 6 Satz 2 in Verbindung mit § 5 Nr. 2.

Soweit den Landesregierungen der Erlaß ergänzender Vorschriften vorbehalten ist (§ 44 Abs. 3), können diese nur formelle Fragen betreffen. Materiellrechtlich sind die Zulassungsvoraussetzungen durch das BörsG und die Zulassungsbekanntmachung abschließend geregelt.

3. Betrachtet man die Aufgaben der Zulassungsstelle im einzelnen, so steht an erster Stelle die Prüfung der rechtlichen Statthaftigkeit der Zulassung. Sie bezieht sich nicht nur auf die Rechtstitel, aus denen die Berechtigung zur Ausgabe der Wertpapiere hervorgeht, und ähnliche Voraussetzungen, sondern auch auf die in den §§ 1—4 der Zulassungsbekanntmachung enthaltenen Mindestbeträge für die Zulassung, die für die Berliner Börse mit einem Gesamtnennwert von $1^1/_2$ Millionen DM, für die Börsen in Frankfurt a. Main und Hamburg mit 500 000 DM und für die übrigen Börsen mit 250 000 DM festgesetzt sind. Von diesen Mindestwerten können die Zulassungsstellen und die Landesregierungen unter bestimmten Voraussetzungen absehen (§ 1 Abs. 1 und 2 ZulBek.). Kuxe und Genußscheine dürfen zum Börsenhandel nur zugelassen werden, wenn mindestens 1000 zu handelnde Stücke vorhanden sind. Auch hier sind Ausnahmen durch die Börsenaufsichtsbehörde möglich. Anteile einer ausländischen Gesellschaft, die auf weniger als 1000 DM gestellt sind, dürfen nur mit Genehmigung der Landesregierung zugelassen werden.

Neben weiteren Voraussetzungen hängt die rechtliche Statthaftigkeit der Zulassung von der Zustimmung anderer deutscher Zulassungsstellen ab, bei denen die Entscheidung über die Zulassung in der Schwebe oder die Zulassung aus anderen als rein örtlichen Gründen abgelehnt worden ist

(§ 37). Schließlich gelten für Aktien umgegründeter Unternehmen erschwerte Bedingungen (s. § 41).

4. Von besonderer Wichtigkeit ist die Prüfung der Vollständigkeit des Prospekts. Hierzu gibt die Zulassungsbekanntmachung in den §§ 6—8 nähere Hinweise. Die dort über den Prospektinhalt gemachten Angaben sind notwendige Angaben, deren Fehlen die Zurückweisung des Antrags zur Folge haben muß. Die in den §§ 6—8 ZulBek. aufgestellten Erfordernisse sind nicht erschöpfend. Gemäß § 36 Abs. 3 Buchst. b BörsG kann die Zulassungsstelle nach ihrem pflichtgemäßen Ermessen weitere Angaben verlangen, soweit sie für die zweckmäßige Information des Publikums notwendig sind. In diesem Zusammenhang hat die Zulassungsstelle auch auf Deutlichkeit und Übersichtlichkeit der Angaben zu achten. Soweit der Prospekt freiwillig aufgenommene Angaben enthält, dürfen sie weder reklamehaft noch unnützlich sein. Andernfalls sind sie zu streichen (§ 13 Abs. 3 ZulBek.).

5. Einer besonderen Prüfung unterliegt auch die materielle Unschädlichkeit und die örtliche Unbedenklichkeit der Zulassung. Wie bereits ausgeführt, darf die Zulassungsstelle keine Emissionen zulassen, durch welche erhebliche allgemeine Interessen geschädigt werden oder welche offenbar zu einer Übervorteilung des Publikums führen. Zusätzlich verlangt § 14 Nr. 2 ZulBek., daß der Zulassung keine Bedenken örtlicher Natur oder wichtige wirtschaftliche Bedenken entgegenstehen dürfen. Auch dürfen der Zulassungsstelle keine Umstände bekannt geworden sein, die eine erhebliche Benachteiligung der Erwerber der Wertpapiere oder eine Gefährdung erheblicher allgemeiner Interessen befürchten lassen. Mit diesem Arsenal von Ablehnungsmöglichkeiten, die zwar vom Gesetz sehr vage ausgedrückt, jedoch rechtlich durchaus faßbar sind, ist der Zulassungsstelle eine im Allgemeininteresse liegende börsenpolitische Aufgabe übertragen, die erhebliche Aufmerksamkeit und eine große Kenntnis wirtschaftlicher und nationalökonomischer Zusammenhänge verlangt. Ihnen haben sich die Zulassungsstellen bisher stets gewachsen gezeigt.

Inwieweit durch die Börsenordnung weitere Rechte und Pflichten begründet werden können (vgl. § 44 Abs. 3), ist zweifelhaft. Materiell können solche Vorschriften das Wertpapierzulassungsrecht des BörsG und der Zulassungsbekanntmachung nicht abändern.

Literatur

DOVE: Die Funktionen der Zulassungsstelle, Bank-Arch. IV. Jhg. (1904), S. 177f.; Die neuen Bundesratsbestimmungen über die Zulassung von Wertpapieren zum Börsenhandel, Bank-Arch. IX. Jhg. (1909), S. 321f. — JAKOBS: Die Zulassung von Wertpapieren zum Börsenhandel, 1914. — PHILIPP: Die Zulassung von Wertpapieren und der Zulassungsprospekt, 1924. — SIEMON: Gedanken zu einem Emissionsprospekt, Wertpapier 1958, S. 346f. — GERICKE: Die Börsenzulassung von Wertpapieren, 1961.

IV. Der Gang des Zulassungsverfahrens
A. Der allgemeine Gang

1. Regelmäßig wird die Zulassungsstelle nur auf Antrag einer an der Börse vertretenen öffentlichen oder privaten Bank oder eines Bankenkonsortiums tätig, die den Zulassungsantrag schriftlich zu stellen haben (§ 5 Abs. 1 und 2 ZulBek.). In bestimmten Fällen kann auf Anordnung der Landesregierung oder in Einzelfällen durch Beschluß der Zulassungsstelle anders verfahren werden (§ 5 Abs. 4 ZulBek.). Industrielle Unternehmen können somit ihre eigenen Aktien nicht an der Börse einführen. Sie bedürfen stets eines „Emissionshauses".

Der Antrag muß bestimmte, in § 5 Abs. 2 ZulBek. näher bezeichnete Angaben enthalten; dem Antrag müssen die wesentlichen Anlagen beigefügt sein (§ 5 Abs. 2 und 3, § 9 ZulBek.). Zu diesen Anlagen gehört vor allem der Prospekt, der von denjenigen, die ihn erlassen, unterschrieben sein und die für die Beurteilung des Wertpapiers wesentlichen Angaben enthalten muß (§§ 6—8 ZulBek.). Zu denjenigen, die den Prospekt erlassen, muß der Antragsteller gehören (§ 5 Abs. 3 ZulBek.). Hierdurch wird das Emissionshaus gezwungen, sich der Prospekthaftung nach § 45f. zu unterwerfen und bei der Prüfung der Prospektunterlagen die erforderliche Sorgfalt anzuwenden, um Schadensersatzansprüche zu vermeiden.

2. Der Zulassungsantrag ist von der Zulassungsstelle auf Kosten des Antragstellers zu veröffentlichen (§ 12 ZulBek.). Hierdurch soll das Publikum auf die beabsichtigte Emission aufmerksam gemacht und der Presse Gelegenheit gegeben werden, vom Standpunkt der Allgemeinheit zu ihr Stellung zu nehmen. Die Veröffentlichung erfolgt in mindestens einer inländischen Zeitung und durch Hinweis im Bundesanzeiger und in der Börse.

3. Nach Prüfung der Vollständigkeit und Deutlichkeit des Prospekts, bei der der Antragsteller zur Beseitigung von Mängeln aufgefordert werden kann, erfolgt die Beschlußfassung über die Zulassung durch die Zulassungsstelle als Kollegium. Regelmäßig hält in der betreffenden Sitzung ein Mitglied der Zulassungsstelle Vortrag über die von ihm vorgenommene Prüfung und empfiehlt die Annahme oder Zurückweisung des Antrags, die Annahme unter Umständen auch unter der Bedingung einer Abänderung des eingereichten Prospekts oder unter dem Vorbehalt der Erteilung der nach § 37 erforderlichen Zustimmung einer anderen mit dem gleichen Antrag befaßten Zulassungsstelle. Lehnt die Zulassungsstelle den Antrag ab, so ist gleichzeitig den Vorständen sämtlicher deutscher Wertpapierbörsen hiervon Kenntnis zu geben.

4. Die Veröffentlichung des Prospekts ist nicht mehr Voraussetzung der Zulassung, wie es ursprünglich das BörsG vorsah, sondern nur der Einführung. Eine vorzeitige Veröffentlichung ist zwar nicht verboten, jedoch

wegen der fehlenden Prüfung bedenklich und unüblich. Im übrigen gilt die Prospekthaftung der §§ 45 f. nur für einen Prospekt, auf Grund dessen die Zulassung erfolgt ist. Sind die Wertpapiere bereits an einer anderen deutschen Börse eingeführt, so kann die Landesregierung von der Verpflichtung zur Veröffentlichung des Prospekts befreien (§ 38 Abs. 2 Satz 3) oder auch eine auszugsweise Veröffentlichung gestatten.

5. Ist die Zulassung ausgesprochen, so folgt die Einführung an der Börse, d. h. der Beginn des offiziellen Börsenhandels unter Benutzung der Börseneinrichtungen. Hierbei hat insbesondere der Börsenvorstand, unter Umständen auch die Maklerkammer, Hilfe zu leisten, indem das Papier einem bestimmten Kursmakler zugeteilt und die Aufnahme in den amtlichen Kurszettel angeordnet wird. Die Einführung darf frühestens am siebenten Kalendertag nach Veröffentlichung des Zulassungsantrages (§ 38 Abs. 1 Satz 2), am dritten Werktag nach Erlaß des Zulassungsbeschlusses und ebenfalls am dritten Werktag nach dem Tage, an dem der Prospekt zuerst veröffentlicht worden ist, erfolgen (§ 17 ZulBek.). Vor der Einführung ist die Zulassungsgebühr an den Träger der Börse zu zahlen.

6. Lehnt die Zulassungsstelle den Antrag ab, so hat sie ihre Entscheidung entgegen § 36 Abs. 4 Satz 1, wonach die Ablehnung ohne Angabe von Gründen erfolgen darf, in einer Form bekanntzugeben, die dem Antragsteller die Anfechtung der Entscheidung im Verwaltungsstreitverfahren ermöglicht. Da der Antragsteller einen Rechtsanspruch auf eine positive Entscheidung hat, wenn die normativen Voraussetzungen gegeben sind, zwingt der Grundsatz der Offenlegung des Prüfungsergebnisses die Zulassungsstelle dazu, ihre ablehnende Entscheidung zu begründen (vgl. BVerwG in NJW 1957 S. 1248).

Das vom BörsG als möglich betrachtete Beschwerderecht (§ 36 Abs. 4 Satz 2) ist durch die Verwaltungsgerichtsordnung vom 21. 1. 1960 abgewandelt worden. Die Entscheidungen der Zulassungsstelle sind Verwaltungsakte einer „Behörde". Gegen solche Verwaltungsakte richtet sich der Widerspruch im Vorverfahren vor Anrufung des Verwaltungsgerichts nach § 68 f. VwGO, der Widerspruchsbescheid selbst nach § 73 VwGO. Da die Zulassungsstelle eine Stelle mit Selbstverwaltungscharakter und in ihren Entscheidungen vom Börsenvorstand unabhängig ist, wird der Widerspruchsbescheid von ihr zu erlassen sein (§ 73 Abs. 1 Nr. 3 VwGO).

7. Soweit zugelassene Papiere vom Börsenhandel wieder ausgeschlossen werden sollen (§ 36 Abs. 4 Satz 3), kann dies nur geschehen, wenn nachträglich Tatsachen bekannt werden, die die Zulassungsstelle von vornherein zur Ablehnung der Zulassung berechtigt haben würden, oder wenn der Antragsteller übernommene Verpflichtungen nicht erfüllt. Die Zulassungsstelle hat in diesem Fall die Befugnis, den Ausschluß zu beschließen, ist aber hierzu nicht verpflichtet.

Der Ausschließung eines Papiers durch die Zulassungsstelle ist die Streichung eines zugelassenen Papiers aus dem Kurszettel durch den Börsenvorstand nicht gleichzusetzen. Zu einer solchen Maßnahme ist der Börsenvorstand jederzeit befugt, wenn lange Zeit kein Geschäftsabschluß in einem bestimmten Papier stattgefunden hat. Sind Geschäftsabschlüsse wieder möglich, so kann der Börsenvorstand die Wiederaufnahme des aus dem Kurszettel entfernten Papiers ohne Mitwirkung der Zulassungsstelle vornehmen.

Literatur
SIEMON: Gedanken zu einem Emissionsprospekt, Wertpapier 1958, S. 346f; Börsenprospekt und Prospekthaftung, Wertpapier 1962, S. 781f. — THIEL: Die Aktienemission als handelsrechtliches, kapitalverkehrssteuerliches und körperschaftssteuerliches Problem, Aktienges. 1966, S. 388f.

B. Besondere Fälle der Zulassung: Konvertierungen und Kapitalerhöhungen; neue Emission durch denselben Aussteller; ausländische Staatsanleihen und öffentlich garantierte Schuldverschreibungen

1. Die Fälle der Veränderung des rechtlichen Inhalts zugelassener Wertpapiere oder der Neuemission von Wertpapieren einer bereits zugelassenen Gattung behandelt das BörsG in unklarer Weise. Im Zusammenhang mit Ausführungen über die Veröffentlichung des Zulassungsantrages und die Prospektveröffentlichung spricht es davon, daß „das gleiche" für Konvertierungen und Kapitalerhöhungen gelte. Umfang und Inhalt der gleichen „Geltung", aber auch der Begriff der Konvertierung haben dabei zu erheblichen Meinungsverschiedenheiten geführt. Nach richtiger Ansicht wird man zunächst annehmen müssen, daß in den in Rede stehenden Fällen eine selbständige Entscheidung der Zulassungsstelle, die den in § 36 Abs. 3 Buchst. c BörsG. und in § 14 ZulBek. enthaltenen Gesichtspunkten Rechnung trägt, ergehen muß. Soweit der Begriff der Konvertierung zu umgrenzen ist, fallen hierunter nicht nur Veränderungen des Wertpapiers, ohne das Kapital zu berühren, sondern alle Veränderungen, die den inneren Wert der einzelnen Stücke betreffen, insbesondere auch Kapitalherabsetzungen. Nicht als Konvertierung galt übrigens nach § 1 Abs. 1 Satz 1 des Gesetzes über die Börsenzulassung umgestellter Wertpapiere vom 27. 12. 1951 sowohl die Neufestsetzung des Nennbetrages von Aktien in Deutscher Mark als auch die Umstellung des Nennbetrages von Schuldverschreibungen auf Deutsche Mark. Die sich dabei im einzelnen ergebenden Schwierigkeiten haben die Wertpapierbörsen des Bundesgebietes in den Richtlinien vom 1. 10. 1951 über Zulassung, Lieferbarkeit und Handel von Aktien sowie von Anteilen an Kolonialgesellschaften, die auf Grund des D-Mark-Bilanzgesetzes in Deutscher Mark neu festgesetzt worden sind, gelöst (vgl. MEYER/BREMER, S. 211f.).

2. Nach § 11 Satz 2 ZulBek. kann die Zulassungsstelle gestatten, daß bei der Einführung von Schuldverschreibungen, die bereits an der Börse zugelassen waren und bei denen lediglich eine Veränderung des Zinsfußes stattgefunden hat, im Prospekt nur die seit der ersten Zulassung der Anleihe eingetretenen Änderungen angegeben werden. Nach § 1 Abs. 2 Nr. 2 ZulBek. kann die Zulassungsstelle bei Anteilen einer Gesellschaft, deren Kapital herabgesetzt worden ist, von dem gesetzlich erforderten Mindestgesamtnennwert absehen, wenn die Anteile vor der Herabsetzung an der Börse zum Handel zugelassen waren.

Literatur
BERMANN: Die Neuregelung des Börsenzulassungsverfahrens bei der Einziehung von Aktien, Bank-Arch. XXXI. Jhg. (1931), S. 293f. — NEUFELD: Aktieneinziehung und Börsenzulassung, JW 1932, S. 1617f. — KNAPP: Bemerkungen zu dem Entwurf eines Gesetzes über die Börsenzulassung umgestellter Wertpapiere, Wertpapier-Mitt. Teil IV B 1951, S. 609f.

V. Zulassungen ohne Mitwirkung der Zulassungsstelle

1. Deutsche Bundes- und Landesanleihen sind an jeder Börse zum Börsenhandel zugelassen. Das gleiche gilt für deutsche Bundesanleihen auch dann, wenn sie als Buchschulden des Bundes in das Bundesschuldbuch eingetragen sind. Um sie an der Börse einzuführen, teilt der Bundesfinanzminister oder die oberste Landesbehörde die Merkmale der einzuführenden Anleihe dem Börsenvorstand mit. Die Veröffentlichung eines Prospekts ist in diesen Fällen nicht erforderlich (§ 39). Für sie gilt auch nicht die Vorschrift über den für die Zulassung erforderlichen Mindestbetrag der für den Handel bestimmten Stücke.

2. Eine Zulassung kraft Anordnung der Landesregierung gibt es bei Schuldverschreibungen, deren Verzinsung oder Rückzahlung von dem Bund oder einem Land der Bundesrepublik Deutschland gewährleistet ist, und für Schuldverschreibungen einer kommunalen Körperschaft, der Kreditanstalt einer solchen Körperschaft, einer kommunalständischen Kreditanstalt oder einer unter staatlicher Aufsicht stehenden Pfandbriefanstalt. Hier genügt es, daß die Landesregierung bestimmt, daß es der Einreichung eines Prospekts nicht bedarf. Mit dieser Anordnung gilt die Zulassung als erfolgt (§ 40). Die Anordnung setzt einen Antrag der Schuldnerin oder der mit der Einführung betrauten Bank voraus. Ob die Landesregierung die Zulassungsstelle gutachtlich hört, steht in ihrem Ermessen.

Bei der Einführung der in den §§ 39, 40 begünstigten Papiere an der Börse muß der Börsenvorstand, gegebenenfalls die Maklerkammer, im Rahmen der ihm übertragenen Funktionen mitwirken. Eine Einführungsgebühr darf jedoch nicht erhoben werden.

VI. Bestimmte Fälle erschwerter Zulassung

1. Nach § 41 Abs. 1 darf die Zulassung von Aktien eines zur Aktiengesellschaft oder zur Kommanditgesellschaft auf Aktien umgewandelten Unternehmens zum Börsenhandel vor Ablauf eines Jahres nach Eintragung der Gesellschaft in das Handelsregister und vor der Veröffentlichung der ersten Jahresbilanz nebst Gewinn- und Verlustrechnung nicht erfolgen. Von diesem Verbot kann die Landesregierung in besonderen Fällen ganz oder teilweise Ausnahmen zulassen. Die hier vorgeschriebene Innehaltung eines Sperrjahres für die Zulassung bestimmter Aktien zum Börsenhandel soll verhindern, daß derartige Aktien in den Börsenverkehr gelangen, bevor eine Beurteilung der Aussichten der Gesellschaft möglich ist. Zweckmäßig ist die Vorschrift kaum, da die „unausgereiften" Aktien jederzeit im Freiverkehr gehandelt werden können, wenn sie der Freiverkehrsausschuß zuläßt, und die Zulassung von Aktien umgegründeter Unternehmen nicht stärker erschwert werden sollte als diejenige von Aktien neuer Unternehmen. Die Vorschrift gilt auch für sog. Nachgründungen, sofern der Betrieb des bisherigen Privatunternehmens den wesentlichen Gegenstand des Aktienunternehmens bilden soll.

2. Sollen Anteilscheine oder staatlich nicht garantierte Obligationen ausländischer Erwerbsgesellschaften zugelassen werden, so müssen sich die Emittenten auf die Dauer von fünf Jahren verpflichten, die Bilanz sowie die Gewinn- und Verlustrechnung jährlich nach ihrer Feststellung in einer oder mehreren von der Zulassungsstelle zu bestimmenden deutschen Zeitungen zu veröffentlichen (§ 41 Abs. 2). Ausländische Erwerbsgesellschaften sind Gesellschaften, die ihren Sitz außerhalb der Bundesrepublik Deutschland, einschließlich Berlin (West), haben. Ohne Bedeutung ist, wo das Unternehmen betrieben wird und wo die Wertpapiere ausgestellt sind. Auch inländische Zweigniederlassungen wandeln die Ausländereigenschaft nicht. Die hier vom BörsG getroffenen Erschwerungen finden im Börsenrecht des Auslandes Parallelen, die teilweise erheblich weiter gehen. Über die vom BörsG gesetzten Erschwerungen darf die Zulassungsstelle nicht hinausgehen.

Literatur
RIESENFELD: Der Begriff der „Ersten Jahresbilanz" im Sinne des § 39 Abs. 1 des Reichsbörsengesetzes, GRUCHOTS Beitr., 6. Folge, 2. Bd. (1898), S. 828 f. — HACHENBURG: Die Umwandlung eines Unternehmens in eine Aktiengesellschaft im Sinne des § 39 des Börsengesetzes, Holdheims MSchr. 5. Jhg. (1896), S. 317 f.

3. Erfolgt eine neue Emission und sind bereits Wertpapiere desselben Ausstellers an der Börse zugelassen, so kann die Zulassungsstelle gestatten, daß in dem Prospekt über die neu einzuführenden Wertpapiere auf den früher veröffentlichten Prospekt verwiesen wird (§ 11 Satz 1 ZulBek.). In

der Praxis wird dies nur dann geschehen, wenn der in bezug genommene Prospekt nicht älter als ein Jahr ist.

4. Bei ausländischen Staatsanleihen und öffentlich garantierten Schuldverschreibungen können Ausnahmen von den sonst in § 7 Buchst. A Nr. 1 bis 3 ZulBek. verlangten Angaben gemacht werden, wenn die Finanzverhältnisse des Staates so klar liegen und so allgemein bekannt sind, daß es einer weiteren Information des Publikums nicht bedarf. Weitere ähnliche Fälle enthält § 10 ZulBek.

5. Die gültigen Rechtsvorschriften über die Zulassung von Wertpapieren zum Börsenhandel sind den heutigen rechtlichen und wirtschaftlichen Verhältnissen nicht mehr angemessen. Die Bundesregierung hat daher schon 1959 eine neue Wertpapier-Zulassungsverordnung ausgearbeitet, die eine klarere Aufgliederung der Zulassungsvoraussetzungen und eine Verstärkung der Publizität im Börsenwesen vorsah. Die Verordnung scheiterte jedoch im Bundesrat, weil sie gegenüber der bisherigen Regelung in ihren Publizitätsvorschriften nicht die Grundsätze des Regionalprinzips und die Möglichkeit für die Emittenten enthielt, für ihre Bekanntmachungen innerhalb des Kreises der Pflichtblätter nach eigener Wahl zu wechseln. 1967 ist der Entwurf einer Überarbeitung unterzogen worden und hat nunmehr Aussicht, die Zulassungsbekanntmachung von 1910 abzulösen.

In Zusammenarbeit mit den Banken haben die Zulassungsstellen der deutschen Wertpapierbörsen 1966 eine „Arbeitsunterlage" für die Tätigkeit der Zulassungsstellen beschlossen, die den Mitgliedern dieser Stellen und den Sachbearbeitern der Konsortialbanken und Emissionsinstitute Anhaltspunkte für die Vorbereitung und Durchführung des Zulassungsverfahrens gibt. Hierbei wurde die derzeitige Übung zugrunde gelegt. Die Unterlage soll besonders die Ausarbeitung und Prüfung des Prospekts erleichtern. Einige Punkte beziehen sich auf das neue Aktienrecht und verweisen auf die in den Prospekt zu übernehmenden aktiengesellschaftsrechtlichen Einzelheiten (Sondervorteile zugunsten einzelner Aktionäre, § 26 AktG; Konzernabschluß, §§ 18, 329 AktG; Haftungsverhältnisse, die aus der Bilanz nicht ersichtlich sind, § 160 Abs. 3 Nr. 7 AktG.).

Literatur

Neue Börsenzulassungsverordnung im Februar rechtskräftig, Börsen-Ztg. vom 30. 12. 1959. — GERICKE: Die Börsenzulassung von Wertpapieren, 1961. — SCHADE, u. DEGNER: Börsenzulassungsverordnung und Regionalprinzip, Industriekurier vom 23. 2. 1961.

VII. Die Haftung der Zulassungsstelle aus ihrer amtlichen Tätigkeit

1. Da die Zulassungsstelle bei der Zulassung von Wertpapieren öffentlich-rechtlich tätig wird, sind ihre Mitglieder im haftungsrechtlichen Sinn

wie Beamte zu behandeln. Treffen sie fehlerhafte Entscheidungen, so beurteilt sich ihre Haftung nach § 839 BGB, Art. 34 GG.

Ansprüche auf Schadensersatz setzen voraus, daß die Amtspflicht nicht nur im allgemeinen öffentlichen Interesse, sondern gegenüber dem Erwerber des Wertpapiers bestand, der durch den Erwerb geschädigt worden ist (BGH in BGHZ Bd. 26 S. 234; BGH in NJW 1959 S. 574 und 1316). Eine solche Pflicht ist in allen Fällen gegeben, in denen beispielsweise Umstände bekannt sind, die eine erhebliche Benachteiligung der Erwerber der Wertpapiere befürchten lassen (§ 14 Nr. 2 ZulBek.), und die Zulassungsstelle diese Umstände schuldhaft nicht berücksichtigt hat. Das gleiche gilt von der Verletzung von Vorschriften, die im Sicherheitsinteresse des Erwerbers erlassen worden sind. Dagegen kann von der Verletzung einer Amtspflicht gegenüber dem Erwerber nicht gesprochen werden, wenn die Zulassungsstelle bei ihrer Entscheidung nur gegen Interessen der Allgemeinheit verstößt. Ob unter diesen Umständen Fälle von Amtspflichtverletzungen bedeutsam werden können, ist von Fall zu Fall zu entscheiden.

2. Soweit die Zulassungsstelle gegenüber einem Wertpapiererwerber eine schuldhafte und für den Schaden kausale Amtspflichtverletzung begeht, trifft die Verantwortlichkeit grundsätzlich das Land, in dessen Gebiet die Zulassungsstelle tätig wurde. Dies gilt auch für Börsen, bei denen die zuständige Industrie- und Handelskammer hinsichtlich der Auswahl der Mitglieder der Zulassungsstelle beteiligt worden ist.

Literatur
ELLE: Über die Verantwortlichkeit der Zulassungsstelle einer deutschen Börse gegenüber dem Publikum, ZHR 128 Bd. (1966), S. 273 f.

VIII. Der Handel per Erscheinen

1. Für Wertpapiere, die zur öffentlichen Zeichnung aufgelegt werden, darf vor beendeter Zuteilung an die Zeichner keine amtliche Feststellung des Preises erfolgen. Auch sind vor diesem Zeitpunkt Geschäfte von der Benutzung der Börseneinrichtungen ausgeschlossen (§ 42). Dieses Verbot der Einführung vor beendeter Zuteilung an die Zeichner ist heute weitgehend gegenstandslos, da eine öffentliche Zeichnung zu den Ausnahmen zählt. Emissionen werden fast ausschließlich zunächst von einer Bank oder einem Bankenkonsortium übernommen und dann weitergegeben. Beispiele für einen Handel per Erscheinen finden sich daher kaum.

2. In einem weiteren Sinn versteht man unter „Handel per Erscheinen" Geschäfte in Wertpapieren, die zwar schon gezeichnet sind, deren Auslieferung in effektiven Stücken jedoch noch nicht erfolgte. Als üblichste Form der Erfüllung von Geschäften in Wertpapieren, die noch nicht ausgedruckt worden sind, ist der Jungscheingiroverkehr anzusehen. Hierbei

stellt das emittierende Unternehmen eine Urkunde (Jungschein) aus, wonach sie sich verpflichtet, die Wertpapiere nach Erscheinen der Wertpapiersammelbank (Kassenverein) abzuliefern. Zum Teil wird diese Erklärung auch vom Emissionshaus namens und im Auftrag der Emittentin abgegeben. Der Jungschein stellt die Grundlage für die Eröffnung eines Kontos (Jungscheinkonto) bei dem Kassenverein dar, der seinen einzelnen Kontoinhabern nach Maßgabe der bezogenen Werte Gutschriften erteilt. Buchungstechnisch verläuft die Handhabung wie bei der Übertragung eines Girosammeldepotanteils. Die Kontoinhaber beim Kassenverein erteilen ihren Kunden Jungscheingirogutschriften. Die Übertragung erfolgt dann durch entsprechende Umbuchung. Rechtlich ist der Jungschein jedoch kein Wertpapier, sondern ein abstraktes Schuldversprechen im Sinne des § 780 BGB.

3. Als Übergangsform zum echten Sammelbestand hat sich in letzter Zeit die „Globalurkunde" eingebürgert. Sie ist ein Wertpapier. Die Gutschriftenempfänger des Kassenvereins erhalten damit nicht nur einen schuldrechtlichen Anspruch, sondern einen Miteigentumsanteil an der Globalurkunde. Ob Globalurkunden einen Girosammelbestand bilden können und deshalb die Regeln des Depotgesetzes Anwendung finden, ist bestritten, nach richtiger Ansicht aber zu verneinen.

4. Gegen die Zulassung von Anteilen an einer Globalurkunde zum amtlichen Börsenhandel haben die Börsenaufsichtsbehörden im Jahre 1964 keine Bedenken geäußert, wenn folgende Voraussetzungen erfüllt sind:

a) Bei einer Wertpapiersammelbank müssen im Zeitpunkt der Zulassung Globalurkunden hinterlegt sein, die die Rechte aus den einzelnen Wertpapierstücken, welche die Globalurkunden repräsentieren, in Übereinstimmung mit dem Zulassungsprospekt einzeln bezeichnen und verbriefen.

b) Im gleichen Zeitpunkt muß die Emittentin den Auftrag an die Wertpapierdruckerei erteilt haben und nachweisen, daß die Wertpapierstücke umgehend hergestellt und ausgeliefert werden.

c) Im Zulassungs- und Verkaufsprospekt hat sich die Emittentin zu verpflichten, die Globalurkunden unverzüglich gegen Wertpapier-Einzelstücke auszutauschen. Im Zulassungsbeschluß setzt die Zulassungsstelle der Emittentin eine Austauschfrist von drei Monaten. Die Zulassungsstelle kann diese Zeit ausnahmsweise im benötigten Ausmaß verlängern, wenn die Emittentin nachweist, daß sie die verspätete Auslieferung der Wertpapier-Einzelstücke nicht zu vertreten hat.

d) Jede weitere zeitliche oder sachliche Auflockerung des Handels mit Anteilen in Globalurkunden hat zu unterbleiben.

Literatur

JAKOBSON: Der Handel per Erscheinen, Bank-Arch. I. Jhg. (1901), S. 163f. — OPITZ: Wertrechte und Wertpapiere, Bank-Arch. 1941, S. 36f. — STÜDEMANN: Die Globalaktie, 1960. — KESSLER: Vom Jungschein zur Globalurkunde, Zfges-

Kred. 1964, S. 830f. — HAMMER: Girosammelverwahrung aus der Sicht der Daueremittenten, ZfgesKred. 1965, S. 1028f. — PHILIPP: Rechtsfragen zur Ersetzung des Jungscheins durch eine Globalurkunde, Wertpapier-Mitt. Teil IV 1965, S. 214f. — POHLMANN: Rationalisierung des Wertpapierumlaufs durch Förderung der Girosammelverwahrung, Börsen-Ztg. vom 17. 3. 1965. — BRUNS: Entwicklungsprobleme des Effektenwesens, 1966.

IX. Die Rechtslage des Börsenhandels in nicht zugelassenen Wertpapieren

1. Nach dem BörsG darf für Wertpapiere, deren Zulassung zum Börsenhandel von der Zulassungsstelle abgelehnt oder nicht nachgesucht worden ist, kein amtlicher Kurs festgestellt werden. Geschäfte in derartigen Papieren sind von der Benutzung der Börseneinrichtungen und der Vermittlung durch die Kursmakler ausgeschlossen. Auch dürfen für solche Geschäfte, die an der Börse abgeschlossen werden, keine Kurszettel veröffentlicht oder in mechanisch hergestellter Vervielfältigung verbreitet werden, soweit nicht die Börsenordnung für besondere Fälle Ausnahmen gestattet (§ 43). Das BörsG verbietet damit nicht Geschäfte in nicht zugelassenen Papieren, will sie aber erschweren und vom amtlichen Verkehr trennen. Auch Institutionen der Börse wie die Börsenschiedsgerichte und die Sachverständigenkommissionen können daher in diesen Fällen nicht tätig werden.

2. Trotz der Absichten des Gesetzgebers besteht jedoch ein nennenswerter Handel in nicht zugelassenen Papieren an allen deutschen Börsen, ähnlich der Rechtslage an manchen außerdeutschen Börsen. Man unterscheidet dabei den „geregelten Freiverkehr" und den sog. „Telefonverkehr". Der geregelte Freiverkehr wickelt sich im allgemeinen in einer Ecke des Börsensaales ab. Er untersteht keiner amtlichen Aufsicht, sondern richtet sich nach den Usancen der Ständigen Kommission für Angelegenheiten des Handels in amtlich nicht notierten Werten beim Bundesverband des deutschen Bankgewerbes, die 1912 ins Leben gerufen wurde. Die Einbeziehung eines Wertpapiers in den geregelten Freiverkehr geschieht in einem Verfahren, das dem amtlichen Zulassungsverfahren nachgebildet ist. In der Regel beantragt eine an der betreffenden Börse zugelassene Bank bei dem örtlichen „Freiverkehrsausschuß", das Wertpapier in den Freiverkehr einzubeziehen. Einige Freiverkehrsausschüsse haben sich allerdings vorbehalten, in Ausnahmefällen ein Wertpapier auch ohne Antrag in den Freiverkehr einzubeziehen. Wird ein Antrag gestellt, so ist eine Darlegung einzureichen, die prospektähnliche Angaben enthält. Wird kein Widerspruch erhoben und steht eine ausreichende Menge von Wertpapieren zum Handel zur Verfügung, so gibt der Ausschuß dem Antrag statt.

Der Freiverkehr ist ein Vorhof zum amtlichen Handel. Er macht dem Publikum Aktien bekannt, bevor sie zur amtlichen Notiz zugelassen werden.

Häufig werden hier auch Aktien gehandelt, in denen sich geringe Umsätze vollziehen. Ferner werden Kassenobligationen umgesetzt, die wegen ihrer Lombardfähigkeit einer Kursnotiz bedürfen, und Anteile an Kapitalgesellschaften, für die es noch keine Stücke gibt und die auch noch nicht durch eine Sammelurkunde gegenüber einer Treuhandstelle verbrieft worden sind (Jungscheinverkehr). Schließlich finden sich im geregelten Freiverkehr deutsche Auslandsbonds, öffentliche und private Anleihen sowie ausländische Aktien.

Die Kurse im geregelten Freiverkehr sind Spannungskurse (Geld- und Briefkurse). Sie werden regelmäßig in einem Beiblatt zum amtlichen Kursblatt und in den Tageszeitungen veröffentlicht.

Der Telefonverkehr (ungeregelter Freiverkehr) vollzieht sich außerhalb der Börseneinrichtungen mittels Telefon oder Fernschreiber von Bank zu Bank. Er bezieht sich auf alle Wertpapiere, unabhängig davon, ob sie zum amtlichen Handel oder zum geregelten Freiverkehr oder überhaupt nicht zugelassen worden sind. Gegenstand dieser Geschäfte sind jedoch in erster Linie ausländische Werte und solche inländischen Papiere, für die ein regelmäßiger Umsatz nicht in Frage kommt, vor allem aber auch sog. Ostwerte und Investment-Zertifikate.

Obwohl der geregelte Freiverkehr keinen amtlichen Charakter hat, kommt den hier notierten Kursen doch steuerlich besondere Bedeutung zu (vgl. BFH in BStBl. 1965 III S. 574).

3. Wenn das BörsG (§ 43 Satz 2) abweichende Bestimmungen in bezug auf das Verbot der amtlichen Notiz in nicht zugelassenen Papieren in der Börsenordnung für möglich hält, so kann dies nur für bestimmte besondere Fälle angeordnet werden, beispielsweise für Fälle, in denen eine Zulassung zum amtlichen Handel nicht erfolgen kann, weil der erforderliche Mindestbetrag des Kapitals nicht erreicht wird. Die gültigen Börsenordnungen sehen eine solche Ausnahme, die sich auch grundsätzlich nicht empfiehlt, in keinem Fall vor.

Literatur

BERNSTEIN: Vom Recht der amtlich nicht notierten Werte, in: Festgabe für RIESSER, 1913, S. 378f. — SCHELLER: Der Handel mit amtlich nicht notierten Werten, 1924. — ZIGANKE: Geregelter Freiverkehr und Telefonverkehr, Wertpapier-Mitt. Teil IV 1954, S. 235f.; Geregelter Freiverkehr, Wertpapier, 12. Jhg. (1964), S. 860f.

X. Die Prospekthaftung

1. Das BörsG sieht für die Angaben im Prospekt eine privatrechtliche Haftung vor, die in bestimmter Weise ausgestaltet ist. Die Haftung tritt ein, wenn ein Prospekt, auf Grund dessen Wertpapiere zum Börsenhandel zugelassen sind, unrichtige Angaben enthält, die für die Beurteilung des Wertes erheblich sind. In diesem Fall haften diejenigen, die den Prospekt erlas-

sen haben und diejenigen, von denen der Erlaß des Prospekts ausgeht, jedem Besitzer eines solchen Wertpapiers für den Schaden, der diesem aus der Unrichtigkeit der Angaben erwächst. Die Haftung besteht jedoch nur dann, wenn die Ersatzpflichtigen die Unrichtigkeit gekannt haben oder ohne grobes Verschulden hätten erkennen müssen. Eine gleiche Haftung besteht, wenn der Prospekt infolge der Fortlassung wesentlicher Tatsachen unvollständig ist, und diese Unvollständigkeit auf böslichem Verschweigen oder böslicher Unterlassung einer ausreichenden Prüfung durch die Ersatzpflichtigen beruht (§ 45 Abs. 1). Die Ersatzpflichtigen haften als Gesamtschuldner. Ihre Ersatzpflicht wird nicht dadurch ausgeschlossen, daß der Prospekt die Angaben als von einem Dritten herrührend bezeichnet (§ 45 Abs. 2).

Zu den hiernach Verpflichteten gehören regelmäßig die Emissionshäuser (Emissionsbanken), die den Prospekt gemeinsam mit der Emittentin abfassen, während ihn in der Regel die Emittentin nach Zulassung veröffentlicht (vgl. § 5 Abs. 3 ZulBek.). Andere Verpflichtete, von denen der Erlaß „ausgeht", sind kaum denkbar. Auch dürfte es heute völlig unüblich sein, daß eine Aktiengesellschaft Prospekte über ihre eigenen Aktien herausgibt. Das früher viel beachtete Problem des Verhältnisses zwischen Prospekthaftung und Rückzahlungsverbot im Aktienrecht (§ 57 Abs. 1 AktG, vgl. hierzu ERMAN, S. 328 f.) ist dadurch weitgehend gegenstandslos geworden, im übrigen wohl dahin zu lösen, daß ein Einbruch in das Rückzahlungsverbot auch nicht aus § 45 BörsG gerechtfertigt sein kann.

2. Die Ersatzpflicht erstreckt sich nur auf diejenigen Stücke, die auf Grund des Prospekts zugelassen und vom Besitzer im Inlandsgeschäft erworben worden sind (§ 46 Abs. 1). In der Regel wird dieser Beweis durch inländische Schlußnoten geführt werden können. Der Ersatzpflichtige kann der Ersatzpflicht dadurch genügen, daß er das Wertpapier gegen Erstattung des von dem Besitzer nachgewiesenen Erwerbspreises oder desjenigen Kurswerts übernimmt, den die Wertpapiere zur Zeit der Einführung hatten (§ 47 Abs. 2). Diese dem Ersatzpflichtigen vorbehaltene Wahl begründet das Recht, die billigere Art des Ersatzes in Anspruch zu nehmen. Die Ersatzpflicht ist ausgeschlossen, wenn der Besitzer des Papiers die Unrichtigkeit oder Unvollständigkeit der Prospektangaben bei dem Erwerb kannte. Die Kenntnis des Vorbesitzers hindert die Ersatzpflicht nicht. Die Ersatzpflicht ist aber auch dann ausgeschlossen, wenn der Besitzer des Papiers beim Erwerb die Unrichtigkeit der Prospektangaben bei Anwendung der in eigenen Angelegenheiten beobachteten Sorgfalt kennen mußte, es sei denn, daß die Ersatzpflicht auf böslichem Verhalten beruht (§ 47 Abs. 3). Es kommt also hier im allgemeinen auf die individuelle Urteilsfähigkeit des Wertpapierbesitzers an, ohne Rücksicht darauf, ob er Kaufmann oder Nichtkaufmann ist. Grundsätzlich verjährt der Ersatzanspruch in fünf Jahren seit Zulassung der Wertpapiere (§ 47).

3. Der börsenrechtlichen Prospekthaftung können sich die Ersatzpflichtigen nicht dadurch entziehen, daß sie mit dem Erwerber eines zum Börsenhandel zugelassenen Wertpapiers vorher vereinbaren, daß ihnen die Haftung ermäßigt oder erlassen wird (§ 48 Abs. 1). Erst wenn ein Ersatzanspruch besteht, ist ein Vergleich oder Verzicht möglich. Soweit vertragsmäßig eine weitere Haftung übernommen wird, was jedoch in der Praxis kaum vorkommen dürfte, bleibt diese von der Prospekthaftung des BörsG unberührt (§ 48 Abs. 2).

Für Ansprüche aus der Prospekthaftung nach dem BörsG ist in jedem Fall das Landgericht des Ortes zuständig, an dessen Börse die Einführung des Wertpapiers erfolgte.

4. Praktisch hat die Prospekthaftung heute weitgehend an Bedeutung verloren, weil schon die Aufsicht über die Banken nach dem Gesetz über das Kreditwesen vom 10. 7. 1961 (BGBl. I S. 881) unlauteren Machenschaften entgegenwirkt. Zum anderen hindert die immer mehr verfeinerte Technik der Ausarbeitung des Prospekts, wie sie auch aus der „Arbeitsunterlage" der Zulassungsstellen hervorgeht, daß sich Prospekte in ihrem Inhalt nicht im Rahmen des Gesetzlichen bewegen.

Literatur

GÖPPERT: Stückeloser Effektenverkehr, Zulassungsverfahren und Prospekthaftung, Bank-Arch. XXXI. Jhg. (1931), S. 199f. — SIEMON: Börsenprospekt und Prospekthaftung, Wertpapier 1962, S. 781f. — DEGNER: Nochmals: Börsenprospekt und Prospekthaftung, Wertpapier 1963, S. 54f. — ERMAN: Zur Prospekthaftung aus § 45 Börsengesetz, Aktienges. 1964, S. 327f.

KAPITEL 4

Der Börsenterminhandel in Waren und Wertpapieren

I. Allgemeine Bemerkungen zum Börsenterminhandel

1. Während der Terminhandel im Ausland seit Ende des zweiten Weltkrieges zunehmend an Bedeutung gewonnen hat, auch einige deutsche Wertpapiere an ausländischen Börsen auf Termin gehandelt werden, ruht der Effektenterminhandel an den deutschen Wertpapierbörsen seit dem 11. 7. 1931. Er ist jedoch nicht durch Rechtsvorschriften untersagt, sondern kam im Zusammenhang mit der nach dem berüchtigten „Schwarzen Freitag" angeordneten Schließung der Börsen zum Erliegen. Die Notverordnung des Reichspräsidenten und die Durchführungsverordnung der Reichs-

regierung, die beide am 25. 7. 1931 erlassen wurden, befaßten sich nur mit der Abwicklung der Termingeschäfte, die am Tage der Schließung der Börsen bestanden hatten. Mit der Wiedereröffnung der Börsen wurde allein das Kassageschäft belebt. Der Terminhandel in Wertpapieren unterblieb, obwohl ein Verbot weder bestand noch heute besteht.

2. Um die Wiedereinführung des Termingeschäfts in Wertpapieren in Deutschland vorzubereiten, haben die deutschen Wertpapierbörsen 1957 eine Kommission eingesetzt, die einen Bericht über die rechtlichen und organisatorischen Probleme verfaßte. Sie bezeichnete es als vordringlich, nähere Bestimmungen über die Zulassung von Wertpapieren zum Börsenterminhandel in den Börsenordnungen zu schaffen (§ 50 Abs. 1), Geschäftsbedingungen für den Börsenterminhandel zu erstellen (§ 50 Abs. 2) und technische Einrichtungen bereitzustellen, die zur Skontrierung und Regulierung des Börsenterminhandels dienen. Gleichzeitig wurde ein Muster der Geschäftsbedingungen sowie die Satzung für eine Liquidationskasse in Form einer Aktiengesellschaft zusammen mit einem Regulativ und weiteren Bestimmungen erarbeitet. Trotz dieses Berichts kam ein Terminhandel nicht zustande.

3. 1964 wurde wiederum eine Studiumkommission für Fragen des Terminhandels eingesetzt. Ihr Bericht wurde Ende 1966 der Arbeitsgemeinschaft der deutschen Wertpapierbörsen vorgelegt und als eine brauchbare Grundlage angesehen, den Terminhandel seiner Verwirklichung näher zu bringen. Die Studienkommission übernahm den Vorschlag im ersten Bericht, nur eine einzige Liquidationskasse zu gründen und auf die erneute Gründung eines Vereins neben der Kasse zu verzichten. Die Kommission entwarf eine neue Mustersatzung und neue Geschäftsbedingungen der Liquidationskasse. Der Inhalt der Geschäftsbedingungen (Regulativ) lehnt sich in großen Zügen an die früher an der Berliner Börse geltenden Bestimmungen an, insbesondere hinsichtlich der durch die Mitglieder der Liquidationskasse selbst aufzubringenden Sicherheiten. Darüber hinaus erschien es erstrebenswert, eine zusätzliche Sicherung im Wege eines Versicherungsvertrages nach Züricher Muster zu schaffen.

Nach Ansicht der Kommission soll die untere Kapitalgrenze für Terminwerte auf 30 Millionen DM festgesetzt werden· Im übrigen sollen nur solche Gesellschaften berücksichtigt werden, deren Kapital breit gestreut ist. Am Anfang dürften nur Aktien von Gesellschaften zuzulassen sein, deren Grundkapital über 100 Millionen DM beträgt.

Literatur

SCHREMPF: Kann Terminhandel dem Börsengeschäft nützen?, Börsen-Ztg. vom 8. 10. 1954. — SCHOTTELIUS: Die Bedeutung des Warentermingeschäfts für die Wirtschaft, BB 1956, S. 452f. — KULKE: Pro und contra Börsenterminhandel, ZfgesKred. 1963, S. 842f. — POOK: Bericht der Studienkommission für Fragen des Börsenterminhandels, 1966.

II. Der Begriff des Börsentermingeschäftes

1. Was ein Börsentermingeschäft ist, hatte das BörsG früher in § 48 definiert. Es bezeichnete als Börsentermingeschäfte Kauf- oder sonstige Anschaffungsgeschäfte auf eine festbestimmte Lieferungszeit oder mit einer festbestimmten Lieferungsfrist, wenn sie nach Geschäftsbedingungen geschlossen werden, die vom Börsenvorstand für den Terminhandel festgesetzt sind. Außerdem mußte für diese an der betreffenden Börse geschlossenen Geschäfte eine amtliche Feststellung von Terminpreisen erfolgen. Diese gesetzliche Definition wurde zwar von der Novelle zum BörsG beseitigt, aber nicht durch eine andere ersetzt. Der Grund lag in den Schwierigkeiten einer derartigen Begriffsbestimmung. Man überließ es der Rechtsprechung, von Fall zu Fall zu entscheiden, ob begrifflich ein Börsentermingeschäft vorliegt.

2. Gesetzesmotive, Rechtsprechung und Wissenschaft haben Wesensmerkmale des Börsentermingeschäfts herausgebildet, die die Begriffsbestimmung des Termingeschäfts erleichtern. Allgemein werden danach als Börsentermingeschäfte solche Anschaffungsgeschäfte in Waren oder Wertpapieren bezeichnet, bei denen die Erfüllung erst zu einem späteren, jedoch festbestimmten Zeitpunkt zu erfolgen braucht. Die Geschäfte müssen an oder außerhalb einer Börse abgeschlossen sein, wobei Geschäftsbedingungen zugrunde gelegt werden, zu denen an einer Börse oder börsenähnlichen Versammlung des In- oder Auslandes in Gegenständen derselben Art ein offizieller oder inoffizieller Terminhandel durchgeführt wird. Nicht zum Börsentermingeschäft gehört jedoch nach ausdrücklicher Gesetzesvorschrift (§ 67) das handelsrechtliche Lieferungsgeschäft in Getreide und Getreidemüllereierzeugnissen.

Das Börsentermingeschäft ist danach ein Zeitgeschäft, das „fix" im Sinne der §§ 361 BGB, 376 HGB abgeschlossen ist, also mit festbestimmter Lieferungszeit oder festbestimmter Lieferungsfrist; vgl. RG in Bank-Arch. VIII. Jhg. (1908) S. 68. Vorschriften über Börsentermingeschäfte finden deshalb keine Anwendung auf echte Kassageschäfte, bei denen die Erfüllung nicht nur sofort, sondern auch mit einer gewissen Nachfrist (zwei Tage oder ähnlich) erfolgen kann, unter Umständen auch auf den für Termingeschäfte üblichen Liquidationstag hinausgeschoben wird; RG in Bank-Arch. IV. Jhg. (1904) S. 106. Sie finden ferner keine Anwendung auf Zeitgeschäfte ohne Fixcharakter, das heißt auf solche Geschäfte, bei denen die Annahme der Leistung erst verweigert werden kann, nachdem eine angemessene Nachfrist gesetzt worden und abgelaufen ist.

Ist der Inhalt des Geschäfts Änderungen unterworfen, die den Fixcharakter unberührt lassen, so verändert dies nicht den Charakter des Börsentermingeschäfts. Solche Bestimmungen wären beispielsweise, daß dem einen Teil der Rücktritt vom Vertrag gestattet sein soll, wenn er ein Reugeld

(Prämie) zahlt, oder daß eine Klausel dem einen Vertragsteil die Genehmigung gibt, schon vor dem Stichtag Erfüllung zu verlangen (RG in RGZ Bd. 47 S. 104).

Notwendig für das Börsentermingeschäft ist der Zusammenhang mit einer formellen oder informellen Börse. Er braucht nicht räumlicher Natur zu sein; maßgebend ist vielmehr, ob das Geschäft geeignet ist, an einem für Gegenstände gleicher Art bestehenden Terminmarkt, wie er sich regelmäßig im Zusammenhang mit einer Börse oder mit börsenähnlichen Zusammenkünften bilden kann, durch ein Gegengeschäft gleicher Art verwirklicht zu werden (BGH in Aktienges. 1965 S. 365). Eine solche Möglichkeit besteht aber nur dann, wenn der Inhalt des Geschäfts mit den typischen Bedingungen für Börsentermingeschäfte solcher Art übereinstimmt. Erhebliche Abweichungen von den Terminhandelsbedingungen werden den Charakter des Geschäfts als Börsentermingeschäft regelmäßig verneinen lassen.

Ohne wesentliche Bedeutung für den Begriff des Börsentermingeschäfts ist vor allem, ob die dem Geschäft zugrunde liegenden Bedingungen vom Börsenvorstand für den Terminhandel festgesetzt sind (RG in RGZ Bd. 42 S. 43), ob eine amtliche Feststellung von Terminpreisen für Geschäfte solcher Art erfolgt (RG in RGZ Bd. 47 S. 112) und ob dem Geschäft ein Börsenpreis zugrunde gelegt ist. Es genügt ein durch den Terminmarkt beeinflußter Preis. Endlich ist es gleichgültig, ob das Geschäft in der Absicht geschlossen wird, durch ein Gegengeschäft verwirklicht zu werden, oder ob nur eine spekulative Absicht vorliegt.

Literatur
GÖPPERT: Über das Börsentermingeschäft in Wertpapieren, 1914. — HAHN: Erlaubte und verbotene Termingeschäfte, Betrieb 1960, S. 971f.

III. Formen der Börsentermingeschäfte

1. Die Börsentermingeschäfte können in ganz verschiedenen Formen auftreten. In der Regel unterscheidet man Festgeschäfte, Prämiengeschäfte, Stellage- oder Stellgeschäfte und Nochgeschäfte.

a) Festgeschäfte sind einfache Termingeschäfte, bei denen der Käufer die Werte zu einem vereinbarten „festen" Kurs erwirbt. Erfüllung (Lieferung und Zahlung) erfolgt am Erfüllungstag (in Deutschland Ultimo-Abrechnung). Das einfache Termingeschäft ist also ein Kaufvertrag, bei dem die Verpflichtungen beider Parteien auf Zeit hinausgeschoben werden. Der für das Geschäft geforderte Preis ist derjenige, von dem man annimmt, daß er am Erfüllungstag der gewöhnliche Preis sein wird. Die Gründe, weswegen kein Kassageschäft abgeschlossen wird, können beim Käufer oder Verkäufer verschiedener Art sein: beim Käufer zum Beispiel Mangel an

Kapital, aber der Wunsch, vermuteten Gewinn mitzunehmen; beim Verkäufer die Absicht, die Aktien erst beim erwarteten Sinken der Kurse einzukaufen. Wer sich seiner Verpflichtungen ohne Zahlung oder Lieferung entledigen will, ist gezwungen, ein „Gegengeschäft" abzuschließen.

b) Prämiengeschäfte sind Geschäfte mit beschränktem Risiko, bei denen Vorprämien- und Rückprämiengeschäfte zu unterscheiden sind.

Bei einem Kauf mit Vorprämie wird der Kauf von Wertpapieren zu einem über dem Tagespreis liegenden Kurs unter der Bedingung abgeschlossen, daß der Käufer unter Zahlung einer Prämie (Reugeld) am Prämienerklärungstag seinen Rücktritt vom Vertrag erklären kann. Dem Verkäufer steht ein solches Rücktrittsrecht nicht zu. Prämienerklärungstag war früher regelmäßig der drittletzte Börsentag vor dem Ultimolieferungstag. Bei Rücktritt vom Vertrag war die Prämie am nächsten Börsentag zu entrichten.

Beim Rückprämiengeschäft erwirbt jemand vertraglich das Recht, seinem Vertragspartner per Ultimo Wertpapiere zu einem vereinbarten Kurs liefern zu können oder gegen Zahlung einer Prämie nicht liefern zu brauchen. Wer also vom Verkäufer mit Rückprämie Wertpapiere kauft, ist Stillhalter ohne Wahlrecht. Während der Käufer mit Vorprämie daran interessiert ist, daß der Kurs steigt, hat der Verkäufer mit Rückprämie ein Interesse am Fallen des Kurses; er kann sich zu einem niedrigeren Preis mit den blanko verkauften Stücken eindecken und sie liefern.

c) Stellage- oder Stellgeschäfte sind Termingeschäfte, die dem Zahler einer Prämie das Wahlrecht geben, entweder zu einem vereinbarten höheren Kurs Wertpapiere abzunehmen oder zu einem vereinbarten niedrigeren Kurs zu liefern. Eine dieser beiden Möglichkeiten muß erfüllt werden. Ein Rücktritt von den getroffenen Vereinbarungen ist nicht möglich. Beim Stellgeschäft haben also beide Parteien über dasselbe Papier ein Kauf- und Verkaufstermingeschäft geschlossen, bei dem sich durch „Kauf" einer Prämie (Stellage) die eine Partei ausbedingt, nach ihrer Wahl nur an eines der Geschäfte gebunden zu sein.

d) Nochgeschäfte bestehen darin, daß sich der Käufer das Recht ausbedingt, außer der fest abzunehmenden Effektenmenge einen weiteren ebenso großen Posten zum gleichen Kurs zu fordern („einmal noch") oder auf die Abnahme dieses Postens zu verzichten. Dabei kann vereinbart werden, daß er ein zweites oder drittes Mal berechtigt sein soll, den gleichen Posten zu kaufen. Entsprechend wird beim Verkauf mit „Noch" fest verkauft und dem Verkäufer ein Recht auf zusätzliche Lieferung einer gleichen oder mehrfachen Menge eingeräumt.

Käufer oder Verkäufer müssen rechtzeitig wissen, ob von dem Recht des nochmaligen Kaufs oder Verkaufs Gebrauch gemacht werden soll. Dementsprechend muß sich der Berechtigte seinem Vertragspartner gegenüber rechtzeitig zu einem bestimmten Zeitpunkt erklären. In der Regel wird bei

Nochgeschäften keine besondere Vergütung in Gestalt einer Prämie gefordert. Sie ist im Kurs mitenthalten. Bei „Käufen mit noch" ist sie höher, bei „Verkäufen mit noch" ist sie entsprechend niedriger als der Kurs der Papiere an dem Tag, an dem von der Möglichkeit des „noch" Gebrauch gemacht werden kann.

2. Die hier erwähnten Formen der Termingeschäfte weisen eine große Zahl Varianten auf, die nicht erörtert werden können, weil dies den Rahmen der Darstellung übersteigen würde. Außerdem unterscheidet sich das Wertpapiertermingeschäft in vieler Hinsicht vom Warentermingeschäft, vor allem durch die nicht völlige Vertretbarkeit der Ware und durch die als Termin gesetzten Zeitspannen an Stelle der festen Zeitpunkte im Wertpapierterminhandel. Jedes Warentermingeschäft ist ein Lieferungsgeschäft, das in einheitlichen Mengen oder dem Vielfachen solcher Mengen zu den besonderen, für den Börsenplatz aufgestellten Geschäftsbedingungen abgeschlossen wird. Möglich ist hier auch vor allem, daß durch Skontration (Fortschreibung) die Übertragung von Lieferungs- und Übernahmeverpflichtungen von Händler auf Händler erleichtert und die Abrechnung für viele der Glieder auf die bloße Differenzzahlung beschränkt wird (SOMMERFELD, S. 79). Da die Verträge immer unter den besonderen Geschäftsbedingungen des Terminmarktes abgeschlossen werden, beschränken sich individuelle Vertragsbestimmungen auf die Zahl der Schlüsse, die Höhe des Preises, die Warengattung und die Lieferungszeit (SOMMERFELD a.a.O.). In der Bundesrepublik sind heute für Warentermingeschäftsbedingungen die Bedingungen der Zucker- und Kaffeeterminbörse in Hamburg und der Baumwollterminbörse in Bremen beispielhaft.

Literatur
SCHUSTER: Die Prämiengeschäfte, Diss. Marburg 1903. — GÄRTNER: Das Börsentermingeschäft, Diss. Jena 1911. — OEHLMANN: Die juristische Behandlung und die wirtschaftliche Bedeutung der Effektentermingeschäfte, Diss. Jena 1911. — SOMMERFELD: Die Technik des börsenmäßigen Termingeschäfts, 1923; Börsenverkehr und Börsengeschäfte, 1931. — SCHOTTELIUS: Die Bedeutung des Warentermingeschäftes für die Wirtschaft, BB 1956, S. 452f.

IV. Das Börsenverwaltungsrecht des Börsenterminhandels

A. Die Zulassung von Waren oder Wertpapieren zum Börsenterminhandel

1. Die Zulassung von Waren oder Wertpapieren zum Börsenterminhandel erfolgt durch den Börsenvorstand nach näherer Bestimmung der Börsenordnung (§ 50 Abs. 1 Satz 1). Hierbei braucht nicht der gesamte Vorstand zu entscheiden, sondern es genügt bei Börsen mit mehreren Abteilungen die Zulassung durch den zuständigen Abteilungsvorstand (RG in RGZ

Bd. 86 S. 408). Im übrigen muß die Terminhandelszulassung von der Zulassung von Wertpapieren zum Börsenhandel, die der III. Abschnitt des BörsG regelt, unterschieden werden. Die einfache Börsenhandelszulassung hat derjenigen zum Börsenterminhandel voranzugehen. Der Börsenvorstand ist befugt, die Terminhandelszulassung jederzeit zurückzunehmen (§ 50 Abs. 1 Satz 2).

Ein Antrag auf Zulassung zum Börsenterminhandel ist regelmäßig nicht notwendig. Die Zulassung kann von Amts wegen erfolgen. Lediglich bei Anteilen einer inländischen Erwerbsgesellschaft ist die Zustimmung der Gesellschaft zum Terminhandel notwendig. Auch ist eine erfolgte Zulassung auf Verlangen der Gesellschaft spätestens nach Ablauf eines Jahres von dem Tage an, an dem dieses Verlangen dem Börsenvorstand gegenüber erklärt worden ist, zurückzunehmen (§ 50 Abs. 5).

Voraussetzungen der Zulassung sind sonst: a) die vorherige Festsetzung der Geschäftsbedingungen (§ 50 Abs. 2), die aber für bestimmte Waren oder Wertpapiere allgemein erfolgen kann; b) die Einholung von Gutachten der Vertreter der beteiligten Erwerbskreise und c) die Mitteilung des Ergebnisses der Gutachten an den Bundesminister für Wirtschaft (§ 50 Abs. 3 Satz 1); d) die Erklärung des Bundesministers für Wirtschaft, daß er zu weiteren Ermittlungen keinen Anlaß finde (§ 50 Abs. 3 Satz 2) und e) bei Wertpapieren ein Mindestnennwert der zum gleichen Kurs zu handelnden Stücke von 10 Millionen DM gemäß Verordnung vom 21.3.1925 (RGBl. I S. 21). Sind diese Voraussetzungen erfüllt, so handelt es sich bei dem dann zugelassenen Terminhandel um den sog. offiziellen Börsenterminhandel. Von Bedeutung ist, daß der Bundesminister für Wirtschaft durch Nichtabgabe der Erklärung, daß er zu weiteren Ermittlungen keinen Anlaß finde, die Zulassung verhindern kann. Ein Rechtsmittel gegen diesen Regierungsakt ist nicht gegeben.

2. Eng verbunden mit den börsenverwaltungsrechtlichen Vorschriften über die Zulassung von Wertpapieren zum Terminhandel sind die Bestimmungen über die Börsentermingeschäfte in Anteilen von Bergwerks- und Fabrikunternehmen (§ 63). Sie sind nur mit Genehmigung des Bundesministers für Wirtschaft „zulässig", der zu dieser Genehmigung, da sie ihrer Rechtsnatur nach eine Rechtsverordnung ist, der Zustimmung des Bundesrates bedarf (Art. 129 Abs. 1 in Verb. mit Art. 80 Abs. 2 GG). Das Abhängigmachen der Zulässigkeit der Termingeschäfte von der Genehmigung bedeutet einerseits, daß Börsentermingeschäfte in den betreffenden Anteilen verboten sind und deshalb die bürgerlich-rechtlichen Wirkungen des § 64 eintreten, andererseits, daß sie nach erteilter Genehmigung für alle deutschen Wertpapierbörsen im Sinne der §§ 52—61 erlaubt sind. Bis zur Erteilung der Terminhandelszulassung durch den Börsenvorstand (§ 50) sind die genehmigten Börsentermingeschäfte inoffizielle Geschäfte (§ 51).

3. Die Genehmigung kann nicht allgemein, sondern muß für jede einzelne Wertpapierart erteilt werden. Eine Reihe von Aktien von Bergwerks- und Fabrikunternehmen ist bereits früher vom Bundesrat zum Terminhandel zugelassen worden. Sie sind gemäß Gesetz vom 10. 7. 1958 (BGBl. I S. 437) in der Sammlung des Bundesrechts (BGBl. Teil III) aufgeführt und gelten damit heute noch als zum Termingeschäft genehmigt. Teilweise betreffen sie Unternehmen mit Sitz in Mitteldeutschland oder mit Sitz ostwärts der Oder-Neiße-Linie, teilweise Unternehmen, deren Aktien überhaupt nicht mehr an der Börse zugelassen sind. Auch finden sich in mehreren Fällen Gesellschaften, die nicht mit denjenigen Gesellschaften identisch sind, für deren Aktien seinerzeit die Genehmigung für den Terminhandel erteilt worden ist. Obwohl die formelle Fortgeltung der ursprünglichen Genehmigungen nicht zweifelhaft sein kann, wird man sie infolge des Wandels der rechtlichen und tatsächlichen Verhältnisse als gegenstandslos betrachten müssen.

4. Durch materielles Gesetzesrecht kann der Bundesminister für Wirtschaft mit Zustimmung des Bundesrates weitere Bestimmungen über die Voraussetzungen der Zulassung zum Börsenterminhandel treffen (§ 50 Abs. 6). Sowohl früher wie heute ist von dieser Möglichkeit kein Gebrauch gemacht worden. Angesichts der schon im einzelnen getroffenen Bestimmungen des BörsG wird der Raum für weitere Vorschriften sehr eng bemessen sein.

Von größerer Bedeutung ist, daß der Bundesminister für Wirtschaft mit Zustimmung des Bundesrates Börsentermingeschäfte in bestimmten Waren und Wertpapieren verbieten oder die Zulässigkeit von Bedingungen abhängig machen kann (§ 63 Abs. 2). Mit diesen Eingriffsmöglichkeiten ist die Zulässigkeit und Regelung des offiziellen Börsenterminhandels weitgehend in die Hand des Staates gelegt. Er hat von diesen Möglichkeiten bisher nur in wenigen Fällen Gebrauch gemacht.

Literatur
Gibt es zu Börsentermingeschäften zugelassene Aktien von Bergwerks- und Fabrikunternehmen?, Börsen-Ztg. vom 16. 3. 1961.

B. Börsenverwaltungsrecht und nicht zugelassener Börsenterminhandel

1. Den erlaubten „offiziellen" Börsentermingeschäften stehen die Geschäfte gegenüber, die nicht erlaubt und nicht verboten, sondern nur geduldet, also „inoffizielle" sind. Sie unterliegen zunächst börsenverwaltungsrechtlich einer besonderen Behandlung. Soweit nämlich Börsentermingeschäfte in bestimmten Waren oder Wertpapieren verboten sind „oder die Zulassung zum Börsenterminhandel endgültig verweigert oder zurück-

genommen worden ist", ist der Börsenterminhandel von der Benutzung der Börseneinrichtungen und der Vermittlung durch die Kursmakler ausgeschlossen (§ 51 Abs. 1 Satz 1). Findet ferner an einer Börse ein Börsenterminhandel nach Geschäftsbedingungen statt, die von den festgesetzten Geschäftsbedingungen (§ 50 Abs. 2) abweichen, oder findet ein Börsenterminhandel in solchen Waren oder Wertpapieren statt, die zum Börsenterminhandel nicht zugelassen sind, so ist er durch Anordnung des Börsenvorstandes von der Benutzung der Börseneinrichtungen und der Vermittlung durch die Kursmakler auszuschließen. Der Börsenvorstand kann den Erlaß der Anordnung aussetzen, wenn Verhandlungen wegen Zulassung der Waren oder Wertpapiere zum Börsenterminhandel schweben. Die Aussetzung darf jedoch höchstens auf ein Jahr erfolgen (§ 51 Abs. 1 Satz 2—4).

Das Verbot von Börsentermingeschäften (§§ 65, 63 Abs. 1 und 2), die endgültige, aus materiellen Gründen erfolgte Verweigerung und die Zurücknahme der Zulassung zum Börsenterminhandel führen also verwaltungsmäßig zur völligen Ausschließung von der Mitwirkung der Börse und der Kursmakler für derartige Geschäfte, ohne daß eine entsprechende Anordnung des Börsenvorstandes notwendig ist. Weicht der Terminhandel nur von den Geschäftsbedingungen ab oder bewegt er sich in nicht zugelassenen Gegenständen, so erfolgt die Ausschließung nur auf Anordnung des Börsenvorstandes. Das Gesetz geht somit davon aus, daß ein inoffizieller Börsenterminhandel durchaus stattfinden kann und daß ihm der Weg, zum offiziellen Börsenterminhandel zu kommen, nicht verschlossen werden soll. Offizielle und inoffizielle Börsentermingeschäfte sind demnach zwei Arten des gesetzlich zulässigen Börsenterminhandels. Im übrigen besteht der wichtigste Gegensatz des inoffiziellen zum offiziellen Terminhandel darin, daß der Spiel- und Differenzeinwand nicht ausgeschlossen ist (vgl. § 58).

2. Soweit der Börsenterminhandel auf Grund des § 51 Abs. 1 von der Benutzung der Börseneinrichtungen durch die Kursmakler ausgeschlossen ist, dürfen für Börsentermingeschäfte, sofern sie im Inland abgeschlossen werden, Preislisten (Kurszettel) nicht veröffentlicht oder in mechanischer Vervielfältigung hergestellt werden (§ 51 Abs. 2). Börsentermingeschäfte, die im Inland abgeschlossen sind, sind aber lediglich Termingeschäfte, die an der Börse, im Börsenraum und zur Börsenzeit, abgeschlossen worden sind (RG in RGSt. Bd. 44 S. 56). Das hier getroffene Verbot ist auch strafrechtlich gesichert (§ 90).

Literatur

LABAND: Die Änderung des Börsengesetzes, Bank-Arch. VII. Jhg. (1907), S. 81f. — DÜRINGER: Zur Börsengesetznovelle, Bank-Arch. VII. Jhg. (1907), S. 113f. — JACUSIEL: Der Börsenterminhandel in Wertpapieren unter dem neuen BörsG, Leipziger Zeitschr. 1908, S. 570f. — NUSSBAUM: Zur Praxis des neuen Börsengesetzes JW 1911, S. 297f.

V. Das Privatrecht der Börsentermingeschäfte im allgemeinen

1. Das Privatrecht des Börsenterminhandels kennt drei Hauptarten der Börsentermingeschäfte: die verbindlichen (§§ 53, 58), die einseitig verbindlichen (§§ 54, 58) und die unverbindlichen (§§ 52, 64, 66; vgl. auch § 58 BörsG in Verbindung mit den §§ 762, 764 BGB). Während die verbindlichen und einseitig verbindlichen Geschäfte innerhalb ihrer Art in ihren privatrechtlichen Wirkungen keine Verschiedenheiten aufweisen, kann man bei den unverbindlichen Geschäften noch eine weitere Unterscheidung treffen, nämlich in erfüllbare (§§ 55, 64; vgl. auch § 58) und in nichtige Geschäfte (§ 66). Bei den erfüllbaren Geschäften finden sich im übrigen solche, deren einzige Rechtswirkung sich in der Erfüllbarkeit äußert (§ 64; vgl. auch § 58) und solche, die noch weitere Rechtswirkungen auslösen, nämlich die Möglichkeit der Aufrechnung (§§ 56, 58) und die Möglichkeit der Konvaleszenz (§§ 57, 58).

2. Das Privatrecht der Börsentermingeschäfte ist damit eine Rechtsmaterie, deren Schwierigkeit kaum zu überbieten ist. Zum größten Teil liegt das daran, daß historische Gegebenheiten und divergierende politische Strömungen verhindert haben, ein klares und logisch aufgebautes Termingeschäftsrecht zu entwerfen. Die Rechtsprechung ist umfangreich. Sie hat den Bedürfnissen der Börsen bei der Anwendung des Gesetzes entsprochen. Eine Ablösung des geltenden Börsenprivatrechts durch eine einfachere Regelung wäre indessen sehr erwünscht.

Literatur

BERNSTEIN: Das Börsenprivatrecht nach der Novelle von 1908, ZHR Bd. 62 (1908), S. 137f. — JOSEPHI: Die privatrechtlichen Arten der Börsentermingeschäfte nach dem Börsengesetz, Diss. Rostock 1912.

VI. Verbindliche Börsentermingeschäfte

1. Verbindlich sind nur erlaubte Börsentermingeschäfte, die zwischen termingeschäftsfähigen Parteien abgeschlossen werden und sich auf Waren oder Wertpapiere beziehen, welche zum Terminhandel zugelassen sind. Bei anderen Waren oder Wertpapieren gilt dies mit der Einschränkung, daß sie sich nicht als Spiel- oder Differenzgeschäfte darstellen.

a) Erlaubt ist ein Börsentermingeschäft nach § 52, wenn es weder gegen ein durch das BörsG noch gegen ein durch den „Bundesrat" erlassenes Verbot verstößt.

Das BörsG hat in § 65 die Börsentermingeschäfte in Getreide und Erzeugnissen der Getreidemüllerei verboten. Es hat ferner in § 63 Abs. 1 Börsentermingeschäfte in Anteilen von Bergwerks- und Fabrikunternehmungen nur mit Genehmigung des „Bundesrats" für zulässig erklärt (vgl. hierzu die

Liste in BGBl. III 4115 — 1 bis 1414 — 28). Damit ist auch hier ein materiellrechtliches und nicht nur verwaltungsrechtliches Verbot aufgestellt. Endlich hat das BörsG in § 63 Abs. 2 den „Bundesrat" ermächtigt, den Börsenterminhandel in bestimmten Waren oder Wertpapieren zu verbieten oder die Zulässigkeit von Bedingungen abhängig zu machen. Die hiernach vorgenommenen Verbote besitzen ebenfalls materiell-rechtliche Wirkung. Fraglich ist lediglich, ob Börsentermingeschäfte, die unter anderen als den vom „Bundesrat" gemäß § 63 vorgeschriebenen Bedingungen abgeschlossen werden, als „verbotene" im Sinne der §§ 63, 64 oder lediglich als „nicht zugelassene" im Sinne der §§ 50, 51 anzusehen sind. Nach richtiger Auffassung dürften auch diese Börsentermingeschäfte als „verbotene" zu betrachten sein, da hier dieselbe Wirkung gewollt ist.

b) Verboten sind daher: aa) alle Börsentermingeschäfte in Getreide und Erzeugnissen der Getreidemüllerei;

bb) alle Börsentermingeschäfte in Anteilen von Bergwerks- und Fabrikunternehmungen mit Ausnahme derjenigen, die der „Bundesrat" genehmigt hat, und

cc) alle Börsentermingeschäfte, die entweder der „Bundesrat" verboten hat (Beispiel: Börsentermingeschäfte in Kammzug; vgl. Bek. des Reichskanzlers vom 20. 4. 1899 in RGBl. S. 266), oder die die Bedingungen nicht erfüllen, die der „Bundesrat" gerade für diese Geschäfte vorgeschrieben hat. Solche Bedingungen sind übrigens bisher niemals vorgeschrieben worden.

2. Die Termingeschäftsfähigkeit, das heißt, die Fähigkeit einer Person, verbindliche Börsentermingeschäfte abzuschließen, unterscheidet sich nach dem BörsG in eine absolute und eine relative. Absolut termingeschäftsfähig sind nach § 53 vier Gruppen von Personen: a) eingetragene Kaufleute (einschießlich der Kaufleute des § 36 HGB) und Genossenschaften, nicht jedoch Kleingewerbetreibende, auch wenn sie im Handelsregister eingetragen sind; b) Personen, die zur Zeit des Geschäftsabschlusses oder früher berufsmäßig Börsentermingeschäfte oder Bankiergeschäfte betrieben haben; c) Personen, die zum Besuch einer dem Handel mit Wertpapieren dienenden Börse mit der Befugnis zur Teilnahme am Börsenhandel dauernd zugelassen waren; und d) Personen, die im Inland zur Zeit des Geschäftsabschlusses weder einen Wohnsitz, noch eine gewerbliche Niederlassung haben. Relativ termingeschäftsfähig ist demgegenüber nur eine einzige Gruppe von Personen: die mit der Befugnis zur Teilnahme am Börsenhandel dauernd zugelassenen Besucher der Waren- oder Produktenbörsen. Sie können verbindliche Börsentermingeschäfte nur in Waren abschließen, und zwar nur in solchen Waren, die an derjenigen Börse gehandelt werden, zu deren Besuch sie in der beschriebenen Weise zugelassen sind. Termingeschäfte, die sie in anderen Waren oder in Wertpapieren abschließen, sind nicht verbindlich.

3. Die Rechtsverbindlichkeit eines Börsentermingeschäfts, das erlaubt und zwischen termingeschäftsfähigen Personen abgeschlossen ist, kann auf

Grund des Börsengesetzes nicht in Frage gestellt werden (JOSEPHI, S. 28). Eine solche Möglichkeit ergibt sich auch dann nicht, wenn das einzelne Börsentermingeschäft nicht durch effektive Erfüllung, sondern durch Abschluß eines Gegengeschäftes und Differenzausgleich abgewickelt werden soll, die Absicht der Parteien also ausschließlich darauf gerichtet ist, eine Preisdifferenz einzustreichen. Solche Differenzgeschäfte müßten mangels besonderer Vorschriften nach den §§ 764, 762 BGB als unverbindlich behandelt werden, auch wenn sie alle Voraussetzungen der Verbindlichkeit erfüllen. Dem widerspricht jedoch § 58 BörsG, der für die nach Börsenrecht verbindlichen Termingeschäfte die §§ 762, 764 BGB außer Kraft setzt, das bürgerliche Recht also insoweit verdrängt.

Zweifelhaft war, ob § 58 schon für Börsentermingeschäfte in Waren oder Wertpapieren gilt, die zum Börsenterminhandel zugelassen sind, aber nicht den vom Börsenvorstand festgesetzten Geschäftsbedingungen entsprechen, oder ob als weitere Voraussetzung die Übereinstimmung mit den Geschäftsbedingungen hinzutreten muß (sog. offizielle Börsentermingeschäfte). Die herrschende Meinung und die Rechtsprechung [vgl. NUSSBAUM, Anm. IIIa zu § 58; HansOLG in Bank-Arch. XIII. Jhg. (1913), S. 343], verlangen mit Recht, daß der Schutz des § 58 Abs. 1 nur den offiziellen Börsentermingeschäften zukommt (anders JOSEPHI, S. 30f. mit eingehender Begründung).

4. Privatrechtlich lassen verbindliche Börsentermingeschäfte für beide Parteien vollwirksame Verbindlichkeiten entstehen. Diese Wirkung, die für sonstige zweiseitige obligatorische Verträge die Regel ist, ist für Börsentermingeschäfte, wie § 52 ergibt, die Ausnahme.

Aus der Wirksamkeit dieser Geschäfte folgt insbesondere, daß sie klagbar sind, daß sie zur Aufrechnung geeignete Forderungen erzeugen und daß sie die Möglichkeit gewähren, ein Zurückbehaltungsrecht geltend zu machen. Die Wirksamkeit des Hauptgeschäfts erstreckt sich notwendig auf alle akzessorischen Geschäfte wie beispielsweise Verpfändungen, Hypothekenbestellungen und Bürgschaften, soweit diese Geschäfte den allgemeinen bürgerlich-rechtlichen Erfordernissen entsprechen.

Literatur
JACUSIEL: Der Börsenterminhandel in Wertpapieren unter dem neuen Börsengesetz, Leipziger Zeitschr. II. Jhg. (1908), S. 570f. — OEHLMANN: Die juristische Behandlung und die wirtschaftliche Bedeutung der Effektentermingeschäfte, 1911. — JOSEPHI: Die privatrechtlichen Arten der Börsentermingeschäfte nach dem Börsengesetz, Diss. Rostock 1912.

VII. Einseitig verbindliche Börsentermingeschäfte

1. Einseitig verbindlich sind nach § 54 erlaubte Börsentermingeschäfte in Wertpapieren, die zwischen termingeschäftsfähigen Kaufleuten oder Genossenschaften einerseits und termingeschäftsunfähigen Personen anderer-

seits geschlossen werden, sofern sich die termingeschäftsfähigen Kaufleute oder Genossenschaften eine Sicherheit ganz bestimmter Art für die Erfüllung des Geschäfts haben bestellen lassen. Während also die Wirksamkeit von Börsentermingeschäften in Waren, um diese der reinen Spekulation zu entziehen, von der Termingeschäftsfähigkeit beider Parteien abhängig gemacht ist, eröffnet § 54 die Möglichkeit, an erlaubten Börsentermingeschäften in Wertpapieren auch Personen zu beteiligen, die nicht zu den eigentlichen Börsenleuten gehören. Das Gesetz verlangt in diesem Fall nur, daß die termingeschäftsfähige Partei für die Erfüllung des Geschäftes eine Sicherheit empfangen hat, die bezüglich des Gegenstandes und der Form der Sicherheitsbestellung in besonderer Weise qualifiziert sein muß.

a) Gegenstand der Sicherheit können nur Geld oder Wertpapiere sein, die einen Kurswert haben. Grundstücke, Waren, Bürgschaften oder Forderungen sind damit als Sicherheitsgegenstand ausgeschlossen. Ob ein Wertpapier einen Kurswert hat, ist Tatfrage. In der Regel werden alle im amtlichen und im Freiverkehr notierten Aktien, Rentenpapiere, Kuxe, Schuldverschreibungen und ähnlichen Papiere dazu gehören, während Hypotheken-, Grund- und Rentenschuldbriefe, Versicherungspolicen und Konossemente die Voraussetzung sicherlich nicht erfüllen.

b) Hinsichtlich der Form der Sicherheitsbestellung müssen sowohl die Voraussetzungen des bürgerlichen Rechts wie die besonderen Bestimmungen des BörsG erfüllt sein. Das Bürgerliche Gesetzbuch sieht als Arten der Sicherheitsbestellung die Hinterlegung, die Verpfändung und die Sicherungsübertragung vor. In der Regel werden nur die beiden letzten Arten in Frage kommen, da die Umstände und Kosten der Hinterlegung der Wahl dieser Sicherheitsbestellung im Wege stehen.

Die Vorschriften, die das BörsG in § 54 für die Form der Sicherheitsbestellung erlassen hat, beziehen sich sämtlich auf die von dem Besteller abzugebende Erklärung. Sie muß schriftlich oder telegrafisch (vgl. dazu § 127 BGB) erfolgen, wobei zur Erfüllung der Schriftform gemäß § 126 BGB die eigenhändige Unterzeichnung der Erklärung genügt. Die Erklärung muß dem anderen Teil gegenüber abgegeben werden, ist also empfangsbedürftig und wird daher gemäß § 130 BGB erst in dem Zeitpunkt wirksam, in dem sie dem Empfänger zugeht. Der Inhalt der Erklärung muß schließlich ganz ausdrücklich besagen, daß die Sicherheit zur Deckung von Verlusten aus Börsentermingeschäften bestehen soll.

Soll die Sicherheit aus Wertpapieren bestehen, so sind sie in der Erklärung nach Gattung und Zahl (beispielsweise bei Kuxen) oder nach Gattung und Nennwert zu bezeichnen.

Das Gesetz verlangt endlich, daß die Erklärung isoliert abgegeben werden muß; das heißt, daß das Schriftstück in dem sie niedergelegt wird, andere Erklärungen des Bestellers der Sicherheit nicht enthalten darf. Erklärungen sonstiger Personen sind damit aber nicht ausgeschlossen.

2. Wird eine Formvorschrift des § 54 verletzt, so ist die Erklärung der Sicherheitsleistung nichtig. Die Sicherheit wird damit unwirksam und das Termingeschäft unverbindlich. Werden dagegen die Formalien erfüllt, so ist eine wirksame Sicherheit und damit ein einseitig verbindliches Termingeschäft gegeben. Dabei muß aber im Auge behalten werden, daß immer die Einschränkung gilt (vgl. § 58), daß entweder die den Gegenstand des Geschäfts bildenden Wertpapiere zum Terminhandel zugelassen sind oder das Geschäft selbst kein Spiel- oder Differenzgeschäft ist. Ist die eine oder andere dieser Voraussetzungen nicht gegeben, so kann sich die termingeschäftsfähige Partei nicht aus der Sicherheit befriedigen (teilweise strittig).

3. Die rechtliche Wirkung des einseitig verbindlichen Börsentermingeschäfts ist ungleichmäßig. Die termingeschäftsunfähige Partei wird gemäß den §§ 52, 54 zur Erfüllung des Geschäfts rechtlich nicht verpflichtet. Die Sicherheit hat daher hier keine akzessorische Natur, da sie für eine unwirksame Schuld wirksam bestellt wird. Hat die termingeschäftsunfähige Partei selbst die Sicherheit bestellt, so haftet sie zwar im Rahmen dieser Sicherheit und beschränkt sich auf diese. Sonst aber ist der anderen Partei ein Zugriff auf das Vermögen der termingeschäftsunfähigen Partei verwehrt.

Demgegenüber ist das Geschäft für die termingeschäftsfähige Partei verbindlich (vgl. § 54 Abs. 1). Sie haftet also für die Erfüllung des Geschäfts unbeschränkt, dies auch dann, wenn beispielsweise die Höhe der Sicherheit, die zur Befriedigung des unwirksamen Erfüllungsanspruchs dienen kann, sehr gering ist. Von ihrer Erfüllungsverpflichtung wird die termingeschäftsfähige Partei auch nicht befreit, wenn die Sicherheit zufällig untergehen würde.

4. Hinsichtlich der Befriedigung aus der Sicherheit ist zu unterscheiden, auf welche Weise die Sicherheitsbestellung erfolgt ist (Hinterlegung, Verpfändung, Sicherungsübertragung). In allen Fällen wird sie dadurch erleichtert, daß sie stets wegen einer Geldforderung verlangt werden kann. Wenn auch die Terminforderung des Sicherungsempfängers zunächst nicht auf Geld gerichtet ist, so geht sie doch dann, wenn mangels ihrer Erfüllung die Sicherheit angegriffen wird, in eine Geldforderung über (vgl. hierzu die §§ 376, 381 HGB in Verbindung mit den §§ 284, 285, 269 BGB).

a) Bei der Verpfändung muß unterschieden werden, ob sie aus Geld oder Wertpapieren besteht. Geld kann sich der Versicherungsempfänger bei Eintritt der Voraussetzungen ohne weiteres aneignen (§ 1228 BGB). Bei Wertpapieren muß vor der eigentlichen Befriedigung eine öffentliche Versteigerung (§ 1293 in Verbindung mit § 1235 Abs. 1 BGB) oder ein freihändiger, durch einen Handelsmakler oder eine dem gleichstehende Person erfolgender Verkauf der Papiere stattfinden (§ 1293 in Verbindung mit § 1235 Abs. 2 BGB). Über die Einziehung der verbrieften Forderung oder die Anwendung der Bestimmungen für die Zwangsvollstreckung in Vermögensrechte gelten die §§ 1282 und 1277 BGB.

b) Auch bei der Hinterlegung gilt Entsprechendes. Nur wird die Befriedigung dadurch erschwert, daß die hinterlegten Gegenstände erst von der Hinterlegungsstelle herausverlangt werden müssen, ehe sie verwertet werden können.

c) Bei der Sicherungsübertragung erfolgt die Befriedigung nicht durch Aneignung von Geld, sondern durch Aufrechnung gegen eine Forderung des Sicherheitsbestellers. Hat der Sicherheitsbesteller Geld oder Wertpapiere sicherungshalber übertragen, so hat er damit eine Forderung auf Rückgewähr einer gleichen Menge gleichartiger Gegenstände erworben. Gegen diese Forderung kann nun der Sicherheitsempfänger seine Terminforderung zum Zwecke der Befriedigung aufrechnen. Die zur Aufrechnung notwendige Gleichartigkeit der beiderseitigen Forderungen ist dadurch gewährleistet, daß diese nach Maßgabe der Vorschriften über den Schuldnerverzug stets in Geldforderungen umgewandelt werden können (NUSSBAUM, Anm. II b zu § 54).

5. Es scheint hiernach, daß die Rechtsstellung des termingeschäftsunfähigen Teils durch § 54 sehr günstig ist, insbesondere, wenn die Sicherheit durch einen Dritten bestellt worden ist. In Wirklichkeit trifft dies nicht zu. Gegenüber dem Dritten wird der Sicherheitsbesteller regelmäßig aus einem mit ihm begründeten Rechtsverhältnis zur Schadloshaltung verpflichtet sein. Im übrigen löst das einseitig verbindliche Termingeschäft auch, abgesehen von der Haftung der Sicherheit, zwischen den Parteien bedeutsame Rechtswirkungen zugunsten des termingeschäftsfähigen Teiles aus. Wenn auch die Gegenpartei zur Erfüllung des Geschäftes nicht verpflichtet wird, so besteht doch eine Naturalobligation, die sich vor allem in ihrer Erfüllbarkeit zeigt: das auf Grund der unwirksamen Verbindlichkeit Geleistete kann nach § 55 nicht wegen deren Unwirksamkeit zurückgefordert werden. Weitere Wirkungen gehen jedoch noch darüber hinaus.

a) Verlangt die nicht termingeschäftsfähige Partei, die nicht erfüllt, von der Gegenpartei Erfüllung, so kann die termingeschäftsfähige Partei, wenn die Sicherheit zu ihrer Befriedigung nicht ausreicht, einwenden, daß der Vertrag nicht erfüllt sei. Denn es würde gegen die ratio legis verstoßen, wenn § 54 dazu benutzt werden könnte, sich in einer gegen Treu und Glauben verstoßenden Weise zu bereichern (NUSSBAUM, Anm. II c zu § 54).

b) Hat der termingeschäftsunfähige Teil gegen den termingeschäftsfähigen eine wirksame Forderung aus einem anderen Börsentermingeschäft, deren Gegenstand dem der Naturalobligation gleichartig ist, so gibt die Naturalobligation nach den §§ 56, 54 für den termingeschäftsfähigen Teil eine zur Aufrechnung geeignete Forderung ab, insoweit die Naturalobligation nicht durch die Sicherheit gedeckt ist. Der Wortlaut des § 56 spricht dafür, daß in diesem Fall die Naturalobligation sogar in ihrer ganzen Höhe zur Aufrechnung verwandt werden kann, die Aufrechnung also nicht nur auf den ungedeckten Rest zu beschränken ist (BERNSTEIN, Anm. A II 2 zu §§ 54—56; a. M. JOSEPHI, S. 57).

c) Bewirkt der termingeschäftsfähige Teil die vereinbarte Leistung an den termingeschäftsunfähigen Teil und erklärt sich dieser dem termingeschäftsfähigen Teil gegenüber bei oder nach dem Eintritt der Fälligkeit der Leistung mit deren Bewirkung einverstanden, so verwandelt sich die Naturalobligation in ein rechtsverbindliches Schuldverhältnis (vgl. § 57 in Verbindung mit § 54). Sie ist so zu erfüllen, wie wenn sie von Anfang an rechtsverbindlich gewesen wäre.

6. Wegen der Ungleichmäßigkeit der Rechtswirkungen wird das einseitig verbindliche Börsentermingeschäft ein „hinkendes" genannt (MEYER/BREMER, Anm. 3 zu § 54). Es läßt sich unter die überlieferten Geschäftsarten kaum einreihen. Seine Erläuterung kann lediglich aus dem BörsG selbst entnommen werden.

Literatur

BERNSTEIN: Das Börsenprivatrecht nach der Novelle von 1908, ZHR Bd. 62 (1908), S. 137f. — JACUSIEL: Der Börsenterminhandel in Wertpapieren unter dem neuen Börsengesetz, Leipziger Zeitschr. II. Jhg. (1908), S. 570f. — LOEWENBERG: Wertpapiere als Sicherheiten für Börsentermingeschäfte, Bank-Arch. X.Jhg. (1910), S. 284f. — NUSSBAUM: Erfüllungsannahme bei Börsentermingeschäften, ZHR Bd. 72 (1912), S. 52f.

VIII. Unverbindliche Börsentermingeschäfte

A. Allgemeines

1. Unverbindlich sind a) alle Börsentermingeschäfte zwischen termingeschäftsunfähigen Parteien (§ 52 in Verbindung mit § 53), b) Börsentermingeschäfte zwischen einer termingeschäftsfähigen und einer termingeschäftsunfähigen Partei, sofern nicht für ihre Erfüllung eine Sicherheit gemäß § 54 wirksam bestellt wurde (§ 52 in Verbindung mit § 54), c) alle Börsentermingeschäfte, die zugleich Spiel- oder Differenzgeschäfte sind und Waren oder Wertpapiere betreffen, die nicht zum Terminhandel zugelassen sind (§ 58 BörsG in Verbindung mit §§ 762, 764 BGB), und d) alle verbotenen Börsentermingeschäfte (§§ 52, 64, 66).

2. Alle diese Geschäfte erzeugen für keine der Parteien eine rechtswirksame Verbindlichkeit. Sie sind daher unklagbar und begründen kein Zurückhaltungsrecht und auch keine Aufrechnungsmöglichkeit, wenn man von der Ausnahme in § 56 absieht. Die Unverbindlichkeit des Hauptgeschäfts erstreckt sich notwendig auch auf die akzessorischen Geschäfte wie Bürgschaften und Sicherheitsleistungen. Soweit die Vorschriften in § 64 Abs. 1 Satz 2 und § 66 Abs. 1 Satz 2 dies ausdrücklich bestimmen, betonen sie nur etwas Selbstverständliches.

B. Erfüllbare Börsentermingeschäfte

1. Alle unverbindlichen Börsentermingeschäfte sind erfüllbar, ausgenommen diejenigen in Getreide und Erzeugnissen der Getreidemüllerei (§§ 55, 64, 58 BörsG in Verb. mit den §§ 762, 764 BGB). Die Geschäfte lassen für beide Parteien „natürliche" Verbindlichkeiten entstehen, bei denen nach den §§ 55, 64 Abs. 2 BörsG und den §§ 762, 764 BGB das auf Grund der Geschäfte Geleistete nicht deshalb zurückgefordert werden kann, weil die Geschäfte als Börsentermin-, als Spiel- oder Differenzgeschäfte unverbindlich sind. Dagegen ist eine Rückforderung aus anderen Gründen, beispielsweise wegen mangelnder Geschäftsfähigkeit oder wegen Irrtums oder Betrugs, durchaus möglich.

2. Die Frage, wann eine Leistung auf Grund des Geschäfts anzunehmen ist (§ 55), wird oft schwer zu beantworten sein. Da das Börsentermingeschäft ein Anschaffungsgeschäft über Waren oder Wertpapiere ist, werden die auf Grund dieses Geschäfts erfolgenden Leistungen fast ausnahmslos wieder in Rechtsgeschäften bestehen, und zwar in solchen, die auf seine Erfüllung abzielen. Von diesen Geschäften scheiden alle vertragsweise zwischen Terminschuldner und Termingläubiger abgeschlossenen Verpflichtungsgeschäfte aus (§§ 59 und 69 BörsG, § 762 Abs. 2 BGB). Es bleiben nur die Rechtsgeschäfte zwischen Terminschuldner und Termingläubiger, die entweder Verfügungsgeschäfte oder einseitige Verpflichtungsgeschäfte sind. Hiernach ergeben sich folgende Möglichkeiten:

a) Das erfüllbare Geschäft wird seinem ursprünglichen Inhalt entsprechend erfüllt. Die Erfüllung kann in der Zahlung des Preises oder der Lieferung der Waren oder Wertpapiere geschehen. Dabei macht es keinen Unterschied, ob die Leistung nur teilweise oder vollständig erbracht wird (vgl. RG in RGZ Bd. 47 S. 52; RG in JW 1904 S. 124).

b) Der Erfüllungsleistung ist eine Leistung an Erfüllungsstatt, die in einer Verfügung des Terminschuldners besteht, gleich zu achten (vgl. § 364 Abs. 1 BGB). Das gilt beispielsweise für die Übereignung beliebiger Sachen, die Abtretung von Forderungen oder die Übertragung von Grundschulden (nicht von Hypotheken: vgl. RG in RGZ Bd. 73 S. 143), falls diese Verfügungsgegenstände vom Termingläubiger an Erfüllungsstatt angenommen werden. Doch ist die Übernahme einer neuen Verbindlichkeit zum Zweck der Befriedigung des Gläubigers (abweichend von § 364 Abs. 2 BGB) keine wirksame Leistung im Sinne des § 55, wenn sie an Erfüllungsstatt erfolgt (vgl. im einzelnen MEYER/BREMER, Anm. 2 zu § 55).

c) Bei Leistungen, die nur erfüllungshalber erbracht werden (vgl. § 364 Abs. 2 BGB), ist die Frage, ob „geleistet" worden ist, im Grundsatz zu verneinen. Solche Leistungen werden meist in der vertragsweisen Eingehung einer Verbindlichkeit seitens des Terminschuldners bestehen. Treten sie ausnahmsweise in Gestalt von Verfügungen oder von einseitigen Verpflichtungen des Terminschuldners auf, so wird man sie für rechtsbeständig halten müssen.

3. Die zuvor entwickelten Grundsätze gewinnen besondere Bedeutung für Wechsel, die vom Terminschuldner, sei es an Erfüllungsstatt, sei es erfüllungshalber, auf eine unverbindliche, aber erfüllbare Terminschuld gegeben werden. In der Regel sind hier zwei Hauptfälle zu unterscheiden.

a) Trägt der Wechsel die Unterschriften dritter Personen und geht der Terminschuldner selbst mit der Hingabe eine Verbindlichkeit nicht ein, so kann der Wechsel nicht zurückgefordert werden. In diesem Fall ist in der Hingabe nichts anderes als eine Verfügung des Terminschuldners über bestehende Wechselansprüche zu erblicken.

b) Übernimmt der Terminschuldner mit der Hingabe des Wechsels selbst eine Wechselverbindlichkeit (mittels Ausstellung, Akzeptes oder Indossamentes), so kann zweifelhaft sein, ob hierin ein einseitiges Rechtsgeschäft oder ein Vertrag zu erblicken ist. Im ersten Fall ist die Verbindlichkeit wirksam, im zweiten Fall unwirksam.

4. Was vom Wechsel gesagt wurde, gilt entsprechend für den Scheck. Abweichungen ergeben sich einerseits daraus, daß der Scheck nicht angenommen werden kann, andererseits daraus, daß nicht nur der Aussteller und die Indossanten, sondern auch alle Personen, die ihren Namen oder ihre Firma auf die Rückseite des Schecks geschrieben haben, für dessen Einlösung haften.

5. Eine „Leistung" muß ferner auch in der durch den Terminschuldner erfolgten Hinterlegung des Schuldgegenstandes erblickt werden, wenn deren allgemeine Erfordernisse gemäß § 372 BGB erfüllt sind und die Rücknahme der hinterlegten Sache gemäß § 376 BGB ausgeschlossen ist.

6. Erfüllungssurrogat kann endlich die Aufrechnung sein. Die Aufrechnung hat nach dem Bürgerlichen Gesetzbuch rechtswirksame Forderungen zur Voraussetzung. Im Gegensatz zur Erfüllung und zur Hinterlegung bewirkt sie ferner nicht nur eine freiwillige, sondern zugleich auch eine unfreiwillige Schuldentilgung. Deshalb ist es nicht angängig, die §§ 387 f. BGB auf die hier in Frage stehenden unverbindlichen Terminforderungen im vollen Umfang anzuwenden. Vielmehr ist die Anwendung nur insoweit zulässig, als dadurch für den Terminschuldner das Ergebnis einer freiwilligen Tilgung seiner Naturalobligation herbeigeführt wird. Stehen sich daher zwei bloß erfüllbare Terminforderungen gegenüber, so ist die Aufrechnung nicht statthaft. Steht dagegen einer derartigen Forderung eine rechtsverbindliche Forderung gegenüber, so kann zwar grundsätzlich (mit der Ausnahme in § 56) die bloß erfüllbare Forderung nicht gegen die rechtsverbindliche Forderung, wohl aber die rechtsverbindliche Forderung gegen die bloß erfüllbare aufgerechnet werden.

Neben der einseitigen Aufrechnung nach dem Recht des Bürgerlichen Gesetzbuches ist die vertragsmäßige Aufrechnung möglich. Da sie vom

Willen beider Parteien abhängt, sind die in ihr enthaltenen Schuldentilgungen stets als freiwillige anzusehen. Da sie ferner eine Verfügung bildet, steht sie außerhalb des Wirkungskreises der §§ 59, 69 BörsG und des § 762 Abs. 2 BGB. Demzufolge können durch vertragsmäßige Aufrechnung nicht nur rechtsverbindliche Forderungen gegen bloß erfüllbare Terminforderungen, sondern auch diese gegen rechtsverbindliche Terminforderungen sowie bloß erfüllbare Forderungen gegeneinander aufgehoben werden.

Praktisch das bedeutsamste Anwendungsgebiet der vertragsmäßigen Aufrechnung bildet der Kontokorrentverkehr. An sich ist der Kontokorrentvertrag selbst kein eigentlicher Aufrechnungsvertrag. Jedoch ist in der Feststellung des Kontokorrentsaldos eine vertragsmäßige Gesamtaufrechnung aller im Kontokorrentverkehr entstandenen beiderseitigen Forderungen zu erblicken. Die vertragsmäßige Gesamtaufrechnung ist als freiwillige Verfügung ohne Rücksicht auf die Verbindlichkeit der einzelnen Kontokorrentforderungen wirksam, sofern diese Forderungen nur erfüllbar sind. Bestände daher die Saldofeststellung ausschließlich in einer vertragsmäßigen Gesamtaufrechnung, so könnte ihre Wirksamkeit dadurch, daß ihr unverbindliche, aber erfüllbare Terminforderungen zugrunde liegen, nicht betroffen werden. Die Saldofeststellung enthält aber außer der vertragsmäßigen Aufrechnung, der Verrechnung der Haben- und Sollposten des Kontokorrents, auch noch ein Schuldanerkenntnis derjenigen Partei, zu deren Ungunsten der Saldo lautet. Dieses Schuldanerkenntnis kann gemäß den §§ 59, 69 BörsG und dem § 762 Abs. 2 BGB nur insoweit verbindlich sein, als es sich auf verbindliche Forderungen bezieht. Deshalb müssen hier bezüglich seiner Verbindlichkeit drei Fälle unterschieden werden:

a) Handelt es sich bei den einzelnen Kontokorrentschulden des Saldoschuldners sämtlich um rechtsverbindliche Schulden, so ist ohne Rücksicht auf die Verbindlichkeit seiner Kontokorrentforderungen das Schuldanerkenntnis und damit die ganze Saldofeststellung in voller Höhe rechtswirksam.

b) Sind die Schulden sämtlich unverbindliche, wenn auch erfüllbare Terminschulden, so ist das Schuldanerkenntnis seinem ganzen Betrage nach unverbindlich (§ 59).

c) Sind die fraglichen Schulden zum Teil verbindlich, zum Teil bloß erfüllbar, setzt sich also der Saldo teils aus verbindlichen, teils aus unverbindlichen Schulden zusammen, so ist es fraglich, ob der Habensaldo voll wirksam, teilweise wirksam oder überhaupt unwirksam ist.

Das Reichsgericht hat in den Entscheidungen RGZ Bd. 56 S. 19, Bd. 59 S. 192 und JW 1905 S. 186 dargelegt, daß die Anerkennung des Saldos, soweit in dieser Anerkennung das Ergebnis der klaglosen Geschäfte enthalten ist, keine klagbare Forderung erzeugt (§ 762 Abs. 2 BGB, §§ 52, 59 BörsG). Jedoch sei in der Vornahme der Verrechnung und ihrer Genehmigung gleichzeitig als selbständiger Rechtsakt ein Aufrechnungsvertrag enthalten, der hinsichtlich der klaglosen Geschäfte die Erfüllung bewirkt. Die Verrechnung sämtlicher Aktivposten auf die Passivposten soll nach diesen Entscheidungen in solchem Fall verhältnismäßig erfolgen.

Wegen der im Ergebnis bedenklichen Folgen dieser Grundsätze hat das Reichsgericht später auf den Gesichtspunkt von Treu und Glauben zurückgegriffen und erklärt, daß das Aufrechnungsangebot nur als unter der stillschweigenden auflösenden Bedingung der Verrechnung aller Geschäfte als wirksam abgegeben und auch nur als in diesem Sinne angenommen gelten kann. Hiernach ist bei Berufung des Saldoschuldners auf die Klaglosigkeit gewisser im Kontokorrent mitverrechneter Geschäfte die Verrechnung als nicht erfolgt anzusehen. Das Rechnungsverhältnis ist dann, gegebenenfalls zurück bis zum Beginn der Geschäftsverbindung, auf Grund des Kontokorrentvertrags erneut zu würdigen. Dabei sind mangels eines wirksamen Aufrechnungsvertrags die Posten aus Geschäften, deren Klaglosigkeit geltend gemacht worden ist, auf beiden Seiten der Rechnung als fortgefallen zu behandeln (RG in RGZ Bd. 132 S. 218f.).

Die Regeln über den Kontokorrentverkehr sind nachgiebiges Recht. Sie können deshalb durch Bankbedingungen, auch soweit die Aufrechnung gegen Forderungen aus unklagbaren Börsentermingeschäften in Frage kommt, abgeändert werden. Eine solche vertragliche Abänderung muß aber genügend klar erkennen lassen, in welcher Weise die Aufrechnung entgegen den gewöhnlichen Regeln des Kontokorrents vorgenommen werden soll (RG in RGZ Bd. 144 S. 311).

Literatur

BACMEISTER: Differenzgeschäfte im Kontokorrentverkehr, Diss. Göttingen 1907. — BERNSTEIN: Das Börsenprivatrecht nach der Novelle von 1908, ZHR Bd. 62 (1908), S. 137f. — HOLBECK: Börsentermingeschäfte der Fondsbörse im Kontokorrent, Diss. Bonn 1912. — KRAPF: Der Kontokorrentvertrag, 1936. — WEISPFENNING: Ein Beitrag zur Lehre vom Kontokorrent, JW 1938, S. 3091f.

7. In Hinsicht aller erfüllbaren Börsentermingeschäfte sind auch rechtsbeständige Vorausleistungen möglich; KG in Bank-Arch. XI. Jhg. (1911), S. 124f. Dabei ist allerdings zu berücksichtigen, daß die Hingabe von Geld oder Wertpapieren als Vorausleistungen nach dem Parteiwillen häufig nicht der Erfüllung, sondern der Sicherung zukünftiger Ansprüche dienen soll. Sie ist aber nur dann rechtsbeständig, wenn sie entweder die Voraussetzungen des § 54 erfüllt oder rechtsverbindlichen Geschäften vorangeht.

8. Endlich kann auch ein Dritter auf Grund eines unverbindlichen, aber erfüllbaren Börsentermingeschäfts rechtsbeständige Leistungen bewirken (vgl. § 267 BGB, §§ 55, 64 Abs. 2 BörsG und § 762 Abs. 1 Satz 2 BGB). Die Leistungsbefugnis Dritter erfährt aber gegenüber derjenigen des Terminschuldners teils eine Beschränkung, teils eine Erweiterung. Die Beschränkung liegt darin, daß die Aufrechnung und die Hinterlegung grundsätzlich

nur vom Terminschuldner selbst vorgenommen werden können. Die Erweiterung ergibt sich daraus, daß die Verbindlichkeiten, welche dritte Personen zwecks Erfüllung fremder Terminschulden durch Vertrag mit dem Termingläubiger eingehen, von den §§ 59, 69 BörsG und § 762 Abs. 2 BGB nicht betroffen werden, mithin, sofern sie nicht etwa, wie zum Beispiel die Bürgschaft, akzessorischen Charakter haben, als Leistungen auf Grund erfüllbarer Termingeschäfte wirksam sind. Allerdings kommt die Schuldübernahme hier nicht in Frage, da die §§ 414f. BGB nur auf rechtsverbindliche Schulden anwendbar sind.

9. Unter der Gesamtheit der unverbindlichen, aber erfüllbaren Börsentermingeschäfte gibt es zwei Arten, die verbotenen und diejenigen, die als gleichzeitige Spiel- oder Differenzgeschäfte über zum Terminhandel nicht zugelassene Waren oder Wertpapiere abgeschlossen werden, welche auf die Rechtswirkung der Erfüllbarkeit beschränkt sind. Die übrigen Arten dieser Geschäfte äußern dagegen nach Maßgabe der §§ 56, 57 und 58 noch zwei weitere Rechtswirkungen: eine Aufrechnungsmöglichkeit und die Möglichkeit der Konvaleszenz. Wie in entsprechender Weise bei den einseitig verbindlichen Termingeschäften können diese Rechtswirkungen im einzelnen wie folgt gekennzeichnet werden:

a) Die Aufrechnungsmöglichkeit ist beschränkt. Sie greift nur gegenüber Forderungen aus anderen Börsentermingeschäften Platz. Während die Parteien der hier besprochenen Geschäfte ihre daraus entspringenden Forderungen mangels ihrer Verbindlichkeit nach bürgerlichem Recht überhaupt nicht einseitig aufrechnen können, gewährt ihnen § 56 diese Befugnis dann, wenn den „natürlichen" Forderungen solche rechtsverbindlichen Forderungen gegenübertreten, die ebenfalls aus Termingeschäften stammen.

b) Die Möglichkeit der Konvaleszenz besteht nach § 57, wenn folgende Voraussetzungen gegeben sind: Ein Vertragsteil muß die vereinbarte Leistung an seinen Vertragsgegner bewirken. Unter der vereinbarten Leistung ist nur die den Geschäftsinhalt ausmachende, ursprünglich vereinbarte Leistung, also die vollständige Lieferung der Waren oder Wertpapiere beziehungsweise Zahlung des Kaufpreises zu verstehen. Teilleistungen sowie Erfüllungssurrogate sind damit ausgeschlossen. Der Vertragsgegner des Leistenden muß sich ferner diesem gegenüber bei oder nach dem Eintritt der Fälligkeit der fraglichen Leistung mit deren Bewirkung einverstanden erklären.

Mit dem Eintritt der Konvaleszenz gilt das unverbindliche Termingeschäft als ein von Anfang an für beide Parteien verbindliches. Die Konvaleszenz hat also rückwirkende Kraft.

Literatur

STEINBERG: Das Wirksamwerden unverbindlicher Börsentermingeschäfte nach § 57 BörsG, Diss. Jena 1914. — SILBERMANN: Der Eintritt der Vollverbindlichkeit unverbindlicher Börsentermingeschäfte, 1931.

C. Fakultativ und absolut verbotene Börsentermingeschäfte

1. Was das Recht der verbotenen Börsentermingeschäfte anbetrifft, so können nach dem BörsG (§§ 63—70, mit Ausnahme des § 67) zwei Gruppen unterschieden werden: fakultativ verbotene Börsentermingeschäfte (§ 63), die nach dem Gesetz geduldet werden können, aber von den zur Entscheidung über ihre Zulässigkeit ermächtigten Instanzen nicht geduldet werden, und absolut verbotene Börsentermingeschäfte in Getreide und Erzeugnissen der Getreidemüllerei (§ 66 Abs. 1).

a) Die fakultativ verbotenen Börsentermingeschäfte zerfallen ihrerseits wieder in Börsentermingeschäfte in Anteilen von Bergwerks- und Fabrikunternehmen, die in Ermangelung ausdrücklicher Genehmigung durch eine Rechtsverordnung des Bundesministers für Wirtschaft mit Zustimmung des Bundesrats als verboten gelten (§ 63 Abs. 1), und in Börsentermingeschäfte in anderen Kategorien von Waren oder Wertpapieren, die wegen ausdrücklicher Untersagung im Rechtsverordnungswege durch den Bundesminister für Wirtschaft mit Zustimmung des Bundesrats oder wegen Nichterfüllung der Bedingungen, an die diese Organe die Zulässigkeit der Geschäfte geknüpft haben, verboten sind. Die privatrechtlichen Wirkungen sind bei beiden Gruppen gleich. Sie begründen keine Verbindlichkeit, auch wenn auf beiden Seiten börsentermingeschäftsfähige Vertragspartner vorhanden sind. Das auf Grund eines solchen Geschäfts Geleistete kann wegen des Nichtbestehens eines klagbaren Anspruchs nicht zurückgefordert werden (§ 64 Abs. 2). Weiter gehen die Wirkungen der auf diese Weise anerkannten natürlichen Verbindlichkeit nicht. Die Verbindlichkeit kann insbesondere nicht einseitig gegen andere Forderungen aus Börsentermingeschäften zur Aufrechnung gebracht werden. Auch kann für sie keine Sicherheit mit Wirksamkeit bestellt werden. Ebenso findet keine Heilung der Unwirksamkeit durch effektive Erfüllung statt, wie sie § 57 bei erlaubten Geschäften vorsieht. Die bürgerlich-rechtlichen Wirkungen des Verbots erstrecken sich nicht weniger auf die Übernahme von Verbindlichkeiten zum Zweck der Erfüllung des verbotenen Geschäfts, insbesondere auf Schuldanerkenntnisse sowie auf Aufträge oder Gesellschaftsverträge, die zum Zweck des Abschlusses solcher Geschäfte erteilt, beziehungsweise eingegangen worden sind (§§ 69, 70).

b) Die absolut verbotenen Börsentermingeschäfte in Getreide und Erzeugnissen der Getreidemüllerei (§ 66 Abs. 1) erzeugen nicht allein keine bürgerlich-rechtliche, sondern nicht einmal eine natürliche Verbindlichkeit. Ist auf Grund des Geschäfts etwas geleistet worden, so kann es gemäß § 812 BGB zurückgefordert werden. Lediglich aus Billigkeitsgründen ist dieses Rückforderungsrecht an eine zweijährige Ausschlußfrist (§ 66 Abs. 2) geknüpft, innerhalb derer der Berechtigte dem Verpflichteten gegenüber schriftlich erklären muß, daß er die Herausgabe verlange. Schuldverträge zum Zweck der Erfüllung, Aufträge und Vereinigungen zum Zweck des Abschlusses absolut verbotener Geschäfte werden der gleichen bürgerlich-rechtlichen Behandlung unterzogen, wie die Geschäfte selbst (§§ 69, 70).

2. Wie bei verbotenen Börsentermingeschäften in Getreide oder Erzeugnissen der Getreidemüllerei ist die bürgerlich-rechtliche Rechtslage bei Geschäften auf Lieferung von Getreide oder Getreidemehl, auch wenn sie nicht als Börsentermingeschäfte zu betrachten sind, sofern sie sich nach der Absicht beider Teile oder nach der dem einen Teil erkennbaren Absicht des anderen Teils als Differenzgeschäfte darstellen (§ 68).

IX. Das handelsmäßige Getreidelieferungsgeschäft

1. Die Bestimmungen über den Börsenterminhandel finden nach § 67 keine Anwendung auf den Kauf oder die sonstige Anschaffung von Getreide oder Getreidemüllereierzeugnissen, wenn der Abschluß nach Geschäftsbedingungen erfolgt, die der Bundesminister für Wirtschaft mit Zustimmung des Bundesrats durch materielles Gesetzesrecht genehmigt hat. Die Geschäftsbedingungen müssen einen ganz bestimmten Inhalt haben. Im Falle des Verzuges kann der nichtsäumige Teil die Annahme der Leistung nicht ablehnen, ohne dem säumigen Teil eine angemessene Frist zur Bewirkung der Leistung zu bestimmen. Auch darf nur eine Ware geliefert werden, die vor der Erklärung der Lieferungsbereitschaft von beeideten Sachverständigen untersucht und für lieferbar befunden ist. Endlich darf auch eine nicht vertragsmäßige Ware geliefert werden, wenn der Minderwert nach der Feststellung der Sachverständigen eine bestimmte Höhe nicht überschreitet und dem Käufer der Minderwert vergütet wird. Ein von den Sachverständigen festgestellter Mehrwert ist bis zu einer bestimmten Höhe dem Verkäufer zu vergüten. Als Vertragschließende dürfen nur solche Personen beteiligt sein, die nach der Art ihres Gewerbes am Mehl- oder Getreidehandel in einem besonderen Maße beteiligt sind (vgl. § 67 Abs. 1 Nr. 1 und 2).

2. Entsprechen solche Geschäfte den Anforderungen des BörsG, so sind sie nicht als Börsentermingeschäfte anzusehen. Auf sie finden weder die verwaltungsrechtlichen noch privatrechtlichen Grundsätze des Börsenrechts Anwendung. Sie unterliegen als einfache Zeitgeschäfte allein den Vorschriften des Bürgerlichen Rechts und des Handelsrechts.

Wird bei derartigen Geschäften von den verlangten Voraussetzungen abgewichen, so können sie den Charakter von nach § 65 verbotenen Börsentermingeschäften haben, wenn die sonstigen Voraussetzungen eines Börsentermingeschäfts erfüllt sind. Hierzu gehört unter anderem, daß die Nachfristsetzung ausgeschaltet ist.

Literatur
RIESSER: Die handelsrechtlichen Lieferungsgeschäfte, 1900. — POPPE: Die Entwicklung des Börsenzeithandels in Getreide und die Novelle vom 8. Mai 1908, Diss. Freiburg 1909. — GÖPPERT: Zur Begriffsbestimmung des Börsentermingeschäfts, Bank-Arch. XII. Jhg. (1912), S. 271f.

X. Anhang: Internationales Börsenprivatrecht

1. Für das Recht, das im internationalen Börsenverkehr Anwendung zu finden hat, insbesondere auch in Beziehung auf die abweichende Beurteilung der Rechtswirksamkeit der Termingeschäfte, gibt das BörsG keinen Hinweis. Auch die Usancen befassen sich regelmäßig nicht mit diesem Gebiet, was angesichts der Tatsache, daß sie nur den Brauch am Börsenort im Auge haben, verständlich ist. Das auf die Börsengeschäfte anwendbare Recht muß daher aus dem internationalen Vertragsrecht unter Berücksichtigung der Gesichtspunkte entnommen werden, die im besonderen für internationales Börsenprivatrecht maßgebend sind.

2. Ob für das auf Verpflichtungen aus Verträgen anzuwendende örtliche Recht der Ort des Geschäftsabschlusses oder der Erfüllungsort des Schuldners oder dessen Wohnort entscheidend ist, spielt für Börsengeschäfte keine große Rolle. Börsengeschäfte werden in der Regel unter Zugrundelegung der Usancen einer bestimmten Börse geschlossen. Das bedeutet in jedem Fall eine Unterwerfung unter die Bestimmungen des örtlichen Rechts, an das sich die Börsenusancen anschließen; RG in Bank-Arch. VII. Jhg. (1907) S. 382. Die Unterwerfung gilt auch dann als gewollt, wenn zwar die Usancen des Börsenorts ausgeschlossen, jedoch der Ort als solcher als Erfüllungsort für das Geschäft vereinbart ist. Für die Form des Geschäfts genügt es, daß die am Abschlußort geltenden Vorschriften beobachtet werden (Art. 11 Abs. 1 Satz 2 EGBGB; locus regit actum).

3. Werden Börsentermingeschäfte im Ausland geschlossen oder sind sie im Ausland zu erfüllen, so sind auf sie die Vorschriften der §§ 52—60 anzuwenden (§ 61). Dies hat zur Folge:

a) Ist ein Geschäft nach den §§ 52—60 unwirksam, so gilt dies auch, wenn das anzuwendende ausländische Recht das Geschäft als wirksam anerkennt. Ausländische Urteile, die diesen Grundsatz nicht berücksichtigen, dürfen von den deutschen Gerichten nicht anerkannt werden (§ 328 Abs. 4 ZPO).

b) Ist ein Geschäft nach den §§ 52—60 wirksam, so sind diese Vorschriften auch dann anzuwenden, wenn das ausländische Börsenrecht keine oder minder weitgehende Rechtswirkungen an das Geschäft anschließt; Beispiel: Bei einem offiziellen Börsentermingeschäft darf der nach ausländischem Recht etwa statthafte Spiel- oder Differenzeinwand vom deutschen Gericht nicht berücksichtigt werden. Dagegen ist ein am ausländischen Abschlußort geltendes Verbot des Börsenterminhandels in Waren oder Wertpapieren der unter die §§ 52–60 fallenden Art auch im Inland zu beachten.

Literatur

v. BAR: Internationales Handelsrecht, in: Handbuch des gesamten Handelsrechts, herausgegeben von EHRENBERG, 1. Bd. (1913), S. 358f. — NUSSBAUM: Internationales Börsen- und Bankrecht, Wertheimers Jhb. 1912, S. 210f. — BRÄNDL: Internationales Börsenprivatrecht, 1925.

KAPITEL 5

Das Ordnungsstrafverfahren bei verbotenen Börsentermingeschäften in Getreide und Erzeugnissen der Getreidemüllerei

1. Nach § 71 verwirkt derjenige, der ein verbotenes Börsentermingeschäft in Getreide oder Erzeugnissen der Getreidemüllerei schließt, eine Ordnungsstrafe bis zu 10000 DM, wenn die Zuwiderhandlung vorsätzlich begangen worden ist. Für die Verhandlung und Entscheidung über die Festsetzung von Ordnungsstrafen haben die Landesregierungen bei den Börsen, die dem in Rede stehenden Handel dienen, „Kommissionen" zu bilden (§ 73). Weitere Bestimmungen über das Ordnungsstrafverfahren wegen verbotenen Getreideterminhandels betreffen die Ordnungsstrafgerichtsverfassung, ergänzende Verfahrensvorschriften und den Gang des Ordnungsstrafverfahrens (§ 74f.). Für die Verhandlung und Entscheidung über die Berufung ist eine Berufungskommission vorgesehen (§ 74 Satz 2).

2. Die Bestimmungen über das Ordnungsstrafverfahren sind kaum angewendet worden. Auch sind Vorschriften über das Verfahren in zweiter Instanz (vgl. § 84 Abs. 2) niemals erlassen worden. Angesichts der bisherigen Belanglosigkeit des Ordnungsstrafverfahrens und der Tatsache, daß ein Getreideterminhandel an den deutschen Produktenbörsen heute nicht besteht, kann von einer Darstellung dieses in der Sache überholten Verfahrens abgesehen werden.

KAPITEL 6

Börsenstrafrecht

I. Allgemeine Bemerkungen

1. Ehrengerichtsverfahren und Ordnungsstrafverfahren schienen dem Gesetzgeber nicht auszureichen, um die Börse und ihre Geschäfte vor unlauteren Machenschaften zu schützen. Im Einklang mit ausländischen Rech-

ten wurden deshalb Strafbestimmungen in das Börsengesetz eingefügt, die reines Kriminalunrecht darstellen (KOHLHAAS, Vorbem. vor § 88). Sie betreffen sehr unterschiedliche Tatbestände und werden gegenwärtig, mit Ausnahme der Vorschrift über Kommissionsbetrug und Kommissionärsuntreue (§ 95), kaum praktiziert. Dies dürfte im wesentlichen daran liegen, daß die Börsenverhältnisse im Laufe der Zeit eine so durchgreifende Verbesserung erfahren haben, vor allem aber das Bankgewerbe unter eine strenge staatliche Aufsicht genommen worden ist, daß die Strafbestimmungen leerlaufen. Kaum vorstellbar sind heute Strafverfahren wie die Bucketshop-Prozesse vor Berliner Strafkammern im Jahre 1913. Das Bucketshop-System – die Verleitung zu Börsenspekulationen unter Vorspiegelung falscher Tatsachen – gelangte aus Amerika nach England. Hier fand es gute Entwicklungsmöglichkeiten, wobei ihm große und kleine Vermögen zum Opfer fielen. Besonders günstig waren dafür die Medio- und Ultimoprolongationen an der Londoner Börse. Neben englischen Firmen eröffneten deutsche und französische „Bankinhaber" Geschäftsbetriebe in London, die sich dem Bucketshop-System widmeten. Schließlich griff das System auch auf Deutschland über und führte hier zu mehreren, großes Aufsehen erregenden Prozessen.

2. Die Strafbestimmungen des BörsG umfassen den Kursbetrug (§ 88 Abs. 1) und den Prospektbetrug (§ 88 Abs. 3), die Kursbeeinflussung durch Bestechung der Presse (§ 89 Abs. 1) oder durch Zahlung von Schweigegeld (§ 89 Abs. 2), die unerlaubte Kurszettelverbreitung (§ 90) und die verbotenen Börsentermingeschäfte in Getreide oder Erzeugnissen der Getreidemüllerei, die durch wiederholten Rückfall und gewerbsmäßige Begehung zu einem Kriminaldelikt geworden sind (§ 91). Weitere Bestimmungen betreffen die künstliche Konjunkturbildung für Getreide und Mühlenerzeugnisse (§§ 92, 93), die Verleitung zum Börsenspiel (§ 94) und den bereits erwähnten Kommissionsbetrug sowie die Kommissionärsuntreue.

Literatur
MAYER: Schutzbestimmungen im neuen Börsengesetz, Diss. Heidelberg 1909. — HERMANN: Die §§ 88—93 des Börsengesetzes, Diss. Erlangen 1910. — WEINHOLZ: Der strafrechtliche Schutz auf dem Gebiete des Börsenwesens, Diss. Straßburg 1911. — WADDIN: Die Strafbestimmungen des Börsengesetzes, Diss. Heidelberg 1912. — WILLE: Das System des Bucketshop, 1914.

II. Kursbetrug

Kursbetrug begeht, wer in betrügerischer Absicht auf Täuschung berechnete Mittel anwendet, um auf den Börsen- oder Marktpreis von Waren oder Wertpapieren einzuwirken (§ 88 Abs. 1). Täter kann also jede physische Person sein, unabhängig davon, ob sie Börsenbesucher ist oder ob sie im eigenen oder fremden Interesse handelt. Ihre Einwirkung auf den Börsenpreis ist Einwirkung auf den vom Börsenvorstand oder von den Kursmaklern oder einer Notierungskommission festgesetzten amtlichen Preis für börsengängige Waren oder Wertpapiere, aber auch die Einwirkung auf die Spannungspreise von Wertpapieren im Freiverkehr, die der Ortsausschuß für amtlich nicht notierte Werte festsetzt.

Während der Börsenpreis für Wertpapiere in aller Regel ein festgesetzter Kurs sein wird, ist der Marktpreis für Waren meist ein Durchschnittspreis, der sich am Markt aus den dort abgeschlossenen Geschäften ergibt (FEISENBERGER, Anm. 4b zu § 88). Festsetzungen durch Verbände erfüllen diese Voraussetzung nicht (RG in JW 1927 S. 1143).

Sehr weit gefaßt ist der Begriff der auf Täuschung berechneten Mittel. Er umfaßt die pflichtwidrige Nachrichtenzurückhaltung durch Börsenangestellte ebenso wie die Erregung von Panik oder das Ausstreuen vager Gerüchte. Dabei spielt es keine Rolle, ob das Mittel geeignet ist, den beabsichtigten Erfolg hervorzurufen. § 88 ist im Gegensatz zum Betrugsdelikt (§ 263 StGB) ein reines Gefährdungsdelikt.

Die Strafe ist Gefängnis. Sie kann zugleich mit Geldstrafe verbunden werden. Bei mildernden Umständen kann ausschließlich auf Geldstrafe erkannt werden.

Literatur

MAYER: Der Kurs- und Prospektbetrug — Börsengesetz § 88, Diss. Rostock 1913.

III. Prospektbetrug

1. Strafbar macht sich nach § 88 Abs. 3 derjenige, der in betrügerischer Absicht wissentlich unrichtige Angaben in Prospekten (§ 38) oder in öffentlichen Kundgebungen macht, durch die die Zeichnung oder der Ankauf oder Verkauf von Wertpapieren herbeigeführt werden soll. Prospektbetrug ist hiernach nur möglich bei Wertpapieren. Auf Waren ist die Strafvorschrift nicht anwendbar. Möglicherweise hilft in diesem Fall jedoch § 4 UWG.

Der Prospekt, der das Publikum über alle tatsächlichen und rechtlichen Verhältnisse des emittierenden Unternehmens unterrichten soll, braucht noch nicht veröffentlicht zu sein. Es genügt, daß er bei der Zulassungsstelle eingereicht wird (MEYER/BREMER, Anm. 3 zu § 88). Öffentliche Kundgebungen sind alle Mitteilungen, die sich an einen zahlenmäßig unbegrenzten, nicht abgeschlossenen Personenkreis richten (FEISENBERGER, Anm. 14 zu § 88). Dabei kommt es auf die Form der Veröffentlichung nicht an. Sie kann auch durch Vortrag, durch Anschläge oder durch die Presse erfolgen.

Auch der Prospektbetrug ist ein Delikt, bei dem es nur auf die rechtswidrige Bereicherungsabsicht, nicht auf den Erfolg ankommt. Die Strafen sind die gleichen wie beim Kursbetrug.

2. Bei einer unter § 88 fallenden Pressenachricht kann sich der verantwortliche Redakteur als Täter nach den Pressegesetzen der Länder strafbar machen, wenn er die Veröffentlichung nachweislich in betrügerischer Absicht bewirkt hat (Nussbaum, Anm. III c zu § 88). Möglich ist auch ein fahrlässiges Pressedelikt. Börsenkursblätter sind aber nicht als Zeitungen im Sinne der Pressegesetze anzusehen.

IV. Kursbeeinflussung durch Bestechung der Presse

Strafbar macht sich nach § 89 Abs. 1, wer für Mitteilungen in der Presse, durch die auf den Börsenpreis von Waren oder Wertpapieren eingewirkt werden soll, Vorteile gewährt oder verspricht oder sich gewähren oder versprechen läßt, vorausgesetzt, daß sie in einem auffälligen Mißverhältnis zu der Leistung stehen. Das damit unter Strafe gestellte Erkaufen von Pressemitteilungen bezieht sich nicht nur auf die periodische Presse. Gemeint ist vielmehr jede Art von Druckschriften im Sinne der Pressegesetze (a.M. Bernstein, Anm. II 1 b zu § 89), weil rechtspolitisch kaum anzunehmen ist, daß Mitteilungen in nichtperiodischen Druckschriften als weniger verwerflich anzusehen sind. Für die Mitteilung zwecks Einwirkung auf den Börsenpreis genügt die Absicht bei einem der Beteiligten, wenn nur der andere Teil die Absicht kennt. Es genügt aber auch, wenn sich derjenige, der das Erscheinen der Mitteilung in der Absicht der Einwirkung auf den Börsenpreis bewirkt hat, von einem anderen, der diese Absicht kennt und billigt, nachträglich entlohnen läßt (Bernstein, Anm. II 1 c zu § 89).

Auch hier gilt bezüglich des Börsenpreises der Waren oder Wertpapiere, was schon beim Kursbetrug zu diesem Begriff ausgeführt worden ist.

Die Strafe ist Gefängnis bis zu einem Jahr. Sie kann mit einer Geldstrafe bis zu 5000 DM verbunden werden. Bei mildernden Umständen kann auf Geldstrafe allein erkannt werden. Bereits der Versuch ist strafbar.

V. Die Vorteilsannahme für die Unterlassung von Pressemitteilungen

Das Delikt des Erkaufens von Pressemitteilungen wird durch eine Vorschrift ergänzt, die die Vorteilsannahme oder die Entgegennahme eines Vorteilsversprechens für das Unterlassen von Pressemitteilungen unter Strafe stellt (§ 89 Abs. 2). Zweck dieser Vorschrift ist, zu verhindern, daß ein Mitglied der Presse Mitteilungen, die für Börsenkreise von Belang sein können, gegen die Gewährung von Vorteilen unterdrückt. Das Gesetz stellt diese Handlungsweise mit Recht unter Strafe, um die Kurswahrheit auch in solchen Fällen zu sichern, wo es möglich gewesen wäre, zu warnen, die Warnung aber aus eigensüchtigen Motiven unterlassen wird. Dabei braucht es sich nicht um Mitteilungen zu handeln, durch die auf den Börsenpreis hätte eingewirkt werden sollen, sondern es sind auch Mitteilungen gemeint, bei denen nur die Möglichkeit der Einwirkung auf den Börsenpreis gegeben gewesen wäre (so mit Recht FEISENBERGER, Anm. 13 a zu § 89).

VI. Unerlaubte Kurszettelverbreitung

Eine der wichtigeren Vorschriften des Börsenstrafrechts ist die Vorschrift gegen unerlaubte Kurszettelverbreitung. Nach der dafür maßgebenden Vorschrift (§ 90) ist die wissentliche Veröffentlichung von Preislisten (Kurszetteln) in drei Fällen unter Strafe gestellt: wenn sie a) für an oder außerhalb der Börse geschlossene Geschäfte von Wertpapieren erfolgt, die zur öffentlichen Zeichnung aufgelegt sind, vorausgesetzt, daß zur Zeit des Geschäftsabschlusses die Zuteilung an die Zeichner noch nicht beendet war (§ 42); wenn sie b) für an der Börse abgeschlossene Geschäfte in zum Börsenhandel nicht zugelassenen Wertpapieren (§ 43) vorgenommen wird; und wenn sie c) an und außerhalb der Börse abgeschlossene Börsentermingeschäfte in Waren oder Wertpapieren betrifft, in denen der Börsenterminhandel von der Benutzung der Börseneinrichtungen ausgeschlossen ist (§ 51). Die bei weitem bedeutungsvollste Strafandrohung ist die zu b) genannte.

Das Delikt, das von jedermann, also nicht nur von Börsenbesuchern, begangen werden kann, bezieht sich in jedem Fall auf die Veröffentlichung oder mechanische Vervielfältigung von Preislisten, die den Eindruck erwecken, Börsenpreise wiederzugeben. Denn die Verbote nach § 42 Satz 3 und § 43 Satz 3 (mit einer Ausnahme) als auch nach § 51 Abs. 2 beziehen sich auf Geschäfte an der Börse oder wenigstens im Zusammenhang mit der Börse.

Nicht vom Delikt der unerlaubten Kurszettelverbreitung werden die Fälle erfaßt, in denen nicht Preise genannt werden, sondern nur Angebot oder Nachfrage in Rede stehen (RG in RGZ Bd. 34 S. 117).

Sowohl die Veröffentlichung wie die Verbreitung der Preislisten ist verboten, so daß fast jede Art des Zugänglichmachens solcher Listen für einen größeren Personenkreis unter die Strafbestimmung fällt. Veröffentlichung ist nicht nur die Presseveröffentlichung, sondern auch die Veröffentlichung durch Anschlag oder Aushang, durch Rundfunk oder Fernsehen oder in jeder nur denkbaren sonstigen Vermittlung. Mechanisch vervielfältigt ist die Liste auch dann, wenn sie nicht nur durch Schreibmaschine, sondern durch Fotokopie oder Xerografie vervielfältigt wird, da mechanisch hier als Gegenstück zur handschriftlichen Verbreitung gedacht ist (anders FEISENBERGER, Anm. 5 b zu § 90).

Die Strafe ist Geldstrafe oder Haft oder Gefängnis bis zu sechs Monaten.

VII. Verbotene Börsentermingeschäfte in Getreide und Erzeugnissen der Getreidemüllerei als Kriminaldelikt

Kriminell strafbar handelt nach § 91, wer aus dem Abschluß von verbotenen Börsentermingeschäften in Getreide oder Mühlenerzeugnissen ein Gewerbe macht, nachdem er auf Grund des § 71 rechtskräftig zur Zahlung einer Ordnungsstrafe verurteilt worden ist, darauf abermals ein gemäß § 65 verbotenes Börsentermingeschäft abgeschlossen hat und deswegen zum zweiten Mal rechtskräftig verurteilt wurde. Die hartnäckige Nichtachtung des Verbots in § 65 führt also schließlich zu einem Delikt, das mit Gefängnis und mit Geldstrafe bis zu 10000 DM geahndet werden kann.

Mit Rücksicht darauf, daß Warentermingeschäfte, insbesondere Getreidetermingeschäfte, an deutschen Börsen nicht mehr abgeschlossen werden, muß die Vorschrift zum mindesten gegenwärtig als gegenstandslos betrachtet werden.

VIII. Künstliche Konjunkturbildung für Getreide und Mühlenerzeugnisse

Nach § 92 wird bestraft, wer verbotene Börsentermingeschäfte oder Geschäfte schließt, die unter die Begriffsbestimmung des § 68 fallen (Differenzgeschäfte in Getreide und Mühlenerzeugnissen), falls der Täter in gewinnsüchtiger Absicht handelt, um den Preis von Getreide oder Mühlenerzeugnissen im Widerspruch zu der durch die allgemeine Marktlage gegebenen Entwicklung zu beeinflussen. Die Vorschrift, die aus sich heraus nicht ohne weiteres verständlich ist, richtet sich gegen die sog. „Schwänzen" (corner), die durch übertriebene Ankäufe mit der Absicht eingeleitet werden, zur Lieferungszeit möglichst viel Waren aufzuspeichern und dadurch die Verkäufer, die ohne Deckung verkauft hatten, in die Notwendigkeit zu versetzen, die Ware zu gesteigerten Preisen von dem Käufer zurückzukaufen und Verluste zu erleiden. Die Geschäftstätigkeit wird regelmäßig in eine Mehrzahl beabsichtigter Abschlüsse zerfallen, von denen der erste oder die ersten dazu dienen, die Preise im Widerspruch mit der durch die allgemeine Marktlage gegebenen Entwicklung zu beeinflussen, die anderen Abschlüsse beabsichtigt sind, um Vorteile zu verwirklichen, die der Täter aus der Preisbeeinflussung ziehen will. Für die Strafbarkeit genügt aber schon ein einziges Geschäft, das den Tatbestand des § 92 erfüllt.

Nachdem durch § 67 das handelsrechtliche Lieferungsgeschäft ermöglicht worden ist, werden Schwänzen durch verbotene Termingeschäfte kaum vorkommen. Die Verkäufer könnten sich in diesem Fall auf § 66 (Unverbindlichkeit des gemäß § 65 verbotenen Geschäfts) stützen. Auch Schwänzen durch Geschäfte, die unter § 68 fallen (Unverbindlichkeit in Differenzgeschäften in Getreide- und Mühlenerzeugnissen), werden sich nicht ergeben, weil der Schwänzer die Waren regelmäßig tatsächlich erwerben will (vgl. MEYER/BREMER, Anm. 1 zu § 92). Es bleibt somit der Fall übrig, daß der Schwänzer die auf ein Spielgeschäft gerichtete Absicht des Verkäufers kennt.

Auch hier ist eine nähere Darlegung wegen des Fehlens von Getreidetermingeschäften unnötig.

IX. Verleitung zu Börsenspekulationsgeschäften

1. Gegen die Verleitung zu Börsenspekulationsgeschäften wendet sich das BörsG mit einer Strafbestimmung, die die gewohnheitsmäßige und in gewinnsüchtiger Absicht erfolgende Verleitung unter Strafe stellt. Dabei muß aber die Verleitung unter Ausbeutung der Unerfahrenheit oder des Leichtsinns des Verleiteten geschehen. Außerdem dürfen die Geschäfte nicht zu dessen Gewerbebetrieb gehören (§ 94). Das Gesetz zieht den Strafrahmen damit verhältnismäßig eng, denn nur die Verleitung, nicht der Geschäftsabschluß ohne Verleitung, wird bestraft. Auch muß eine Reihe von Fällen vorliegen und muß es sich um ein Spekulationsgeschäft handeln, nicht überhaupt um ein Geschäft in Börsenwerten (BERNSTEIN, Anm. I zu § 94).

2. Die Verleitung zu nicht zum Gewerbebetrieb gehörenden Börsenspekulationsgeschäften bezieht sich auf börsenmäßige, an einer Börse, aber auch außerhalb der Börse, jedoch unter Zugrundelegung von Börsenusancen geschlossene An- oder Verkaufsgeschäfte über Waren oder Wertpapiere, die in der Absicht einer alsbaldigen, mit Gewinn oder Verlust verbundenen Realisation durch ein ebenfalls börsenmäßiges Gegengeschäft geschlossen werden. Ob der Geschäftsabschluß fest oder wie beim Prämiengeschäft mit ausbedungenem Rücktrittsrecht oder sonstiger Befugnis zur Änderung des Geschäftsinhaltes erfolgt, spielt dabei keine Rolle.

Geschäfte in Wertpapieren, die der Kapitalanlage dienen, sind nicht spekulativ im Sinne des § 94 (FEISENBERGER, Anm. 4c zu § 94).

3. Die Strafe ist Gefängnis, neben der zugleich eine Geldstrafe verhängt werden darf. Auch kann auf Verlust der bürgerlichen Ehrenrechte erkannt werden.

4. Ob das durch Verleitung zustande gekommene Wertpapiergeschäft gemäß §§ 134, 138 BGB nichtig ist, kann zweifelhaft sein, da nicht das Geschäft als solches, sondern nur die seinen Anlaß bildende Verleitung gegen ein gesetzliches Verbot verstößt. Ebenso kann nicht lediglich aus der Art und Weise des Zustandekommens auf eine Sittenwidrigkeit des Geschäfts geschlossen werden. Dies wäre nur dann der Fall, wenn auch der Inhalt des Geschäfts die Kennzeichen sittenwidriger Ausbeutung trägt. Dem Verleiteten sind aber für den Fall, daß das Geschäft zu seinem Nachteil aus-

geschlagen ist, Schadensersatzansprüche gegen den Verleitenden gegeben (§ 823 Abs. 2 BGB in Verbindung mit § 94 BörsG, unter Umständen auch § 826 BGB).

Literatur

MOECKEL: Der Börsenwucher, Diss. Leipzig 1917.

X. Kommissionsbetrug und Kommissionärsuntreue

Das BörsG enthält in § 95 eine Strafvorschrift, die noch aus der Zeit herrührt, als das Gesetz die Regeln für das Kommissionsgeschäft enthielt. § 95 gehört in das Strafgesetzbuch, da sich die Vorschrift auf alle handelsrechtlichen Kommissionsgeschäfte und nicht nur auf solche in Börsenwerten bezieht. Die Vorschrift ist Spezialgesetz gegenüber den Betrugs- und Untreuevorschriften des Strafgesetzbuches.

A. Kommissionsbetrug

1. Nach § 95 Abs. 1 Nr. 1 macht sich ein Kommissionär wegen Kommissionsbetrugs strafbar, wenn er hinsichtlich eines abzuschließenden Geschäfts wider besseres Wissen unrichtigen Rat oder unrichtige Auskunft erteilt, um sich oder einem Dritten einen Vermögensvorteil zu verschaffen. Täter kann also jeder Kommissionär im Sinne der §§ 383, 406 HGB sein, auch der Kommissionär, der ein uneigentliches Kommissionsgeschäft nach § 406 Abs. 1 Satz 1 HGB übernommen hat. Ob auch ein Kaufmann, der ein solches Geschäft übernommen hat, ohne das Handelsgewerbe eines Kommissionärs zu betreiben (Gelegenheitskommissionär nach § 406 Abs. 1 Satz 2 HGB) unter § 95 fällt, ist zweifelhaft (für Bestrafung nach § 95 das Reichsgericht in RGSt. Bd. 61 S. 345; Bd. 62 S. 33 und der Bundesgerichtshof, zuletzt im Urteil vom 18. 1. 1955, 1 StR 677/54, sowie GÖPPERT in Anm. zu RG in JW 1932 S. 748 und BOCKELMANN in Anm. zu OLG Hamm in JZ 1953 S. 233; dagegen ALSBERG in JW 1931 S. 1197 zum Urteil des RG in JW 1931 S. 540, MARTENS a.a.O. und KOHLHAAS, Anm. I 2 zu § 95). Der Strafschutz gilt auch bei rechtlich unverbindlichen Kommissionsverhältnissen (RG in RGSt Bd. 44 S. 230 und Bd. 47 S. 67; a. M. BERNSTEIN, Anm. I 2b zu § 95).

Die Tatsache, daß Nicht-Kommissionäre nicht Täter sein können, schließt die Möglichkeit, als Anstifter oder Gehilfe in Frage zu kommen, nicht aus (beispielsweise bei Kommanditisten, Prokuristen oder sonstigen Handelsangestellten; RG in RGSt Bd. 69 S. 73). Täter können aber persönlich haftende Gesellschafter einer Kommanditgesellschaft oder offenen Handelsgesellschaft sowie der alleinige Gesellschafter einer Gesellschaft mit beschränkter Haftung sein, wenn sie Kommissionsaufträge ausführen, die der Gesellschaft erteilt worden sind (RG in RGSt. Bd. 34 S. 374; OLG

Dresden in JW 1931 S. 812). Dagegen sind gesetzliche Vertreter juristischer Personen wie einer Aktiengesellschaft, einer Gesellschaft mit beschränkter Haftung oder einer sonstigen juristischen Person, die das Kommissionsgewerbe betreibt, nicht nach § 95 strafrechtlich faßbar.

2. Durch die Handlungsweise des Kommissionärs muß das Vermögen des Kommittenten beschädigt worden sein. Eine solche Vermögensbeschädigung liegt schon vor, wenn der Kommittent einem wirtschaftlichen Nachteil ausgesetzt wird, zu dem bereits die Eingehung eines Risikos gehören kann (vgl. die Kasuistik bei KOHLHAAS, Anm. I 4 zu § 95).

3. Mittel des Kommissionsbetruges ist der unrichtige Rat oder die unrichtige Auskunftserteilung, durch die jemand angeleitet oder verleitet werden soll, sich in bestimmter, vom Täter gewollter Weise zu verhalten. Der Tatbestand kann auch dort erfüllt sein, wo bewußt etwas verschwiegen oder eine Warnung unterlassen wird, wenn auf Grund eines besonderen Vertrauensverhältnisses eine Rechtspflicht zur Offenbarung besteht (KOHLHAAS a.a.O.).

4. Der Täter muß den Vorsatz haben, etwas Unrichtiges zu raten, und den Willen besitzen, den Kommittenten dadurch zu schädigen. Außerdem gehört zur inneren Tatseite, daß sich der Täter einen Vermögensvorteil verschaffen oder diesen einem anderen zuwenden will.

Der Versuch des Kommissionsbetruges ist bereits strafbar (§ 95 Abs. 3). Er kann vorliegen, wenn der Täuschungsversuch mißlingt oder das Vermögen tatsächlich nicht beschädigt wird. Die Strafe ist Gefängnis, neben der auf Geldstrafe bis zu 3000 Mark sowie auf Verlust der bürgerlichen Ehrenrechte erkannt werden kann. In besonders schweren Fällen ist Verurteilung zu Zuchthaus bis zu 10 Jahren möglich.

B. Kommissionärsuntreue

1. Nach § 95 Abs. 1 Nr. 2 macht sich ein Kommissionär wegen Kommissionärsuntreue strafbar, wenn er, um sich oder einem Dritten einen Vermögensvorteil zu verschaffen, bei der Ausführung eines Auftrages oder bei der Abwicklung eines Geschäfts absichtlich zum Nachteil des Kommittenten handelt. Die Vorschrift betrifft also im Gegensatz zu dem Tatbestand des § 95 Abs. 1 Nr. 1 die Tätigkeit des Kommissionärs nach Abschluß des Kommissionsgeschäfts (KOHLHAAS, Anm. II 1 zu § 95). Für den Begriff des Kommissionärs gilt dabei die Rechtsprechung, die bereits im Rahmen des Kommissionsbetruges erörtert wurde.

2. Handeln zum Nachteil des Kommittenten liegt in der pflichtwidrigen Herbeiführung eines Erfolges, die auch darin bestehen kann, daß ein erteilter Auftrag pflichtwidrig nicht ausgeführt wird (RG in JW 1939 S. 936). Arglistige falsche Raterteilung, wissentlich falsche Berechnung von Kursen und Preisen, die absichtliche Wahl eines ungünstigen Zeitpunkts für die

Durchführung eines übertragenen Auftrags und ähnliche Handlungsweisen stellen die Hauptgegenstände des pflichtwidrigen Handelns dar. Jedoch fallen nicht Maßnahmen darunter, die im Rahmen des sonst ordnungsgemäßen Geschäftsbetriebes liegen, bestimmten Kommittenten aber Nachteile bringen können.

3. Dem Kommissionär muß die schädigende Folge seiner Pflichtwidrigkeit bewußt gewesen und von ihm in Kauf genommen worden sein. Der Beweggrund für die Benachteiligung ist gleichgültig. Es genügt, daß der Täter weiß und will oder wenigstens in Rechnung stellt, daß der Nachteil eintritt.

4. Das Delikt ist vollendet, wenn der Vermögensnachteil eingetreten ist. Erteilt der Kommittent dem Verhalten des Kommissionärs nachträglich seine Zustimmung, so beseitigt dies nicht die Strafbarkeit des Tuns (KOHLHAAS, Anm. II 7 zu § 95; a.M. BERNSTEIN, Anm. III 1b zu § 95).

5. Zwischen dem Tatbestand nach § 95 Abs. 1 Nr. 2 BörsG und § 266 StGB besteht Gesetzeskonkurrenz. Sie liegt immer dann vor, wenn eine Handlung unter mehrere Strafgesetze fällt, von denen das eine das andere ausschließt. Möglich ist Idealkonkurrenz (Tateinheit) mit Betrug (RG in RGSt Bd. 38 S. 366 und Bd. 67 S. 372; BGH in JW 1954 S. 1009), aber auch mit Unterschlagung (§ 246 StGB) sowie mit einem Vergehen gegen § 34 DepotG (RG in RGSt Bd. 34 S. 374). Ist die Zueignung schon bei Beginn der Untreue geplant, so ist die Unterschlagung straflose Nachtat (BGH in GOLDTAMMERs Arch. 1955 S. 271).

Die Strafen sind dieselben wie beim Kommissionsbetrug.

Literatur

MARTENS: Untreue des Gelegenheitskommissionärs, NJW 1954, S. 541.

KAPITEL 7

Schlußbestimmungen

I. Die Anwendung verschiedener Vorschriften des BörsG auf Wechsel und ausländische Zahlungsmittel

1. Schon das BörsG vom 22. 6. 1896 enthielt eine Bestimmung (damals § 88), die die in den Abschnitten über die Feststellung des Börsenpreises und das Maklerwesen und über den Börsenterminhandel enthaltenen Vorschriften sowie die Strafbestimmungen über Kurs- und Prospektbetrug auf Wechsel und ausländische Geldsorten erstreckte. Sie sollte den Zweifel beseitigen,

ob diejenigen Vorschriften des BörsG, die nach ihrem sachlichen Zweck auch Wechsel betreffen, auf diese auch ohne ausdrückliche Erstreckung anzuwenden sind. Außerdem sollte sie die Möglichkeit ausschalten, ausländische Geldsorten zu den Waren zu rechnen.

2. Durch die Novelle vom 23. 12. 1920 (RGBl. S. 2317) wurde die Erstreckung statt nur auf Geldsorten auf alle ausländischen Zahlungsmittel ausgedehnt. Zu ihnen gehören nach der gesetzlichen Definition außer Geldsorten, Papiergeld und Banknoten nunmehr auch Auszahlungen, Anweisungen oder Schecks. Zweck der Änderung war, den nur für das Sondergeschäft in Wechseln und ausländischen Geldsorten vorhandenen Schutz vor der Möglichkeit, den Spiel- oder Differenzeinwand zu erheben, sämtlichen Devisenarten angedeihen zu lassen. Damit sollte der Weg freigemacht werden, den offiziellen börsenmäßigen Terminhandel in allen Devisenarten einzuführen.

In einer weiteren Bestimmung der Novelle von 1920 wurde der Reichsregierung mit Zustimmung des Reichsrats die Möglichkeit gegeben, zu bestimmen, ob und wie die Vorschrift über den Ausschluß des Spiel- und Differenzeinwandes bei Verbindlichkeit eines Börsentermingeschäfts in zum Börsenterminhandel zugelassenen Wertpapieren (§ 58) auch auf Termingeschäfte in zum Börsenhandel nicht zugelassenen Wechseln und ausländischen Zahlungsmitteln Anwendung findet. Die Regierung hatte es damit in der Hand, schon vor Einführung des einschlägigen offiziellen Börsenterminhandels den nicht zugelassenen Börsenterminhandel gegen die Geltendmachung des Spiel- und Differenzeinwandes zu schützen. Zweck der Ermächtigung war, das Risiko der Wechselkursschwankungen vom Warenhandel auf die berufsmäßige Geldvermittlung abzuwälzen, wobei man gleichzeitig einen gewissen Ausgleich jener Schwankungen erhoffte.

II. Die Verordnung von 1925

1. Von der vorerwähnten Ermächtigung hat die Reichsregierung in der Verordnung vom 7. 3. 1925 (RGBl. I S. 20) Gebrauch gemacht. In ihr wurde bestimmt (§ 1), daß die Vorschrift des § 58 auf Börsentermingeschäfte in Wechseln und ausländischen Zahlungsmitteln, die zum Börsenterminhandel nicht zugelassen sind, Anwendung findet. Da § 58 bestimmt, daß gegen Ansprüche aus Börsentermingeschäften in Waren oder Wertpapieren, die zum Börsenterminhandel zugelassen sind, ein Einwand aus den §§ 762, 764 BGB nicht erhoben werden kann, falls beide Vertragschließende ins Handelsregister eingetragen sind (§ 53), nahm die Verordnung insoweit eine Erweiterung vor, als der Ausschluß der Einreden auch gegenüber Geschäften in Wechseln und ausländischen Zahlungsmitteln im

nicht zugelassenen Börsenterminhandel gegeben sein sollte. In einer weiteren Bestimmung (§ 2) wurden die Vorschriften der Verordnung in bestimmter Weise auf die seit 1. 1. 1924 abgeschlossenen Börsentermingeschäfte zurückerstreckt.

2. Die Rechtsgültigkeit der Verordnung von 1925 war zweifelhaft, weil sie der Reichswirtschaftsminister und nicht die Reichsregierung erlassen hatte und weil sie in § 2 eine Rückwirkung vorsah. Das Reichsgericht (RG in RGZ Bd. 112 S. 8) hat den ersten Einwand zurückgewiesen, dem zweiten Einwand dagegen stattgegeben, weil nach seiner Auffassung der Zweck der Ermächtigung die Rückwirkung nicht deckte.

Die Ermächtigung in § 96 Abs. 3 steht heute dem Bundesminister für Wirtschaft mit Zustimmung des Bundesrates zu.

Literatur

MERZBACH: Zum Terminhandel in Devisen, Bank-Arch. XX. Jhg. (1920), S. 36 f. FISCHER: Das Devisentermingeschäft, 1928.

DRITTER TEIL

Börsenrecht und Börsenwesen des Auslandes

KAPITEL 1

Das Börsenrecht in Österreich und der Schweiz

I. Das österreichische Börsenrecht

A. Die Entwicklung der Börsen in Österreich

1. Durch kaiserliches Patent vom 1. 8. 1771 wurde in Wien die Errichtung einer Effektenbörse angeordnet. Sie sollte die Eigentümer der Staatsanleihen, die wegen des großen Kapitalbedarfs infolge des Siebenjährigen Krieges ausgegeben worden waren, vor unlauteren Machenschaften schützen und das Vertrauen in den Staat als Schuldner festigen. Die Börse stand unter der Leitung eines Staatsbeamten, der sie verwaltete und überwachte. An ihr wurden nur Staatsanleihen notiert, deren Kauf und Verkauf ausschließlich über die Börse durchgeführt werden durfte.

Nachdem Aktiengesellschaften gegründet worden waren, reichte die Börse als staatliches Institut nicht mehr aus, um die notwendigen Aufgaben als Wertpapiermarkt zu erfüllen. Die erste Neuordnung erfolgte 1855 durch Errichtung einer fast autonomen Einrichtung, der Börsekammer. Verschiedene Mißstände, insbesondere die große Krise 1873, führten zu einer Änderung der Börsengesetzgebung durch das Börsegesetz vom 1. 4. 1875 (RGBl. Nr. 67), das eine Regelung für alle österreichischen Wertpapier-, Waren- und Produktenbörsen darstellte. Es gab den Börsen weitgehende Autonomie und ist in der Fassung des Bundesgesetzes vom 8. 7. 1948 (BGBl. Nr. 160) über die Wiederherstellung des österreichischen Rechts auf dem Gebiete des Börsewesens noch heute in Geltung.

2. Nach dem Gesetz von 1875 ist die Errichtung von Börsen ein Regierungsakt, mit dem die Errichtung der Börse bewilligt wird. Die Börsen haben eine autonome Leitung, stehen jedoch unter staatlicher Überwachung. Jede Börse muß ein Statut besitzen, das bestimmt, welche Geschäftszweige an der Börse bestehen, welche Bedingungen für die Mitgliedschaft gelten und welche Rechte mit ihr verknüpft sind. Es muß ferner enthalten, wie die Mittel zur Erhaltung der Börse aufzubringen sind, welche Organisation die Börsenverwaltung hat und wie das Schiedsgericht beschaffen ist. Für die Regelungen im Statut zieht das Gesetz gewisse Grenzen, ähnlich dem deutschen BörsG hinsichtlich der Börsenordnungen.

Völlige Freiheit besitzt die Börsenleitung in bezug auf die Festsetzung der Geschäftsbedingungen. Jedoch bestimmt das Finanzministerium allein nach Anhörung der Börsenleitung, welche Papiere an der Börse gehandelt und im amtlichen Kursblatt notiert werden dürfen (§ 9 BörsG).

Verwaltungsmäßig unterstehen die Börsen den Landesbehörden. Daneben wird aber zwecks Handhabung der Überwachung an jeder Börse ein Kommissär bestellt, der regelmäßig der Beamtenschaft der zuständigen Bundesministerien entnommen wird. Sein Aufsichtsrecht ist formal nur Rechtsaufsicht, da er in erster Linie die Gesetzmäßigkeit aller Anordnungen der Börsenleitung zu überwachen hat. Ihm steht jedoch zu, auch Mißbräuche zu rügen und unter Umständen ihre Abhilfe durch die politische Behörde zu erzwingen, so daß in Wahrheit die Aufsicht etwas weitgehender ist, zumal der Kommissär das Recht hat, alle ihm gesetzwidrig erscheinenden Beschlüsse der Börsenleitung bis zur Entscheidung der Regierung anzuhalten.

Neben diesen organisatorischen Bestimmungen enthält das Börsegesetz zur Sicherung der Grundlagen des Börsenverkehrs eine Reihe von bürgerlich-rechtlichen und zivilprozessualen Vorschriften und räumt den Börsenleitungen ein Disziplinarrecht über die Börsenmitglieder ein. Bei den zivilprozessualen Vorschriften ist besonders die Organisation der Börsenschiedsgerichte von Wichtigkeit, die in Österreich als staatliche Sondergerichte tätig sind (vgl. KG in NJW 1960 S. 417).

3. Von den durch das Börseüberleitungsgesetz im Jahre 1948 wieder in Kraft gesetzten Rechtsvorschriften sind vor allem das Gesetz vom 4. 1. 1903 (BGBl. Nr. 10), mit welchem einige abändernde und ergänzende Bestimmungen zum Gesetz vom 1. 4. 1875 erlassen wurden, und die Bestimmungen der Art. XIII–XXVII des Einführungsgesetzes vom 1. 8. 1895 (BGBl. Nr. 112) zur Zivilprozeßordnung von Bedeutung. Das erste Gesetz enthält insbesondere Bestimmungen über die Organisation landwirtschaftlicher Börsen. Die zuletzt genannten Bestimmungen regeln die Grundsätze, die im Verfahren vor den Schiedsgerichten einzuhalten sind.

Die rechtliche Stellung der amtlichen Vermittler (Börsesensale) ist in dem Bundesgesetz vom 13. 10. 1948 (BGBl. 1949 Nr. 3) geregelt. Es verhält sich auch über die Mäklergebühr (Sensarie, Courtage), deren Höhe vom Landeshauptmann bestimmt wird. Er hat vorher den Börsekommissär und die Börsenleitung zu hören.

Literatur

WEISS VON WELLENSTEIN: Die Börsenorganisationen und Börsengesetze der außerdeutschen Länder. Österreich, Bank-Arch. Jhg. I (1901), S. 181; Das österreichische Getreideterminhandelsverbot, Bank-Arch. Jhg. II (1902), S. 56. — HOFMANN: Das Recht der Börsenschiedsgerichte in Österreich und Deutschland, Diss. Erlangen 1929. — RINTERSBACHER: Der Kapitalmarkt geht jeden an, Wien 1963.

B. Die Wiener Börse und ihr Statut

1. Nach dem vom Bundesfinanzminister im Einvernehmen mit dem Bundesministerium für Handel und Wiederaufbau am 16. 8. 1949 genehmigten Statut für die Wiener Börse (I. Teil: Börseordnung; II. Teil: Schiedsgerichtsordnung) ist diese Börse zugleich Wertpapier- und Warenbörse. Für beide Abteilungen und ihre Schiedsgerichte gelten teils gemeinsame, teils unterschiedliche Bestimmungen.

2. Zutritt zum Besuch der Börsenversammlungen haben neben Amtspersonen nur die Besitzer von Börsenkarten. Sie erhalten diese Karten nach Prüfung ihrer persönlichen und geschäftlichen Verhältnisse unter Stellung von zwei Börsenmitgliedern als Gewährsmännern, wenn der Kartenausschuß auf Grund der vom Kammeramt durchgeführten Erhebungen keinen Grund zur Ablehnung sieht. Gegen die Ablehnung kann der Bewerber die Entscheidung der Vollversammlung der Börsekammer anrufen. Gegen die Zulassung eines Bewerbers zur Wertpapierbörse hat der Börsekommissär ein modifiziertes Vetorecht. Die Börsenkarten werden jeweils für ein Kalenderjahr, ohne Anspruch auf Weitererteilung, ausgestellt. Sie sind im übrigen in verschiedene Arten unterteilt.

3. Die Leitung der Wiener Börse wird als „Wiener Börsekammer" bezeichnet. Ihre 22 Mitglieder tragen den Titel „Börseräte". Grundsätzlich sollen sie die österreichische Staatsangehörigkeit besitzen, mindestens 30 Jahre alt und in Wien ansässig sein. Ein Teil der Börseräte wird von bestimmten Institutionen entsendet, ein anderer Teil von den Börsenbesuchern gewählt. Entsendung und Wahl erfolgen auf fünf Jahre.

Aufgabe der Börsekammer ist die Erstattung von einschlägigen Gutachten, die Regelung des Börsenverkehrs und die Aufstellung von Börsenusancen, die Vertretung der Interessen der Börsenbesucher und die Mitwirkung bei der Notierung und Ausmittlung der amtlichen Kurse. Sie hat ferner die Entscheidung über die Lieferbarkeit der notierten Wertpapiere und die Zulassung zum Börsenbesuch, die Disziplinar- und Ordnungsverfahren, die Durchführung des Wahlverfahrens und die Verwaltung des Vermögens der Börse. Ihre Obliegenheiten versieht die Kammer durch den Präsidenten, die Vollversammlung, einzelne Ausschüsse und das Kammeramt. Gegen Beschlüsse des Präsidenten hat der Börsekommissär ebenfalls ein modifiziertes Vetorecht.

Der Vollversammlung sind alle Statutenänderungen, die Genehmigung des Voranschlages und des Rechnungsabschlusses, wichtige Verfügungen über das Börsenvermögen, bedeutendere dienstrechtliche Angelegenheiten und die Ausschreibung und Besetzung von Börsesensalenstellen vorbehalten. Im Zulassungs- und Disziplinarverfahren entscheidet sie außerdem als Rechtsmittelinstanz. Zur Besorgung der laufenden Geschäfte untersteht dem Präsidenten das Kammeramt, das von einem Generalsekretär geleitet wird.

Von besonderer Bedeutung sind die Mittel zur Erhaltung der Börse. Sie werden durch Gebühren für die Börsenkarten, die Zulassungsgebühren und ähnliche Einkünfte, besonders aber durch die Beiträge zum Börsefonds gemäß dem Bundesgesetz vom 16. 7. 1925 (BGBl. Nr. 240) – Börsefondsnovelle – in der Fassung des Bundesgesetzes vom 20. 5. 1953 (BGBl. Nr. 62) aufgebracht. Danach haben alle Aktiengesellschaften und anderen Unternehmungen, deren Wertpapiere im amtlichen Kursblatt der Wiener Börse notiert werden, einen jährlichen Beitrag in gestaffelter Höhe zum Börsefonds zu erbringen.

4. Welche Papiere gehandelt werden dürfen, entscheidet das Bundesministerium für Finanzen nach Anhörung der Börsekammer. Der Zulassungsantrag ist über die Börsekammer an das Ministerium zu richten und muß von einem die Börsenmitgliedschaft besitzenden Kreditinstitut unterzeichnet sein. Der Einführungsprospekt hat ausführliche Angaben über das Papier und die emittierende Gesellschaft zu enthalten. Außerdem müssen bei der Zulassung von Aktien die Bilanzen der letzten drei Jahre und die Satzung der Aktiengesellschaft vorgelegt werden. Für nicht zur Notierung zugelassene Wertpapiere kann die Börsekammer mit Genehmigung des Börsekommissärs einen Handel im Börsensaal genehmigen (geregelter Freiverkehr). Für notierte und nicht notierte Werte werden unterschiedliche Kursblätter veröffentlicht.

5. An der Wiener Börse werden nur prompt zu erfüllende Geschäfte und keine Termingeschäfte abgeschlossen. Die Wertpapiere wurden zu Einheitskursen oder „fließend" gehandelt. Grundsätzlich müssen die Händler ihre Kauf- und Verkaufsaufträge den Sensalen erteilen. Jedoch können amtlich notierte Wertpapiere mit Bewilligung der Börsenleitung auch ohne Vermittlung der Sensale im Börsensaal gehandelt werden. In diesem sog. „Kulissenverkehr" werden bei laufendem Geschäft mehrere Kurse notiert. Ebenso werden die im geregelten Freiverkehr umgehenden Wertpapiere behandelt.

Die Sensale haben möglichst viele der ihnen erteilten Kauf- und Verkaufsaufträge abzuwickeln und durch ihre Gegenüberstellung den Kurs zu ermitteln. Nach Schluß der Börse werden die Kurse durch Mitglieder der Börsenleitung unter Aufsicht des Börsekommissärs festgestellt. Die Notierung erfolgt im allgemeinen nicht je Stück, sondern prozentual.

6. Bei der Abwicklung der Geschäfte unterscheidet man Kassa- und Arrangementgeschäfte. Im Kassaverkehr, in dem vor allem Pfandbriefe, Kommunalschuldverschreibungen, Namensaktien und Bezugsrechte abgewickelt werden, sind die Geschäfte an bestimmten Kassatagen direkt zu erfüllen. Bei den übrigen Wertpapieren erfolgt eine eigene Form der Abwicklung, die in der von der Wiener Börsekammer veröffentlichten Arrangementordnung geregelt ist. Hierdurch wird die tatsächliche Bewegung des Geldes und der Wertpapiere auf ein Mindestmaß beschränkt.

7. In Österreich gibt es etwa 500 Aktiengesellschaften. An der Wiener Börse werden jedoch nur Aktien von 70 inländischen Gesellschaften amtlich gehandelt, während sich im geregelten Freiverkehr Aktien von etwa fünfzehn Gesellschaften befinden. Bei der großen Zahl der übrigen Gesellschaften sind die Aktien in wenigen Händen und werden im allgemeinen nicht veräußert. Sogenannte Volksaktien wurden in Form von Vorzugsaktien mit einer bestimmten Mindestdividende, aber ohne Stimmrecht, ein anderer Teil in Form normaler Aktien (Stammaktien) ausgegeben. Ihr Nennwert ist regelmäßig niedrig, um jedermann den Kauf zu ermöglichen.

Literatur
HILBERG: Das erste Jahrhundert der Wiener Börse, Wien 1890. — KUCULACIC: Die Wiener Börse, Lausanne 1923. — GRANICHSTAEDTEN, u. CZERVA: Die Wiener Börse und ihre Geschäfte, 1927. — LEWALSKI: Die Wiener Wertpapierbörse, Aktienges. 1964, S. 120f.

II. Die Effektenbörsen der Schweiz

A. Die Entwicklung des Börsenwesens in der Schweiz

1. Gegenüber der Entwicklung in anderen westlichen Ländern haben sich Wertpapiermärkte in der Schweiz erst verhältnismäßig spät gebildet. Sie standen im Zusammenhang mit dem Bau der Eisenbahnen und der damit geförderten Ausbreitung des Aktienwesens in der Mitte des 19. Jahrhunderts. Ein stärkerer Effektenverkehr war zunächst in Genf zu beobachten, wo sich auch die älteste Bankorganisation der Schweiz befand. Später erfolgten Börsengründungen in Basel und Zürich und in den Städten Bern, Chur, Lausanne, Neuenburg und St. Gallen. Unter den Schweizer Börsen nimmt Zürich heute die erste Stelle ein.

2. Eine eidgenössische Gesetzgebung für das Börsenwesen besteht nicht. Zwar wurde im Anschluß an die große Börsenkrise in den Jahren 1889 und 1890 erörtert, ob nicht der Bundesrat „nach vorgänglicher Einvernahme der Kantonsregierungen die Frage prüfen solle, ob den volkswirtschaftlichen Schäden und das Rechtsbewußtsein des Volkes verletzenden Mißbräuchen im Börsenwesen innerhalb des Kompetenzenkreises des Bundes wirksam entgegengetreten werden könne" (Motion SCHMID). Das daraufhin erstattete Gutachten von drei Sachverständigen nahm aber nicht einheitlich für eine eidgenössische Intervention Stellung, so daß, da auch die Aufregung der Krise von 1890 allmählich verflog, die Schweizer Börsen allein unter kantonalen Gesetzen und kantonaler staatlicher Aufsicht blieben.

Als sich der Bund das zweite Mal mit dem Börsenwesen beschäftigte, wollte er sich eine Einnahmequelle erschließen. Das Ergebnis war das Bundesgesetz über Stempelabgaben vom 4. 10. 1917, durch das der gewerbsmäßige börsliche und außerbörsliche Wertpapierhandel einer Umsatzsteuer unterworfen wurde.

Endlich fand auf einem Teilgebiet des Börsenwesens eine für den Bund einheitliche Regelung statt. Nachdem schon im Jahre 1915 im Anschluß an ein projektiertes Bankgesetz die Frage einer gesetzlichen Regelung der Effektenemission durch den Bund aufgeworfen und die Schaffung einer eidgenössischen Zulassungsstelle beantragt worden war, erfolgte 1937 die Gründung der schweizerischen Zulassungsstelle für ausländische Wertpapiere. Ihr ging eine Vereinbarung zwischen Vertretern der schweizerischen Effektenbörsen von Basel, Genf und Zürich und den nach den Börsengesetzgebungen für diese Plätze zuständigen kantonalen Organen voraus.

Die Verleitung zur Börsenspekulation ist in § 158 des schweizerischen Strafgesetzbuches vom 21. 12. 1937 unter Strafe gestellt.

Literatur

KLEMPIN: Börsensysteme der Schweiz, Zürich 1892. — LÜSCHER, u. BURCKHARDT: Die schweizerischen Börsen, Zürich 1914. — MAAG: Die Entwicklung und Organisation der schweizerischen Effektenbörsen, Ettlingen 1915. — EIGENMANN: Die Organisation der schweizerischen Börsen, Diss. Zürich 1925. — BÜCHI: Schweizerische Wertpapierbörsen, Zürich 1930. — GEHRIG: Die privaten Effekten- und Warenbörsen, Diss. Zürich 1940. — HUNOLD: Die schweizerischen Effektenbörsen, Zürich 1949.

B. Die Genfer Börse

1. Eine erste Wechsel- und Warenbörse wurde in Genf nach der Annexion durch Frankreich mit Dekret vom 18. 2. 1808 errichtet. Sie ist mit dem Ende der französischen Herrschaft untergegangen. Der Wertpapierhandel der Devisen- und Wechselhändler begann etwas später mit Aktien der Bahn Orléans-Vierzon, des Rhein-Rhone-Kanals und mit Obligationen der Mines de la Loire. Die Herausgabe eines Kursblattes durch einen Agent de change im Jahre 1849 gab Anlaß zu gemeinsamen Zusammenkünften, in deren Folge mit der Konvention vom 26. 2. 1850 die Société des Agents de Change gegründet wurde. Sie hielt regelmäßige Sitzungen ab und brachte ein ständiges Kursblatt heraus. Nach Streitigkeiten zwischen der Genfer Regierung und der Société wurde ein Gesetz betreffend die Börse vom 20. 2. 1856 angenommen und mit Beschluß des Staatsrates die Eröffnung der Börse auf den 4. 6. 1857 festgesetzt. Das Gesetz enthielt sehr allgemein gehaltene Bestimmungen über die Organisation der Börse. Danach war jedermann zur Börse zugelassen und konnte auf eigene Rechnung Geschäfte abschließen, während der Abschluß auf fremde Rechnung den Agents de Change oder Courtiers de Commerce vorbehalten blieb. Vom Staatsrat eingesetzte Börsenkommissäre sollten die Börse überwachen. Am 25. 2. 1858 wurden die Statuten der Société dem Gesetz angepaßt. Sehr viel später, am 17. 5. 1913, nahm die Société die Form einer Genossenschaft an.

1930 erfuhr das Genfer Börsenwesen eine erhebliche Umgestaltung, die eine Folge des Gegensatzes zwischen Banken und Börsenagenten war. Der Wunsch der Bankenkreise ging insbesondere auf Zulassung zum Ring, d. h. auf Einführung einer Börse nach dem Muster von Zürich oder Basel. Sie erreichten dieses Ziel jedoch nicht. Vielmehr blieb die traditionelle Stellung der Agents de Change als Inhaber eines faktischen Monopols erhalten. Nur die Börsenverwaltungsbefugnisse, die bis dahin die Société innegehabt hatte, wie Erlaß von Reglementen, Zulassung der Wertpapiere zum Börsenhandel und Herausgabe des Kursblattes, wurden auf die neue Chambre de la Bourse (société cooperative) übertragen, die sich aus Banken und Börsenagenten zusammensetzte.

Die Entwicklung blieb hierbei jedoch nicht stehen. Während die von der Börsenkammer im Jahre 1930 aufgestellten Statuten noch vorschrieben, daß die eigentlichen Börsengeschäfte im Ring ausschließlich von den Agents de Change ausgeübt werden durften, wurde dieses Recht 1945 fallengelassen. Die Société des Agents de Change löste sich auf. Verschiedene Firmen fusionierten mit bereits bestehenden Großbanken oder nahmen selbst eine Bankierstellung ein. Am Ring der Genfer Börse wurden sämtliche in der Börsenkammer zusammengefaßten Institute vertretungsberechtigt. Damit hatte das Prinzip der gemischten Börse, wie es auch an den deutschschweizerischen Börsen üblich war, gesiegt.

Das Recht der Genfer Börse beruht auch heute noch auf dem Gesetz zur Einrichtung einer Handelsbörse vom 20. 12. 1856 mit den Änderungen der Gesetze vom 3., 20. und 27. 6. 1857, dem Gesetz über Terminverkäufe vom 22. 2. 1860 und dem Ausführungs-Reglement zum Börsengesetz vom 2. 9. 1930. Neben ihnen sind die Statuten der Chambre de la Bourse de Genève vom 13. 11. 1947 und das von der Börsenkammer erlassene Reglement in der Fassung von 1952 in Geltung.

2. Der Staat hat sich in Genf durch das Börsengesetz von 1856 einen gewissen Anteil an der Leitung der Börse gesichert und ein Recht zur Aufsicht vorbehalten. Außerdem schuf er sich in der Börse eine Einnahmequelle für den Fiskus (BörsG Art. 14–18; Vollziehungsverordnung Art. 16–18). Gemäß Art. 19 des Börsengesetzes ist der Regierungsrat beauftragt, die zur Vollziehung des Gesetzes nötigen Vorschriften zu erlassen. Sie sind sehr knapp gehalten und haben die Regelung im einzelnen den Beteiligten zugewiesen.

Laut Art. 1 der Vollziehungsordnung von 1930 hat der Regierungsrat das Recht, die Statuten der Börsenkammer und das von ihr aufgestellte Reglement, das alle näheren Bestimmungen über den Börsenverkehr enthält, zu genehmigen. Die Zulassung der Börsenagenten wird von der Staatskanzlei vorgenommen. Bei der Zulassung von Wertpapieren zum Börsenhandel hat der Staat lediglich das Recht, die Zulassung ausländischer Werte zu verbieten. Im ganzen ist die Einflußnahme des Staates auf die

Börse daher gering. In der Börsenleitung und der gesamten Verwaltung der Börse liegt das Schwergewicht in den Händen der Beteiligten. Die Genfer Effektenbörse als solche ist unselbständige öffentlich-rechtliche Anstalt, die Rechtsnatur der Börsenkammer diejenige einer öffentlich-rechtlichen Körperschaft.

3. Die amtliche Kursfeststellung ist teils im Börsengesetz und der Ausführungsverordnung, teils im Börsenreglement normiert. Mit der Feststellung ist ein staatlicher Beamter, der Börsenkommissär, beauftragt. Hand in Hand mit ihm arbeitet der Sekretär der Börsenkammer. Strafrechtsnormen zum Schutz der Kursbildung bestehen nicht.

Literatur

BORDIER: Notice de la Société des Agents de change de Genève, Genf 1913. — SEITZ: Die rechtliche Organisation der Basler und der Genfer Effektenbörse, Diss. Zürich 1941.

C. Die Basler Börse

1. Schon um das Jahr 1700 spielten in Basel die Wechselsensale (Makler) eine Rolle, deren Tätigkeit in einer Sensalenordnung gesetzlich geregelt war. Sie befaßten sich entweder mit der Vermittlung von Wechseln oder Warenschuldtiteln und Liegenschaften, schließlich auch seit dem Aufkommen der Wertpapiere mit dem Wertpapiergeschäft. Erstmals 1855 erschien ein periodisches Kursblatt der Basler Börse gemäß der Wechsel-Sensalen-Ordnung der Stadt Basel vom 12. 3. 1855. Außer Wechseln wurden die gelegentlich gehandelten Bank-, Eisenbahn- und Versicherungsaktien sowie die Staats- und Eisenbahnobligationen notiert. Ein lebhafter Wertpapierverkehr entstand jedoch erst nach Beendigung des deutsch-französischen Krieges von 1870.

1876 wurde im Zusammenhang mit der Gründung des Basler Handels- und Industrievereins eine reine Effektenbörse errichtet. Ihre Organisation wurde der Banksektion des Handelsvereins übertragen, an deren Spitze die Handelskammer stand. Die Ausführung des Handels am Ring wurde den Sensalen überlassen, während zum Besuch der Börse sämtliche Mitglieder des Basler Handels- und Industrievereins sowie deren Vertreter und Angestellte berechtigt waren.

1897 trat das erste Basler Börsengesetz in Kraft, das sich an das deutsche Börsengesetz von 1896 anlehnte. Durch dieses Gesetz wurde die vorher freie Basler Börse unter staatliche Aufsicht gestellt, wobei das Eigenleben der Basler Börsenkammer eine größere Einschränkung erfuhr als dies in Zürich der Fall war. Das ganze Effektenzulassungswesen wurde einer staatlichen Börsenkommission überantwortet, die allein die Entscheidungsbefugnis über die Zulassung von Wertpapieren zum Börsenhandel hatte. Zusammen mit den damals erlassenen Statuten, Reglementen und Usancen blieb das Börsengesetz über vier Jahrzehnte in Kraft, bis es durch das

Gesetz vom 17. 2. 1944 über den Wertpapierhandel und die Effektenbörse abgelöst wurde.

Das heutige Recht basiert auf dem zuletzt genannten Gesetz, dem Allgemeinen Reglement für den Wertpapierhandel an der Basler Effektenbörse vom 11. 12. 1944 und den Usancen für den Wertpapierhandel sowie dem Reglement über die Zulassung von Wertpapieren zur Kotierung an der Basler Effektenbörse (Kotierungsreglement), beide ebenfalls von 1944. Dazu treten das Reglement über die Registerführung der Wertpapierhändler, die Kautionsordnung für die Börsenagenten, das Spezialreglement der Basler Effektenbörse über die Abwicklung des Wertschriften-Termin-Verkehrs (Termin-Clearing für die Börsenagenten) und die Statuten der Börsenkammer des Kantons Basel-Stadt. Über die mögliche Strafbarkeit von Termin- oder Prämiengeschäften verhält sich § 159 des Polizei-Strafgesetzes für den Kanton Basel-Stadt. Insgesamt bildet das Börsenrecht von Basel eine kaum zu überbietende Regelung sämtlicher Einzelheiten des Börsengeschehens.

2. Nach den allgemeinen Bestimmungen über den Wertpapierhandel (§§ 1—9 BörsG) erteilt die Börsenkommission Bewilligungen als Börsenkonzession oder als Handelspatent. Nur die Börsenkonzession berechtigt zum Abschluß von Geschäften an und außerhalb der Börse. Ihre Inhaber sind Börsenagenten.

Die Basler Effektenbörse selbst ist als öffentliche Anstalt errichtet. In ihr versammeln sich die Börsenagenten zum Abschluß von Wertpapiergeschäften. Die Börsenagenten wiederum bilden die Börsenkammer, eine öffentliche Körperschaft. Sie kann auch andere im Handelsregister Basel eingetragene Bank- oder Effektenfirmen als Mitglieder aufnehmen.

3. Die Aufsicht über die Börse üben der Regierungsrat, die Börsenkommission und das Börsenkommissariat aus. Die Börsenkommission besteht aus dem Vorsteher des Departements des Innern als Präsident und weiteren sechs Mitgliedern, darunter mindestens zwei Mitgliedern der Börsenkammer. Unter ihren Aufgaben ist besonders die Entscheidung über die Zulassung von Wertpapieren zur Kotierung auf Grund von Anträgen der Börsenkammer von Bedeutung. Das Börsenkommissariat übt die unmittelbare Aufsicht über den Börsenverkehr aus.

4. In der Börsenordnung sind die näheren Bestimmungen über den Börsenverkehr enthalten. Zum Handel mit Wertpapieren am Ring sind ausschließlich Börsenagenten berechtigt. Sehr eingehende Bestimmungen trifft die Börsenordnung über die Kurse und Kursnotierung. Nach Beginn der Sitzung verliest der Börsenschreiber die zur Kotierung zugelassenen Wertpapiere, ruft sie auf und eröffnet damit den Markt. Er notiert die Kurse der abgeschlossenen Geschäfte sowie die Geld- und Briefkurse im Börsenregister. Die Feststellung der Kurse erfolgt fortlaufend, ähnlich der Kursfeststellung in Zürich. Für die Notierung sind bei Kassegeschäften und bei Termin- und Prämiengeschäften bestimmte Schlußeinheiten maßgebend.

5. Nach dem Kotierungsreglement entscheidet die Börsenkommission über die Zulassung zum Handel an der Börse und den Ausschluß von kotierten Wertpapieren vom Handel nach Anhörung der Börsenkammer. Im Zusammenhang damit steht die Befugnis, auf Antrag des Vorstandes der Börsenkammer oder von sich aus den Terminhandel in einem Wertpapier auf eine bestimmte Zeitdauer aufzuheben, wenn Anzeichen eines unlauteren Spiels oder künstlicher Beeinflussung der Kurse vorhanden sind (§ 8 des Kotierungsreglements).

Literatur

SPEISER: La Bourse de Bâle, Bâle 1892. — SEITZ: Die rechtliche Organisation der Basler und der Genfer Effektenbörse, Diss. Zürich 1941. — RUTISHAUSER: Gesetz, Reglemente und Usancen betreffend den Wertpapierhandel und die Basler Effektenbörse, Basel 1945.

D. Die Zürcher Börse

1. Später als in Genf und Basel entwickelte sich in Zürich eine Effektenbörse. Ein erster Börsenverein, 1855 gegründet, ging 1877 im Effektenbörsenverein Zürich auf. 1884 erließ der Kanton Zürich das Gesetz betreffend die Gewerbe der Effektensensale und Börsenagenten und stellte die Börse unter staatliche Aufsicht. Sehr bald zeigte sich jedoch, daß das Gesetz nicht ausreiche, um namentlich eine ungesunde Spekulation in Bahnaktien zu verhindern. 1896 löste ein zweites Zürcher Börsengesetz die ältere Regelung ab, bezog die staatliche Aufsicht auf jeden Wertpapierverkehr und verstärkte die Kompetenzen des Börsenkommissariats.

Der Handel mit Prämienlosen oder Prämienobligationen und die Vermittlung des An- und Verkaufs von Wertpapieren außerhalb der Börse, überhaupt aber der bedeutend erhöhte Effektenverkehr machten es später erforderlich, auch das zweite Börsengesetz aufzuheben und durch eine verbesserte Regelung zu ersetzen. Sie erfolgte in dem Gesetz betreffend den gewerblichen Verkehr mit Wertpapieren vom 22. 12. 1912 (Wertpapiergesetz) und der Verordnung vom 26. 6. 1913, die die Börsenjournalführung und gewisse Abgabeverpflichtungen vorsah. Über die Beanspruchung der Kautionen von Vermittlern im Wertpapierverkehr erging 1923 eine ergänzende Verordnung. Dieses noch heute gültige Zürcher Börsenrecht wird durch die Statuten des Effektenbörsenvereins, die Usancen und die Börsenordnung, sämtlich vom 1. 1. 1936 abgerundet. Ein Kotierungsreglement vom 1. 1. 1933 und das Reglement über die Abwicklung des Wertschriften-Komptant-Verkehrs unter den Mitgliedern des Effektenbörsenvereins Zürich (Komptant-Clearing) vom 1. 1. 1936 vervollständigen die Vorschriften. Für die Abwicklung des Wertschriften-Termin-Verkehrs (Termin-Clearing) und die Kotierung und den Handel von Trustanteilscheinen gelten besondere Reglemente.

2. Das Gesetz von 1912 sieht vor, daß die gewerbsmäßige Betätigung im Wertpapiergeschäft einer staatlichen Bewilligung bedarf. Sie kann für das Gewerbe eines Börsenagenten, für die gewerbsmäßige Vermittlung des Kaufs und Verkaufs von Wertpapieren außerhalb der Börse und für den Prämienloshandel erteilt werden. Die Bewilligung für die Börsenagententätigkeit schließt diejenige für die gewerbsmäßige Vermittlung des Kaufs und Verkaufs von Wertpapieren außerhalb der Börse in sich ein. An der Börse können Geschäftsabschlüsse über Wertpapiere nur durch Börsenagenten vollzogen werden.

Die Börsenagenten bilden den Effektenbörsenverein, der dazu verpflichtet ist, Statuten, Reglemente und Usancen aufzustellen, die der regierungsrätlichen Genehmigung bedürfen. Wer die Zulassung eines Wertpapiers zum Börsenhandel wünscht, hat die Bewilligung des Effektenbörsenvereins einzuholen.

Der Verkehr mit Wertpapieren steht unter der staatlichen Kontrolle des Börsenkommissariats, das die Befolgung des Gesetzes und der Statuten, Reglemente und Usancen überwacht. Außerdem sorgt es für die vorschriftsmäßige Veröffentlichung der Wertpapierkurse und die Kontrolle der Börsenjournale sowie der gesetzlich zu entrichtenden Gebühren.

Die Börsenkommission, die aus dem Direktor der Volkswirtschaft als Präsidenten und weiteren sechs Mitgliedern besteht, ist als Beratungs- und Begutachtungsstelle für die vom Regierungsrat zu erlassenden oder zu genehmigenden Reglemente tätig. Sie hat darüber hinaus ein Mitspracherecht bei der Erteilung und dem Entzug von Bewilligungen, bei den zu erhebenden Konzessionsgebühren und Kautionen und bei der Wahl der Börsenkommissäre und Börsenschreiber.

3. Die Zulassung von Wertpapieren zum Handel und zur Kotierung erfordert ein Gesuch durch eine an der Zürcher Effektenbörse etablierte Bank oder Börsenfirma an den Vorstand des Effektenbörsenvereins. Das Gesuch hat eine Reihe von Angaben zu enthalten, insbesondere die Zeitung nebst Nummer, in welcher der Prospekt veröffentlicht worden ist, und die Zusicherung der das Gesuch einreichenden Firma zur jeweiligen regelmäßigen Zustellung des Geschäftsberichts und Bekanntgabe evtl. Statutenänderungen der Gesellschaft.

Sowohl Einführungs- als auch Emissionsprospekt müssen Angaben über die rechtlichen Grundlagen und den Verwendungszweck der Emission, den Nominalbetrag, die Merkmale der einzuführenden Wertpapiere und die Mitteilung, ob diese auf den Namen oder auf den Inhaber lauten sowie weitere Einzelheiten der betreffenden Wertpapiere enthalten, die üblicherweise zur Zulassung und Aufrechterhaltung der Kotierung erforderlich sind. Der Vorstand des Effektenbörsenvereins als Zulassungsstelle läßt nach Genehmigung des Kotierungsgesuches dasselbe während vier Tagen im Börsenlokal anschlagen. Erfolgt während dieser Zeit keine Einsprache, so kann die Kotierung stattfinden.

4. An der Effektenbörse in Zürich werden über 1200 Titel notiert, unter denen auch ausländische Titel eine größere Rolle spielen. Die Notiz für Aktien ist eine Stücknotiz. Der Handel der Papiere findet am Ring statt, in dessen Mitte sich die Börsenkommissäre und Schreiber aufhalten. Letztere rufen die Papiere auf, worauf die Börsenagenten Käufe und Verkäufe aushandeln. Alle Kurse werden dem Börsenschreiber bekanntgegeben.

Der Handel erfolgt per Komptant (per Kasse) und per Termin. Als Termingeschäfte werden Festgeschäfte, Vor- und Rückprämiengeschäfte, Stellagen und Nochgeschäfte abgeschlossen. Anspruch auf Notierung durch den Börsenschreiber haben nur solche Kurse, zu denen bestimmte Mindesteinheiten umgesetzt worden sind (regelmäßig 5000 sfr. nominal, bei Termingeschäften in Aktien eine nach dem Kurs gestaffelte Stückzahl).

5. Die Streichung eines Wertpapiers vom Kursblatt liegt in der Kompetenz des Vorstandes und kann unter anderem auch dann erfolgen, wenn sich nur ein geringer Prozentsatz der kotierten Titel in der Schweiz in Zirkulation befindet oder während einer längeren Periode kein Abschluß mehr erfolgt ist, ganz allgemein aber auch, „wenn es aus anderen Gründen im Interesse des Publikums ratsam erscheint". Die Sistierung erfolgt, wenn „außerordentliche Umstände dies als geboten erscheinen lassen".

Literatur

MOTSCHMANN: Die rechtliche Organisation der Zürcher Effektenbörse, Diss. Zürich 1938. — GELLES: Die Zürcher Effektenbörse, Diss. Zürich 1945. — CLERICI: Die Zürcher Börse, Aktienges. 1963, S. 128f.

E. Die Schweizerische Zulassungsstelle

Die der Vereinigung schweizerischer Effektenbörsen angeschlossenen Börsen und die nach den Börsengesetzgebungen zuständigen kantonalen Organe von Basel und Zürich haben 1938 eine Vereinbarung getroffen, die einheitliche Bedingungen für die Zulassung ausländischer Wertpapiere zum Handel festlegt. Die grundsätzliche Entscheidung über die Zulassung zum Handel und zur Kotierung liegt bei der Schweizerischen Zulassungsstelle. Sie setzt sich aus sechs von der Vereinigung zu bestellenden und drei vom Eidgenössischen Finanz- und Zolldepartement zu bezeichnenden Mitgliedern zusammen. Die Zulassungsstelle bestimmt die Modalitäten der Einreichung von Kotierungsgesuchen und erläßt die Vorschriften über die Voraussetzungen für die Zulassung. Eine Geschäftsordnung sowie ein Reglement und ein Prospektschema ergänzen die Vereinbarung.

Aufgabe und Zweck der Schweizerischen Zulassungsstelle ist es, Wertpapiere ausländischer Herkunft, die das Allgemeininteresse der Börsen und die schweizerische Volkswirtschaft schädigen würden, vom Markt fernzuhalten. Dem Zulassungsgesuch ist eine Erklärung der Schweizerischen Nationalbank beizulegen, aus der hervorgeht, ob bestimmte Gebiete, wie die der Landeswährung oder der Gestaltung des Zinsfußes oder ob sonstige wirtschaftliche Landesinteressen geschädigt werden.

F. Namensaktie und Inhaberaktie in der Schweiz

1. Die Schweiz ist als kleines Land mit hochentwickelter Industrie besonders daran interessiert, Unabhängigkeit und Nationalcharakter der Industrie zu erhalten. Die Kapitalinvasion während des zweiten Weltkriegs und später schuf ein erhöhtes Überfremdungsrisiko, dem in verschiedener Richtung begegnet wurde. Eines der Mittel ist, die Inhaberaktie, die in der Vergangenheit für die Schweizer Industrie die traditionelle Titelform war, in stärkerem Maß durch die Namensaktie zu ergänzen. Während früher nur Versicherungsgesellschaften wegen des nicht voll eingezahlten Aktienkapitals das Namensaktienkapital kannten, gehen heute die Unternehmen in weitem Maß dazu über, Namens- und Inhaberaktienkapital zu mischen. Dabei wird angestrebt, dem Namensaktienkapital den maßgebenden Einfluß auf die Verwaltung zu sichern.

Aktienkapital in Form von Namensaktien bedeutet an sich noch keine Möglichkeit, die Gesellschaft zu beherrschen. Sie wird erst durch das in der Schweiz übliche statutarische Erfordernis geschaffen, den Namensaktionär in ein Aktienregister einzutragen. Die Eintragung sichert dem Aktionär die eigentlichen Vermögens- und Mitgliedschaftsrechte. Um unerwünschte Einflußnahme auf die Gesellschaften zu vermeiden, steht jedoch dem Verwaltungsrat das Recht zu, das Gesuch um Eintragung in das fragliche Register abzulehnen. Damit liegt die Abwehr gegen unerwünschte Einflußnahme auf die Gesellschaft beim Verwaltungsrat. In der Praxis wird weitgehend so verfahren, daß wichtigste Voraussetzung der Aktionärseigenschaft die schweizerische Nationalität des Bewerbers ist.

2. Die Notwendigkeit, den Kapitalbedarf weitgehend durch Inanspruchnahme des Kapitalmarktes zu decken, dabei aber der Überfremdungsgefahr zu begegnen und gewisse traditionsgebundene Majoritätsverhältnisse beim Aktienkapital zu erhalten, haben ferner dazu geführt, eine für die Schweiz noch unbekannte Titelart in Form von Partizipationsscheinen zu schaffen (Fall Gebrüder Sulzer AG). Partizipationsscheine sind anonyme Inhaberpapiere, die keinen Übertragungsbeschränkungen unterworfen sind. Der Titel sichert jedoch dem Besitzer die gleiche Beteiligung am finanziellen Ergebnis der Gesellschaft wie dem Aktionär und gibt ihm damit die gleichen Vermögensrechte wie dem eingeschriebenen Namensaktionär. Ein Anspruch auf Mitgliedschaftsrechte, ausgedrückt besonders durch das Stimmrecht, besteht selbstverständlich nicht, so daß eine Einflußnahme auf die Gesellschaft unterbleibt.

3. Die Einschränkungen zugunsten von Aktionären schweizerischer Nationalität haben den auf den Namen lautenden schweizerischen Industrieaktien nicht geschadet. Die Mehrzahl der Industrieunternehmen hat sowohl für Inhaber- als auch Namensaktien die Zulassung an der Börse nachgesucht. In der Bewertung der Namenstitel und der Inhabertitel macht dabei die Börse aber einen Unterschied, der zugunsten der stimmrechtlich weniger günstig gestellten Inhabertitel ausfällt (vgl. die von BASCHY mitgeteilten Kurse). Die differenzierte Bewertung durch die Börse erklärt sich weitgehend mit dem großen Interesse für Inhabertitel von Schweizer Unternehmen.

Literatur

BASCHY: Schweizerische Finanzierungsformen, Börsen-Ztg. vom 15. 8. 1963.

KAPITEL 2

Die Börsengesetzgebung im Raum der Europäischen Wirtschaftsgemeinschaft

I. Das französische Börsenrecht

A. Entwicklung des Börsenwesens in Frankreich

1. Schon 1141 wies LUDWIG VII. den Wechslern (Changeurs) die Große Brücke in Paris als Ort für ihre Geschäfte an. Sie blieb für über 5 Jahrhunderte ein hervorragender Markt für Waren- und Wechselgeschäfte. Sehr bald erhielten die als Courratiers bezeichneten Makler die Eigenschaft von Beamten, die von der Regierung beauftragt waren, gewisse Verrichtungen vorzunehmen, bei der Durchführung ihrer Tätigkeit aber der Körperschaft verantwortlich blieben, in der sie der Staat zusammengeschlossen hatte. Nach einer Verordnung von 1312 wurden den Maklern private Geschäfte in allen Waren verboten, in denen sie Wäger waren. Ihr Verdienst blieb auf die „courretage" (courratage) beschränkt.

2. Die Amtsstellung der Makler festigte sich besonders Mitte des 16. Jahrhunderts. In einem Erlaß KARLs IX. von 1572 ordnete der König an, daß die Maklertätigkeit bestimmten Personen überlassen werden müsse, die Gewähr für ihre Eignung bieten, daß die Zahl begrenzt sein solle, und daß die Makler an ihren Ämtern (charges) persönliches Eigentum haben sollten. 1595 wurden die Pflichten und die Zahl der nunmehr als „Courtiers" bezeichneten Makler erneut bestimmt und bald danach die Summe festgelegt, die die Makler als Preis für ihr Privileg an den Staat zu zahlen hatten.

Später wurde die Erblichkeit der Maklersitze gegen einen Zuschlag eingeführt und eine Caisse Commune (Gemeinschaftskasse) zur Unterstützung schlecht beschäftigter Berufsgenossen errichtet. Strafbestimmungen gegen Außenseiter, die das Privileg der Makler brechen wollten, stellten eine erste gesetzliche Maßnahme gegen die Kulisse dar.

3. Als der Fondsverkehr im 18. Jahrhundert seinen Aufschwung nahm, wurde in Frankreich eine bedeutende Spekulationsepoche ausgelöst, die mit dem Namen von JOHN LAW verknüpft ist. LUDWIG XIV. hatte bei seinem Tode 1715 das Land in großer Armut hinterlassen. LAW verstand es, im Papiergeld einen Ersatz für das Metallgeld zu schaffen, das den Bedürfnissen der Neuzeit an Menge nicht mehr genügte. Gleichzeitig erhielt er 1716 die Erlaubnis, eine Privatbank auf Aktien zu errichten, die anfänglich eine zuverlässige Grundlage hatte. Als sich herausstellte, daß die Noten der Bank Kredit genossen, räumte man LAW die Möglichkeit ein, seine Ideen im umfassenden Maß zu verwirklichen. Die bisherige Bank LAWs wurde in eine Staatsbank umgewandelt; Banknoten wurden in Masse emittiert. Unter dem Namen Compagnie d'Occident gründete LAW eine Handelsgesellschaft, die die Ausbeutung der Länder am Mississippi bezweckte und nach ihrer Fusion mit anderen privilegierten Handelsgesellschaften den Namen «Compagnie des Indes» annahm. Diese Gründungen regten das Publikum zur Spekulation in den sich in der Hand LAWs befindlichen Aktien an, wodurch Paris zum Schauplatz einer Spekulationswut wurde, wie sie bis dahin nicht bekannt war. Sehr bald jedoch brach das System zusammen. Die Bank erklärte ihren Konkurs. LAW floh 1721 außer Landes.

4. 1720 bestätigte der Staat die schon vorher getroffene Unterscheidung zwischen Maklern in Waren (Courtiers en Marchandises) und Maklern in Wechseln (Agents de Change). Warenmakler durften sich allein mit Warenhandel befassen, während den Agents de Change sowohl der Effekten- als auch der Warenhandel offenstand. Durch diese Festlegung nahmen die Agents de Change bis in die jüngste Zeit gegenüber den börsenmäßigen Produktenhändlern eine Sonderstellung ein. In einem Statut von 1723 wurde bestimmt, daß Frauen Börsenräume nicht betreten dürften, eine Regelung, die bis heute beibehalten worden ist, daß Agents de Change geborene oder naturalisierte Franzosen sein müßten, und daß die Maklerkammer (Chambre Syndicale) bei jeder Personalveränderung die Anwärter prüft und dem Finanzminister vorstellt, der sie alsdann dem Chef der Regierung zur Ernennung vorschlägt.

5. In der Revolution von 1789 wurden die Börsen zunächst geschlossen, später wieder eröffnet. Aber auch nach ihrer Wiedereröffnung blieb die Gesetzgebung börsenfeindlich. Durch ein Gesetz von 1796 wurde an der Pariser Börse ein Notierungsausschuß von fünf vereidigten Maklern gebildet, der sehr strengen Bestimmungen unterlag. Er sollte die Freiheit der Kursbildung schützen. Zusammen mit einem großen Teil anderer Bestim-

mungen wurden diese Maßnahmen schließlich am Ende der Revolutionsbewegung im Code de Commerce vom 5. 9. 1807 niedergelegt, der sich in den Artikeln 71—90 mit den Agents de Change befaßt, sowie im Code pénal, dessen Artikel 404, 419, 421 und 422 den Konkurs der Agents de Change sowie die künstliche Beeinflussung der Preise und die Börsenwette unter Strafe stellen.

6. Im Verlauf der zweiten Hälfte des 19. Jahrhunderts befaßte sich die Gesetzgebung mit Änderungen des Code de Commerce, die die Agents de Change betreffen und die Stellung des Kommissionärs regelten, sowie mit der Abschaffung des Konzessionssystems für die Gründung von Aktiengesellschaften, an dessen Stelle nunmehr Normativbestimmungen traten. Wichtig war besonders auch der Erlaß des Gesetzes über die Termingeschäfte (Marchés à Terme) vom 28. 3. 1885, das „jeden Terminhandel über öffentliche und andere Effekten sowie jeden Lieferungshandel über Nahrungsmittel und Waren" als gesetzmäßig anerkannte. Niemand konnte sich danach mit Hilfe des Art. 1965 Code civil (Unklagbarkeit von Spiel und Wette) den Verpflichtungen aus solchen Geschäften entziehen. Allerdings findet es keine Anwendung auf Geschäfte, in denen bei Vertragsabschluß vereinbart worden ist, daß keine Lieferung, sondern nur eine Begleichung von Differenzen erfolgen soll. Für ein auf einem ausländischen Warenterminmarkt zu tätigenden Geschäft sind im übrigen die besonderen Bestimmungen des Gesetzes vom 28. 2. 1934 und der Durchführungsverordnung vom 16. 4. 1934 maßgebend.

7. 1966 ist eine Börsenreform durchgeführt worden, die dazu bestimmt ist, dem Zerfall der Provinzbörsen Einhalt zu gebieten. Diese Börsen waren mit 3% am Wertpapierumsatz beteiligt, während auf die Pariser Börse 97% des Umsatzes entfielen. Die Reform sieht eine einheitliche Compagnie Nationale des Agents des Change vor, der sowohl die in Paris als auch an den Provinzbörsen tätigen Börsenmakler beitreten und in der die gegenwärtigen Maklervereinigungen aufgehen. Die Makler werden gleichzeitig ermächtigt, ihre Firmen zusammenzulegen, wobei die aus derartigen Fusionen hervorgehenden Firmen ihre Tätigkeit sowohl in Paris als auch in der Provinz weiterführen können. Endlich ist die Veröffentlichung eines einheitlichen Kursblattes vorgesehen, in dem Notierungen sowohl der Pariser Börse als auch der Provinzplätze Aufnahme finden. Über die Auswirkung dieser Bestimmungen liegen noch keine Erfahrungen vor.

8. Besondere Bedeutung wird für die Wertpapierbörsen das neue Gesetz über Handelsgesellschaften (Code des Sociétés Commerciales) finden, das am 1. 4. 1967 in Kraft getreten ist. Das Gesetz gestattet die Gründung zweier Arten von Aktiengesellschaften, der bisherigen Société Anonyme und eine der deutschen Aktiengesellschaft nachgebildete Form, an deren Spitze ein Vorstand von einem bis fünf Mitgliedern steht, der von einem Aufsichtsrat von drei bis zwölf Mitgliedern überwacht wird. Von Wichtigkeit

für die Wertpapierbörsen sind vor allem die Publizitätsvorschriften, die aber nicht in dem Gesetz vom 24. 7. 1966, sondern in der Verordnung vom 29. 11. 1965 nebst dem Erlaß vom 31. 12. 1965 enthalten sind (Journal Officiel vom 30. 11. 1965 und 4. 1. 1966).

9. Französische Effektenbörsen bestehen heute außer in Paris in Bordeaux, Lyon, Marseille, Nancy, Nantes und Toulouse. Warenbörsen gibt es in Le Havre (Kaffeeterminbörse), Roubaix und Tourcoing (beides Terminbörsen in Wollkammzug) sowie in vierzehn weiteren Städten.

Literatur

WITTNER: Die Börsenorganisationen und Börsengesetze der außerdeutschen Länder. Frankreich, Bank-Arch. Jhg. I (1901), S. 115f., 134f. — RAUFEISEN: Ausländische Wertpapierbörsen, 1957. — RIPERT, u. ROBLOT: Traité Elémentaire de Droit Commerciel, Paris o. J. — BING: Das Verbot des außerbörslichen Handels mit Wertpapieren in Frankreich, Zfges Kred. 1965, S. 134. — TOMASI: Das neue französische Aktienrecht, Außenwirtschaftsdienst des BB, 1967, S. 165f.

B. Die Pariser Börse

1. Die Pariser Effektenbörse beruht auf der Verordnung vom 24. 9. 1724, durch die sie staatlich anerkannt wurde, und die den in der Compagnie des Agents de Change vereinigten amtlichen Maklern das alleinige Recht zum Handel in amtlich notierten Wertpapieren übertrug. Lange Zeit blieb der Aktienhandel auf wenige Papiere beschränkt. Erst als Frankreich industrialisiert wurde und der Bau von Eisenbahnen nach 1830 voranschritt, nahm die Zahl der notierten Papiere erheblich zu.

2. Träger der Börse ist seit 1801 die Compagnie des Agents de Change, deren Mitgliedern das Monopol in § 76 Code de Commerce bestätigt wurde, wobei es der Gesetzgeber gleichzeitig auf die freien Makler (Courtiers en Valeurs Mobilières) ausdehnte. Entsprechend der Unterscheidung zwischen amtlichen und freien Maklern zerfiel die Pariser Börse in zwei Märkte, in den amtlichen Markt (Marché Officiel oder Parquet), der die bekanntesten französischen Werte umfaßte, und in den nicht-amtlichen Markt (Marché des Courtiers en Valeurs Mobilières oder Coulisse), an dem diejenigen Werte gehandelt wurden, die nicht zur Notierung am Parkett zugelassen waren. Diese Werte bildeten eine Vorstufe zum amtlichen Handel. Aus der Compagnie des Agents de Change wurde jährlich die Chambre Syndicale, der Börsenvorstand gewählt, der verwaltende, organisatorische und disziplinarische Funktionen in sich vereinigte. Die im nicht-amtlichen Markt tätigen Courtiers hatten ihre Spitze in der Chambre des Courtiers en Valeurs Mobilières. Ihr Rechtsstatus wurde durch Gesetz vom 14. 2. 1942 dem der amtlichen Makler angeglichen.

3. Mit Gesetz vom 29. 7. 1961 und Dekret vom 30. 10. 1961 zur Änderung des Gesetzes vom 14. 2. 1942 und des Dekretes vom 7. 10. 1890 wurde

die Pariser Börse einschneidend reformiert. In ihren Auswirkungen erfaßte die Reform auch die sonstigen Effektenbörsen in Frankreich.

Gegenstand der Reform war auf der einen Seite die Schaffung eines einzigen Wertpapiermarktes an der Pariser Börse durch die Vereinigung des Parketts mit der Kulisse, auf der anderen Seite die Bestimmung nur eines Börsenplatzes in Frankreich für jedes Wertpapier. Hierbei dient Paris als Markt für Papiere nationaler und internationaler Bedeutung, während die übrigen Börsen regionale Werte betreuen. In Verfolg dieser Reform gingen alle staatlichen Rentenwerte an Paris, während bestimmte lokale Werte und Kolonialpapiere den Provinzbörsen übertragen wurden. Soweit die Papiere in Paris notiert werden, sind sie an keiner weiteren Börse in Frankreich zur Notiz zugelassen.

Träger der Pariser Börse ist heute die Chambre Syndicale (Börsenvorstand), die alljährlich aus dem Kreis der Makler gewählt wird, die ihrerseits wieder in der Compagnie des Agents de Change de Paris zusammengeschlossen sind. Sie hat nach der Börsenreform 86 Mitglieder.

Die Aufsicht über die Börse, die seit 1967 anders geregelt ist, führte das Comité des Bourses de Valeurs (Börsenausschuß), dessen Vorsitz der Gouverneur der Banque de France innehatte. Der stellvertretende Vorsitz stand dem Vorsitzenden der Chambre Syndicale zu. Sieben Beisitzer wurden aus Kreisen ernannt, die am Börsengeschäft interessiert waren. Die Chambre Syndicale, die die Börse in eigener Verantwortung verwaltet, ist gleichzeitig Standesvertretung der Makler wie auch Aufsichtsorgan über deren Tätigkeit. Eine Eigenheit besteht darin, daß der Markt für unnotierte Werte (Marché du Hors Cote) gemäß Art. 15 des Dekrets vom 30. 10. 1961 der besonderen Aufsicht des Comité des Bourses de Valeurs unterstellt wurde.

4. Der Besuch der Pariser Börse ist jeder männlichen Person während der offiziellen Börsenzeit erlaubt. Hierbei bilden allerdings die Agents de Change die wichtigste Gruppe der Börsenbesucher. Ihre Ernennung erfolgt durch das Finanzministerium und setzt die französische Staatsangehörigkeit, ein Alter von mindestens 25 Jahren, den Besitz der Ehrenrechte, den Nachweis einer vierjährigen Tätigkeit bei einem amtlichen Makler und das Bestehen einer Befähigungsprüfung voraus. Der Bewerber hat außerdem eine Kaution zu stellen und unter Umständen einen Kaufpreis für die Übernahme eines verwaisten Maklersitzes zu zahlen.

Die größere Zahl der Börsenbesucher besteht aus Angestellten der Maklerfirmen und Vertretern der Banken, die die Aufträge übermitteln. Neben ihnen gibt es eine Gruppe von Zwischenhändlern (Remisiers), die ihre Privatkundschaft beraten und Aufträge der Kundschaft an die amtlichen Makler weiterleiten.

5. Die Wertpapiere werden auf Vorschlag der Chambre Syndicale durch das Comité des Bourses de Valeurs zur amtlichen Notiz zugelassen. Ein Antrag der betroffenen Gesellschaft ist hierzu nicht notwendig (vgl. Art. 3

des Dekrets vom 30. 10. 1961). Die Chambre Syndicale hat auch in diesem Fall unter möglicher Strafandrohung das Recht, alle Angaben und Unterlagen von der Gesellschaft zu verlangen, die sie für die Aufnahme der amtlichen Notiz für nötig hält.

Staatliche Papiere haben kraft Gesetzes das Recht auf Kursnotiz.

Ausländische Wertpapiere werden auf Grund besonderer Usancen der Chambre Syndicale zugelassen. Hierbei verlangt die Chambre Syndicale in aller Regel neben den Bilanzen der letzten Geschäftsjahre sowie den Erfolgsrechnungen und Geschäftsberichten die Verpflichtung, alle Gesellschaftsnachrichten auch in einer Pariser Zeitung zu veröffentlichen, ferner die Bestätigung der Heimatbörse über die amtliche Zulassung und die Bescheinigung des zuständigen Konsulates, daß die betreffende Gesellschaft den Gesetzen des Heimatlandes entspricht.

6. Aufträge auf Wertpapierkäufe und -verkäufe können sowohl den Banken als auch den Maklern erteilt werden. In der Mehrzahl vermitteln die Banken die Aufträge. Geschäfte sind per Kasse oder auf Termin möglich. Die Erteilung erfolgt „bestens" oder „limitiert", „interessewahrend" oder „stopp". „Bestens" erteilte Aufträge werden zum ersten Kurs ausgeführt, limitierte Aufträge möglichst zum ersten Kurs, sonst zu einem Kurs im Börsenverlauf. Interessewahrende Orders geben dem Beauftragten die Möglichkeit, den Auftrag im Interesse des Auftraggebers nur teilweise auszuführen. Bei der Stopp-Order handelt es sich um einen limitierten Auftrag zur Absicherung bestehender Engagements, eine Form der Auftragserteilung, die bei der New York Stock Exchange möglich ist und von dort auf die Pariser Börse übertragen wurde. Neben diesen Formen der Auftragserteilung gibt es viele Möglichkeiten, mit der Erteilung eines Auftrages verschiedenartige Weisungen zu verbinden.

7. Ausschließlich die Agents de Change sind berechtigt, offizielle Kurse festzustellen. Soweit Effektengeschäfte zwischen Privatpersonen abgeschlossen werden, sind sie meldepflichtig und muß ihr Kurs registriert werden.

Die zum Terminhandel zugelassenen Werte wurden am großen und kleinen Terminmarkt notiert. Die am großen Terminmarkt notierten Papiere wurden sowohl in Form von Festgeschäften als auch in Form von Prämiengeschäften gehandelt, am kleinen Terminmarkt nur mit festen Abschlüssen. Diese Unterscheidung ist inzwischen aufgehoben worden.

Der gesamte Markt ist in zwölf Gruppen aufgeteilt, von denen acht Gruppen auf den Terminhandel und vier Gruppen auf den Kassahandel entfallen. 40% der Umsätze werden im Terminhandel getätigt.

Die Termingeschäfte werden à la criée notiert, wobei für jede Gruppe ein Coteur als Angestellter der Maklerkammer bestellt ist, der beim Aushandeln der Kurse vermittelt und die Notizen registriert. Die Papiere jeder Gruppe werden in einer bestimmten Reihenfolge aufgerufen, um eine erste amtliche Notiz zu ermöglichen; ihr schließen sich für alle Titel weitere

Kursnotierungen an. Die Mindestschlußeinheiten betragen für Termingeschäfte in Aktien in der Regel 25 Stück, können aber auch über zehn oder fünf Stück lauten.

Kassewerte werden nur zum geringen Teil à la criée gehandelt. Ein großer Teil wird Par Opposition, der überwiegende Teil der amtlichen Werte aber Par Casiers notiert. Bei der Notiz Par Opposition sammelt ein Angestellter der Maklerkammer die vorliegenden Aufträge für die einzelnen Papiere bereits vor Börsenbeginn ein und stellt sie gegenüber, um auf diese Weise den möglichen Kurs festzustellen. Im Verlauf der Börse erhält er weitere Aufträge und versucht, durch Unterrichtung von Interessenten einen Ausgleich herbeizuführen. Ist bei größtmöglichem Umsatz ein Ausgleich eingetreten, so schlägt er dem Coteur eine Kursnotiz vor, die dieser nach Prüfung durch Eintragung im Kursbuch legalisiert.

Bei dem Verfahren Par Casiers stehen Angestellte der Maklerkammer an Pulten mit Kästen, die mit einer Liste von Papieren versehen sind. In die Kästen wirft der Angestellte des Maklers seinen Auftrag, der auf einem für die Börse einheitlichen Abschnitt notiert ist. Der Notierungsbeauftragte der Maklerkammer nimmt während der ersten Börsenstunde laufend Aufträge entgegen, auf Grund derer er in der zweiten Hälfte der Börsensitzung den amtlichen Kurs errechnet. Bei diesem Verfahren hat der Handel kaum eine Möglichkeit, in die Kursfestsetzung einzugreifen. Die Feststellung erfolgt ohne Einschalten der Coteurs, die höchstens Stichproben vornehmen.

Aktien werden in Francs je Stück, Rentenwerte in Prozenten des Nennwerts notiert. Das Kursblatt der Pariser Börse erscheint in drei Teilen als «Bulletin de la Cote». Der erste Teil enthält die amtlichen Kurse des Terminmarktes, die Bezugsrechtsnotizen und die Notierungen der bedeutendsten Werte der Provinzbörsen. Der zweite Teil betrifft die amtlichen Kursnotierungen des Kassemarktes, der dritte Teil eine Preisliste für amtlich nicht notierte Werte (Releve Quotidien des Valeurs non Admises à la Cote).

8. Für die Vermittlung von Wertpapiergeschäften erhebt der Agent de Change eine Courtage, die im Tarif du Droit de Courtage des Comité des Bourses de Valeurs vom 25. 1. 1962 geregelt ist. Daneben ist eine Börsenumsatzsteuer und eine Taxe locale zu zahlen.

9. 1967 hat die Pariser Wertpapierbörse ein neues Statut erhalten. An die Stelle des «Comité des Bourses de Valeurs», an dessen Spitze der Gouverneur der Banque del France stand, ist die «Commission des Operations de Bourse» getreten. Ihre Mitglieder werden für eine Amtszeit von drei Jahren vom Finanzminister eingesetzt, wobei ihr Präsident vom französischen Ministerrat zu ernennen ist. Beigeordnet ist der Kommission ein besonderer Regierungskommissar. Er muß zu allen Entscheidungen hinzugezogen werden. Zwar besitzt er kein ausdrückliches Vetorecht. Jedoch muß auf sein Verlangen die Kommission erneut beraten, so daß bis dahin die Regierung Gelegenheit hat, ihre Vorstellungen mit Nachdruck zu vertreten.

Die Kontrolle der Kommission durch die Regierung ist damit weitgehend gesichert. Vor allem wird die Kontrolle künftig einen sehr viel größeren Bereich des Börsengeschehens erfassen. So müssen beispielsweise alle Aktiengesellschaften, ehe sie eine Anleihe zur Zeichnung auflegen oder Aktien emittieren, der Kommission Bericht über die Gründe ihres Vorhabens erstatten. Hat die Kommission Bedenken, so kann sie die Emission verbieten oder aussetzen, bis sie die gewünschten Auskünfte erhalten hat.

Die Kommission kann außerdem alle Auskünfte von den Gesellschaften verlangen, deren Aktien an der Börse notiert sind. Ferner können die Mitglieder der Kommission die Repräsentanten jeder anderen Gesellschaft und jede dritte Person verhören, wenn von dort Geschäftsbeziehungen zu der geprüften Gesellschaft unterhalten werden. Dieses Recht übertrifft sogar das der Gerichte, denn die verhörten Personen können sich nicht auf das Aussageverweigerungsrecht für Berufsgeheimnisse berufen. Die Kommission kann schließlich alle ihr zugegangenen Informationen veröffentlichen.

Literatur

ROBERT-MILLES: Die Pariser Börse, ihre Usancen und Operationen, 1903. — EHRENSPERGER: Die Pariser Börse und die französischen Bankinstitute, Zürich o. J. — NAUCK: Die Pariser Börse und ihre Geschäfte, 1931. — LANZ: Zur Struktur und Reform der Pariser Wertpapierbörse, Aktienges. 1961, S. 340f. — BING: Die Pariser Börsenreform, ZfgesKred. 1962, S. 284f. — STEINIG: Auslandsbörsen, o.O.o.J., S. 93f.

II. Das italienische Börsenrecht

A. Allgemeines

1. Das italienische Börsensystem ähnelt der Organisation des Börsenwesens in anderen romanischen Ländern und beruht vor allem auf einer bevorrechtigten Stellung der Agenti di cambio. Sie sind jedoch keine staatlichen Beamten, haben aber praktisch eine gewisse Monopolstellung und unterliegen einer scharfen Regierungskontrolle.

Vorschriften über das Börsenwesen behielt das italienische Handelsgesetzbuch in den Art. 33 und 35 besonderen Gesetzen und Verordnungen vor. Diese Rechtsvorschriften sind in dem Gesetz Nr. 272 vom 20. 3. 1913 über die Einrichtung der Börsen, das Maklerwesen und die Steuer auf Börsengeschäfte enthalten. Es lehnt sich inhaltlich an das französische Börsenrecht an. Ausführungsvorschriften enthält im besonderen die Verordnung vom 19. 9. 1913.

Nach diesem Recht können Börsen nur durch staatliche Verordnung errichtet werden und unterstehen der Aufsicht der Regierung, der Handelskammer, der Börsendeputation und des Maklersyndikats. Weitere Bestimmungen beziehen sich auf die Aufsichtsführung im einzelnen, die Zusammensetzung der Börsendeputation (Börsenvorstand), den Börsenbesuch, die Zulassung der Wertpapiere zur offiziellen Kursnotierung, die Kursfeststellung und das Gewerbe der Börsenmakler.

2. Die Warenbörsen wurden durch Gesetz vom 26. 7. 1936 geschlossen. Diese Schließung ist jedoch mit Gesetz vom 30. 3. 1950 rückgängig gemacht worden. Es führte das Recht wieder ein, Warenbörsen auf Vorschlag der Handelskammern durch das Ministerium für Handel und Industrie oder durch Erlaß des Präsidenten der Republik zu errichten.

3. Durch Art. 17 des Gesetzes Nr. 272 vom 20. 3. 1913, der bestimmt, daß Termingeschäfte in Wertpapieren und Waren Handelsgeschäfte sind, ist der bis dahin mögliche Spieleinwand ausgeschlossen worden. Börsentermingeschäfte sind auch dann verbindlich, wenn sie nur durch Differenzzahlung erfüllt werden. Sie sind es gleichfalls, wenn sie im Sinne des Art. 82 der Bestimmungen über Warenbörsen nicht schriftlich geschlossen wurden, sofern der Abschluß durch Zeugenaussage bewiesen werden kann. Termingeschäfte können in Italien aber nur durch Vermittlung von eingetragenen Maklern und besonders dazu befähigten Agenten durchgeführt werden. Im übrigen dürfen Vermittler nach Art. 1457 des Bürgerlichen Gesetzbuches nicht für eigene Rechnung handeln. Andernfalls ist der Vertrag nichtig.

4. Die Aufsicht über die Wertpapierbörsen obliegt heute dem Schatzministerium (Ministero del Tesoro). Es bestellt jährlich die Börsenvorstände, die wiederum die Tätigkeit der Börsenmakler und die Veröffentlichungen der offiziellen Kursblätter überwachen. Die Börsenvorstände treten auch als Schiedsgericht bei Streitigkeiten zwischen Börsenmitgliedern auf.

An den Börsensitzungen nimmt ein Börsenkommissar als Beauftragter des Schatzministeriums teil. Die die unmittelbare Aufsicht führenden Handelskammern bedürfen zu ihren Anordnungen der Zustimmung des Ministeriums.

5. Wertpapierbörsen bestehen in Italien in den Städten Mailand, Rom, Turin, Bologna, Florenz, Genua, Neapel, Palermo, Triest und Venedig. Die weitaus größte Börse befindet sich in Mailand, deren Umsätze rund 60% der gesamten italienischen Börsen betragen. Ihr folgt Rom mit ungefähr 15% und Turin mit etwa 10% Anteil, während sich der Rest auf die übrigen Börsen verteilt.

Literatur

NUSSBAUM: Das italienische Börsengesetz, Leipziger Zeitschr. 1914, S. 730f. — DROUOT: L'organisation et le fonctionnement des Bourses de valeurs en Italie, Paris 1924. — MOLLE, i VISENTINI: Codice della Banca, della Borsa e dei Titoli di Credito, Milano 1957 mit Nachträgen von 1960 und 1964. — BALLOSSINI: Gli Usi di Banca e di Borsa in Italia, Milano 1962. — CAMPI: I Contratti di Borsa, Padova 1964.

B. Die Mailänder Börse

1. Träger der Börse in Mailand ist die Handelskammer, die auch die ihr vom Schatzministerium (Ministero del Tesoro) übertragene unmittelbare Aufsicht über die Börse führt.

Die Leitung der Börsenzusammenkünfte und des Handels liegt in den Händen der Maklerkammer (Comitato Dirretivo degli Agenti di Cambio), die ein Selbstverwaltungsorgan der Börse darstellt und aus acht Maklern besteht, die alle zwei Jahre neu gewählt werden müssen. Die Maklerkammer stellt die Anfangs- und Schlußkurse fest und wirkt bei der Aufstellung des Kurszettels mit. Sie legt den Liquidationskurs für Prolongationen fest und berät sowohl die Börsenmitglieder als auch das Publikum. An den wochentäglichen Börsenzusammenkünften nimmt ein Beauftragter des Schatzministeriums beobachtend teil, ähnlich dem Staatskommissar an den deutschen Börsen und an der Wiener Börse.

Die Handelskammer veröffentlicht das Kursblatt. Sie entscheidet über die Zulassung der Wertpapiere zur amtlichen Notierung im Einvernehmen mit der Maklerkammer und wird bei der Ernennung der Mitglieder des Börsenvorstandes vom Schatzministerium gehört.

2. Der Zutritt zum Börsensaal ist jeder geschäftsfähigen Person gestattet. Der Handel im Ring wird von etwa 130 Maklern wahrgenommen. Wer Makler werden will, kann sich bei dem Schatzministerium bewerben und muß auf Anforderung eine Prüfung ablegen. Die Ernennung zum Makler erfolgt durch das Staatsoberhaupt. Nach der Ernennung darf der Makler neben seiner amtlichen Tätigkeit keine weitere Tätigkeit ausüben. Außerdem muß er vor Antritt seines Dienstes eine Kaution stellen. Dem Makler ist gestattet, bis zu zwei Substituten (Rappresentanti alle Grida) zu beschäftigen.

Außerhalb des Ringes befindet sich ein größerer Raum, der von Händlern der Banken, Arbitrageuren, Kommissionären und Berichterstattern besucht wird. Ein Teil des Börsensaales ist dem Publikum zugänglich, das die Kurse verfolgen und mit Vertretern von Maklern und Banken zwecks Auftragserteilung in Verbindung treten kann, wenn es nicht üblicherweise seine Aufträge an den Bankenschaltern erteilt.

3. Außer den von der Handelskammer zugelassenen Wertpapieren zur amtlichen Notiz haben kraft Gesetzes alle Staatsanleihen, staatlich garantierten Obligationen, Pfandbriefe und Anleihen der Provinzen und Kommunen Anspruch auf offizielle Notierung. Die Aufnahme des Handels erfolgt jedoch regelmäßig erst auf Anordnung der Börsenorgane.

Die Zulassung der sonstigen Wertpapiere zur amtlichen Notiz verlangt verschiedene Voraussetzungen. Die Gesellschaft muß gesetzmäßig gegründet worden sein und ein angemessenes Grundkapital ausweisen. Die Generalversammlung muß die Geschäftsberichte der letzten zwei Jahre genehmigt und den Gesetzen entsprechend veröffentlicht haben. Die Gesellschaft hat ein Institut zu benennen, daß die Bedienung der Papiere am

Börsenplatz übernimmt. Dem Antrag müssen schließlich Muster der Wertpapiere beiliegen, die für die Notierung vorgesehen sind. Als angemessenes Grundkapital wird ein Betrag von 50 Millionen Lire angesehen.

Ausländische Wertpapiere können wegen entgegenstehender Devisenbestimmungen an der Mailänder Börse nicht gehandelt werden.

4. Zu Beginn der Börsenversammlungen werden für jedes Papier Eröffnungskurse festgestellt. Die Grundlage bilden die Geld- und Briefkurse, die die Makler am Ring ausrufen und bei denen sie Gegengebote entgegennehmen. Alle gängigen Papiere werden fortlaufend gehandelt. Die festgestellten Kurse werden dem Beauftragten der Handelskammer gemeldet, der sodann den Höchst- und Tiefstkurs des Tages zur Veröffentlichung im amtlichen Kursblatt feststellt.

Eine Stunde nach Eröffnung werden die Schlußkurse unter Aufsicht eines Mitgliedes der Maklerkammer und im Beisein des Beauftragten des Schatzministeriums festgestellt. Dabei werden zunächst die Schlußkurse für solche Papiere festgesetzt, die selten gehandelt werden. Ist ein Umsatz nicht zustande gekommen, wird ein Geld- oder Briefkurs oder der Kurs des Vortages genannt. Später werden die Schlußkurse für alle übrigen Papiere festgestellt, wobei bestimmte Mindestabschlüsse beachtet werden müssen. Aufträge ohne Mindestabschlüsse haben keinen Anspruch auf Ausführung zur amtlichen Notiz. Die Notierung erfolgt für festverzinsliche Wertpapiere in Prozenten des Nennwertes, für Aktien in Lire je Stück (Stücknotiz).

Der Kurszettel enthält die niedrigsten und höchsten Notierungen des Tages sowie den Schlußkurs. Außerdem werden die amtlichen Umsätze in jedem Papier notiert.

Wertpapiere, die nicht zur amtlichen Notiz zugelassen sind, werden einmal wöchentlich gehandelt. Die Umsätze werden in einer nicht-amtlichen Preisliste veröffentlicht.

5. Die Kosten eines Börsengeschäfts setzen sich aus der Maklergebühr und der Stempelsteuer zusammen. Die Courtage beträgt bei Staatsanleihen 0,15 % vom Kurswert, bei sonstigen festverzinslichen Werten 2–4 Lire je Stück und bei Aktien über 10.000 Lire 0,7% vom Kurswert je Stück. Bei Aktien bis 10.000 Lire ist die Courtage unterschiedlich gestaffelt. Sie beträgt im Höchstfall 70 Lire je Aktie.

Literatur
STEINIG: Auslandsbörsen, o.O.o.J., S. 51f.

III. Niederländisches Börsenrecht

A. Allgemeines

1. Wie schon im Ersten Teil ausgeführt, hat die Entwicklung des Wertpapierhandels in den Niederlanden am stärksten zum Aufblühen des

Effektenkapitalismus in Europa beigetragen. Das Geschäft in Aktien und Anteilen, sowohl als Kassegeschäft als auch als Termingeschäft, gewann besonders in Amsterdam einen bedeutenden Umfang und wurde durch den Handel niederländischer Seefahrer, aber auch durch eine freizügige Politik der niederländischen Republik in starkem Maß gefördert. Die Aufnahme des Handels in Schuldverschreibungen in- und ausländischer Emittenten, der zeitweilig einen größeren Umfang als der Aktienumsatz annahm, brachte Amsterdam eine führende Stellung als internationales Finanzzentrum, den es bis in das späte 18. Jahrhundert beibehielt.

2. Eine allgemeine Rechtsgrundlage der Börsen in den Niederlanden ist im Wet van Koophandel (Handelsgesetzbuch) enthalten, das in den §§ 59f. den Börsenbegriff klarlegt und die Börsen den örtlichen Behörden unterstellt. Von diesen Vorschriften blieb jedoch die Effektenbörse in Amsterdam ausgenommen. Ein erstes eigens die Börsen betreffendes Gesetz stellt das Beurswet vom 4. 9. 1914 dar, das durch Gesetze vom 31. 12. 1914 und 6. 9. 1939 geändert wurde. In ihm ist bestimmt, daß der Minister der Finanzen berechtigt ist, Vorschriften allgemeiner Art über den Handel an der Börse und die Notierung von Wertpapieren zu erlassen. Das Gesetz sieht ferner eine staatliche Börsenkommission vor (Commissie van Advies in Beurszaken), die den Finanzminister bei dem Erlaß von Geschäftsbedingungen beraten soll. Weitere Vorschriften sind in der Beschikking Beursverkeer van 1947 enthalten, durch die allein die Mitglieder der Nederlandse Organisatie van het Effektenbedrijf zur Ausführung von Effektengeschäften ermächtigt werden.

3. Effektenbörsen bestehen in Amsterdam sowie in Rotterdam und in Den Haag. Letztere haben jedoch nur lokale Bedeutung. Neben den Effektenbörsen finden sich zahlreiche Waren- und Produktenbörsen, an denen der Handel nach Bedingungen vorgenommen wird, die der betreffende Handelszweig festlegt. Der Zugang zu diesen Börsen ist verschieden geregelt. Bei einigen Börsen hat jedermann gegen Bezahlung Zugang, bei anderen wird eine Mitgliedschaft bei einer bestimmten Gesellschaft verlangt. Besonders zahlreich sind neben der Effektenbörse die „Kaufmannsbörsen" in Amsterdam.

Literatur
EHRENBERG: Die Fondsspekulation und die Gesetzgebung, 1883. — RAMEKEN: Reform des Aktienrechts in den Niederlanden, Aktienges. 1965, S. 284f.

B. Die Amsterdamer Börse heute

1. Träger der Börse ist die Vereeniging voor den Effectenhandel in der Rechtsform eines privaten Vereins. Mitglieder sind natürliche und juristische Personen, die an der Organisation und Entwicklung des Wertpapierhandels interessiert sind. Ihre Zahl hat sich seit der Gründung der Vereinigung 1876 kaum verändert.

Aufgenommen werden nur Personen, die die niederländische Staatsangehörigkeit besitzen, ein Eintrittsgeld von 7000 Gulden zahlen und eine Kaution von 10000 Gulden in Geld oder Effekten hinterlegen. Außerdem ist notwendig, daß der Aufnahmeantrag von 20 Mitgliedern unterstützt wird. Der jährliche Beitrag beträgt 150 Gulden.

Die Geschäfte der Börse führt der Vorstand der Vereinigung. Er besteht aus fünfzehn Mitgliedern. Den Vorsitzenden wählt der Vorstand aus seiner Mitte. Die Bestellung zum Vorstandsmitglied erfolgt durch Wahl in der Mitgliederversammlung. Für bestimmte Gebiete hat der Vorstand Ausschüsse gebildet, die die entsprechenden Aufgaben wahrnehmen. So bestehen der Notierungsausschuß, der Verwaltungsausschuß, das Schiedsgericht, der Presseausschuß und der Garantieausschuß. Die laufenden Geschäfte erledigt ein Sekretariat des Vorstandes.

Für den Handel sind im Börsensaal 82 Hoeken (Plätze, Ecken) errichtet, an denen bestimmte Papiere oder Wertpapiergruppen durch Hoeklieden gehandelt und notiert werden. Mittelpunkt des Börsensaales ist die Guidebank. Sie sorgt für die Registrierung sämtlicher Geschäfte und damit für die Erfassung der festgestellten Kurse und Umsätze.

2. Die Börse wird von den Mitgliedern der Vereinigung und ihren Händlern besucht. Zu den Mitgliedern der Vereinigung gehören auch die Hoeklieden. Außerdem treten Bankenvertreter und Kommissionäre als Beauftragte ihrer Kundschaft in Erscheinung. Die Hoeklieden sind notierende Makler und Eigenhändler. Sie werden jedoch nicht vereidigt und sind auch nicht den gewerblichen Beschränkungen der deutschen Kursmakler unterworfen. Der Gewinn des Hoekman liegt in der Courtage.

Neben diesen Börsenbesuchern wird die Börse noch von Arbitrageuren und Tageshändlern besucht. Die Arbitrageure betreiben die Arbitrage in internationalen Werten zwischen den einzelnen Börsenplätzen; die Tageshändler handeln auf eigene Rechnung und finden ihren Ertrag im Kursgewinn.

3. Die Aufnahme eines Wertpapiers in den amtlichen Handel richtet sich nach den Bestimmungen des Reglements voor het Opnemen van Fondsen in de Prijscourant. Diese Aufnahme muß der Finanzminister genehmigen. Voraussetzung für die Zulassung ist ein Mindestkapital von 500000 Gulden, wobei immer das gesamte Grundkapital zum Börsenhandel zugelassen werden muß. Es ist nicht möglich, einen Teil des Grundkapitals in den Börsenhandel einzuführen.

Der Zulassungsantrag ist an die Vereinigung zu richten und bedarf der Unterschrift von mindestens sechs Vereinsmitgliedern. Außerdem ist der Antrag im Officiele Prijscourant bekanntzumachen.

Mit dem Zulassungsantrag ist ein Prospekt einzureichen, der auch den Börsen in Rotterdam und Den Haag zugestellt wird. Als Anlagen sind die Satzung, ein Muster der zu begebenden Wertpapiere und die Bilanzen und

Geschäftsberichte der letzten fünf Jahre beizufügen. Zugleich ist eine Bank in Amsterdam anzugeben, die die Dienste für die Wertpapiere übernimmt. Öffentliche Anleihen werden erleichtert zugelassen, jedoch unterliegen sie ebenfalls dem Prospektzwang. Liegt der Zulassungsantrag vor, so kann das Papier sofort im amtlichen Kursblatt unter der Rubrik "Voorlopig genoteerde Fondsen" notiert werden. Als Gebühren sind eine nach Art und Höhe der Emission gestaffelte Zulassungsgebühr sowie eine Bearbeitungsgebühr zu zahlen.

4. Die Ausführung der Aufträge erfolgt in einer Form, die von der an deutschen Börsen üblichen Form abweicht. Bestens-Orders, die vor Börsenbeginn eintreffen, werden zum Mittelkurs des Tages ausgeführt. Mit dem Vermerk „ohne zu forcieren" erteilte größere Aufträge sind in der Ausführung in das Ermessen des Beauftragten gestellt. Wird eine limitierte Order aufgegeben, so kann sie zum Limitkurs während des Börsenverlaufs oder zum Mittelkurs erfolgen. Der Auftraggeber hat stets Anspruch auf den Mittelkurs, wenn dieser für ihn vorteilhafter ist. Das Risiko und damit eine evtl. Kursdifferenz trägt der Hoekman.

Der Mittelkurs ist kein Kassakurs auf Grund der vorliegenden Aufträge, sondern der Durchschnitt zwischen dem höchsten und dem niedrigsten Kurs des Tages. Für sog. aktive Werte können während der Börse fortlaufend Aufträge erteilt werden. Die Ausführung kann der Auftraggeber dadurch beobachten, daß der Handel in sieben Zeiteinheiten (Tapes) eingeteilt ist. Die erste dauert eine Viertelstunde, die sechs weiteren je zehn Minuten. Für jeden Zeitabschnitt wird der Höchst- und Tiefstkurs veröffentlicht.

5. Die Notierungen nehmen die Hoeklieden vor. Laufen während der Börsenzeit keine weiteren Orders ein, so errechnet der Hoekman am Ende der Börse den Mittelkurs, bei dem möglichst viele Aufträge ausgeführt sein sollen. Eine Besonderheit bilden Papiere mit verstärktem Interesse. In ihnen können im Verlauf der Börse auch Abschlüsse ohne Vermittlung der Hoeklieden getätigt werden. Sie sind aber ebenfalls der Guidebank zu melden. Die Guidebank stellt für jeden Zeitabschnitt die höchsten und niedrigsten Notierungen amtlich fest, die dann im Officiele Prijscourant veröffentlicht werden. Das gleiche gilt für die täglichen Mittelkurse.

6. Die Amsterdamer Börse kennt gegenwärtig nur Kassageschäfte. Termingeschäfte werden aber außerhalb der Börse abgeschlossen. Die Notierung von Anleihen und von fast allen holländischen Aktien erfolgt in Prozenten vom Nennwert. Einige wenige Aktien werden in Gulden je Stück notiert.

7. Das amtliche Kursblatt gibt die Vereinigung heraus. Das Kursblatt enthält auf der ersten Seite die Notierungen der aktiven Werte, auf den folgenden Seiten die Notierungen aller inaktiven Werte. Hieran schließen sich die vorläufig notierten Werte und Kurskorrekturen des Vortages an.

Die Kursliste wird von einem Notierungskommissar des Vorstandes der Vereinigung kontrolliert und unterzeichnet.

Der Handel einiger Bankhäuser in unnotierten Werten schlägt sich in regelmäßigen Kurslisten dieser Häuser nieder, in denen auch die Umsätze notiert sind.

8. Die Gebühren sind für alle Mitglieder der Nederlandse Organisatie van het Effectenbedrijf bindend festgelegt. Sie setzen sich neben der Provision aus einer Stempelgebühr (Effektennotastempel) und aus einer Umsatzsteuer von 4% des Provisionsbetrages zusammen.

Literatur

SAYOUS: La Bourse d'Amsterdam, Paris 1900. — VON DER HEYDEN: Mängel der Preisbildung an der Amsterdamer Börse, Bankwissenschaft 8. Jhg. (1931), S. 389f. — RUBINFELD: Amsterdamer Börse, ZfgesKred. 1954, S. 364f.; Holländische Usancen, ZfgesKred. 1954, S. 402f. — BATENBURG: Die Amsterdamer Effektenbörse, in: PALYI u. QUITTNER: Enzyklopädisches Lexikon für das Geld-, Bank- und Börsenwesen, Bd. II, 1957, S. 1206f. — STEINIG: Auslandsbörsen o.O.o.J., S. 3f. — LE POOLE: Die Amsterdamer Wertpapierbörse, Aktienges. 1967, S. 195f.

IV. Das Börsenwesen in Belgien

A. Entwicklung des Börsenrechts

1. Belgien besitzt ebenso wie Frankreich kein eigentliches Börsengesetz. Grundlage des belgischen Börsenrechts sind die Art. 64—118 des Code de Commerce, dessen fünfter Titel die „Handelsbörsen, Wechselmakler (Agents de Change) und Makler (Courtiers)" betrifft. Die Bestimmungen sind zunächst durch Gesetz vom 30. 12. 1867 revidiert und später durch Gesetz vom 11. 6. 1883 und königl. Beschluß vom 30. 1. 1935 geändert und ergänzt worden.

In diesen Vorschriften werden die Rechte und Pflichten der Agents de Change und Courtiers, insbesondere das Berufsrecht der Agents de Change behandelt, sodann aber auch grundlegende Bestimmungen über die Handelsbörsen (Bourses de Commerce) getroffen, die das Gesetz in Warenbörsen (Bourses des Marchandises) und Effektenbörsen (Bourses des Fonds publics et de Change) unterteilt. Das Berufsrecht der Agents de Change behandelt die Pflichten gegenüber ihren Kunden, die Grundsätze für ihre amtliche Bestallung, die Beschränkungen in ihrem Beruf und das Handelsmonopol, das sie in bezug auf die Ausführung von Wertpapierkäufen und -verkäufen besitzen.

2. Grundsätzlich sind die Börsen der Polizeigewalt der städtischen Behörden unterstellt (Art. 81 Abs. 2). Die Leitung der Warenbörsen hat an diesen Börsen die Commission de la Bourse des Marchandises inne. Ihre Mitglieder, wenigstens sechs und höchstens fünfzehn, werden auf sechs Jahre vom „Kollegium der Bürgermeister und Schöffen" aus zwei Listen

ausgewählt, von denen die eine von der Generalversammlung des Tribunal de Commerce und die andere durch die Generalversammlung derjenigen Personen, die die Börsenordnung zum Börsenbesuch zuläßt, aufgestellt wird.

Die Leitung der Effektenbörsen liegt an jeder Börse in den Händen der Commission de la Bourse (Börsenkommission), die aus ebenfalls wenigstens sechs und höchstens fünfzehn Mitgliedern besteht. Sie vertritt gegenüber Dritten die Vereinigung der an den Börsen bestellten Agents de Change. Die Börsenordnung hat nach dem Gesetz die Tage und Stunden der Börsenzusammenkünfte zu bestimmen. Die Kommission kann die Zusammenkünfte während höchstens fünf Tagen, der Minister der Finanzen für eine Dauer von höchstens sechs Monaten unterbrechen. An jeder Börse ist ein Staatskommissar tätig, den der Minister der Finanzen ernennt. Seine Rechte entsprechen im wesentlichen denen der in Deutschland bei den Börsen ernannten Staatskommissare (Art. 90).

Eingehende Bestimmungen betreffen die Stellung der Börsenkommissionen sowie der Berufungskommission, die an der Börse in Brüssel tätig ist, jedoch für die Anfechtung von Entscheidungen aller Börsenkommissionen und Zulassungsstellen der belgischen Effektenbörsen zuständig ist. Grundsätze enthält das Gesetz auch für die Kursnotierung und die Zulassung zur Notierung. Besondere Königliche Erlasse (Arrêtés royales) vom 15. 10. 1934 und vom 30. 11. 1939 beziehen sich auf die Terminmärkte und regeln deren Handel.

3. Erst nach Gründung des belgischen Staates erlangte die Börse in Brüssel einige Bedeutung, bis sie sich im Laufe der Zeit zum führenden Börsenplatz Belgiens entwickelte. Neben ihr ist Antwerpen als Börsenplatz von größerer Bedeutung, wo vor allem auch südamerikanische Werte notiert werden. Außerdem gibt es Wertpapierbörsen in Lüttich und Gent.

Literatur
GUILLARD: La Bourse en Belgique, Bruxelles 1878. — SERVAIS, MECHELYNCK, BLONDIEUX et MASQUELIN: Les Codes et les Lois spéciales les plus usuelles en Vigueur en Belgique, 30. Ed., Tome Premier (Matières civiles et commerciales), Bruxelles 1961.

B. Die Brüsseler Börse

1. Die Leitung der Börse liegt in den Händen der Commission de la Bourse, eines Ausschusses von 15 Börsenmitgliedern, die auf drei Jahre gewählt werden. Ihre Mitglieder dürfen nur amtliche Makler sein, die seit mindestens zehn Jahren an der Brüsseler Börse tätig sind. Die Makler selbst sind in der Association des Agents de Change zusammengeschlossen. Die Kommission kann Vorschläge zur Änderung der Börsenusancen machen, die jedoch erst mit Billigung der amtlichen Stellen Rechtskraft erlangen. Sie

tritt als Schiedsgericht für Streitigkeiten unter Maklern und zwischen Maklern und Kunden auf. Der Staatskommissar nimmt an den Sitzungen der Kommission teil.

Neben der Kommission sind mehrere Ausschüsse bestellt, die die Überwachung der Kursbildung, die Zulassung der Wertpapiere zur amtlichen Notiz und die Abwicklung der Kassa- und Termingeschäfte zum Gegenstand haben.

2. Die Börsenversammlungen sind nicht öffentlich. Das Publikum hat jedoch Zutritt zu einem angrenzenden Saal, wo es mit den amtlichen Maklern zwecks Auftragserteilung oder Information in Verbindung treten kann. Die Mehrzahl der Börsenbesucher setzt sich aus diesen Maklern zusammen.

Als amtlicher Makler wird nur zugelassen, wer mindestens 25 Jahre alt ist, belgische Staatsangehörigkeit besitzt, eine sechsjährige Praxis mit entsprechenden Prüfungen nachweist und durch mindestens zwei langjährig tätige Makler eingeführt wird. Bei Zulassung hat der Makler eine Kaution von 150 000 Francs zu stellen. Der Makler kann als Einzelperson oder als Gesellschafter einer Personengesellschaft auftreten, wobei aber nur Gesellschaftstypen zugelassen sind, die den Makler zur tätigen Mitarbeit und persönlichen Haftung verpflichten. Möglich ist auch die Zulassung als Makler an mehreren Börsen. Jedoch muß hierzu die Börsenkommission ihre Einwilligung geben.

Außer diesen Maklern haben noch „korrespondierende Makler" (Agents de Change correspondants près de la Bourse de Bruxelles) die Möglichkeit, Börsenhandel zu betreiben. Sie sind ermächtigt, die Interessen eines Maklers in anderen Städten des Landes zu vertreten. Doch muß der Ort der Tätigkeit des vertretenden Maklers 25 km von der Brüsseler Börse entfernt liegen.

Zutritt zur Börse haben außerdem bestimmte Vertreter von Banken sowie Boten und Wirtschaftsjournalisten.

3. Die Zulassungsstelle für Wertpapiere setzt sich aus zwölf Mitgliedern zusammen. Sieben Mitglieder sind amtliche Makler, fünf sind Vertreter der Banken. Ihre Ernennung erfolgt durch den Finanzminister.

Zugelassen zum amtlichen Handel werden Wertpapiere nur, wenn die von der Zulassungsstelle erlassenen Mindestbedingungen eingehalten werden. Dazu gehört vor allem, daß die Gesellschaft, die die Notierung ihrer Aktien wünscht, ein Eigenkapital von mindestens 10 Millionen Francs besitzt, wobei Aktienkapital und Rücklagen als Einheit betrachtet werden. Die Gesellschaft hat ferner nachzuweisen, daß die Bilanzen von mindestens zwei Geschäftsjahren von der Hauptversammlung genehmigt und veröffentlicht worden sind, sowie daß die zugelassenen Stammaktien voll eingezahlt sind und auf den Inhaber lauten. Gleichzeitig sind die Satzung, ein Muster der Wertpapiere, die Geschäftsberichte und Bilanzen der letzten fünf Geschäftsjahre, die Bestätigung einer Bank mit Sitz in Brüssel über ihre

Funktion als Zahlstelle und die Veröffentlichung der «Notice legale» im «Moniteur Belge» nachzuweisen. Diese Veröffentlichung ist gesetzlich festgelegt und erfordert eine überaus eingehende Publizität zwecks Unterrichtung des Publikums. Die Zulassung ausländischer Aktien setzt voraus, daß die Titel schon an der Heimatbörse amtlich gehandelt werden. Auch muß sich die Gesellschaft den verschärften belgischen Anforderungen an Publizität unterwerfen. Außerdem hat der Finanzminister der Zulassung zuzustimmen.

4. Aufträge gehen an den amtlichen Makler, seinen Korrespondenten oder eine Bank. Die Ausführung übernimmt in jedem Fall der Makler. Werden Aufträge ohne besondere Weisung erteilt, so werden sie bestens und damit meist zum ersten Kurs ausgeführt. Sofern nichts anderes bestimmt ist, ist der Auftrag bis zum letzten Freitag eines Monats gültig.

5. Der Wertpapierhandel spielt sich im Kassa- und im Terminmarkt ab. Hierbei zerfällt der Kassamarkt in drei Bereiche, den Rentenmarkt, den Korbmarkt und das Parkett. Im Rentenmarkt erfolgt der Handel mit festverzinslichen, staatlichen oder staatlich garantierten Werten. Die Usancen des Rentenmarktes sind vom Finanzministerium festgesetzt; das Ministerium nimmt durch den Fonds des Rentes an der Kursermittlung und Regulierung teil. Am Korbmarkt (Marché des Corbeilles) werden die Notierungen für lebhaft gehandelte Aktien festgestellt. Nachdem der Eröffnungskurs durch Zuruf von Angebot und Nachfrage ermittelt ist, erfolgt für eine geringe Zahl Aktien eine fortlaufende Notierung. Am Parkett (Marché du Parquet) werden alle übrigen amtlich zugelassenen Aktien und Schuldverschreibungen notiert. Wie beim Rentenmarkt, aber anders als beim Korbmarkt, erfolgt hier täglich nur eine Notiz. Besondere Schlußeinheiten gelten nur für den Korbmarkt und das Parkett. Aktien und Industrieobligationen werden in Franken je Stück notiert.

Der Handel im Terminmarkt findet durch amtliche Makler statt, die der Liquidationsstelle für Terminabschlüsse (Société Cooperative de la Caisse de Liquidation) angehören. Schlußeinheiten legt die Liquidationskasse fest. Die Kurse werden von einem Vertreter der Börsenkommission auf Grund der vorliegenden Aufträge zunächst als Taxkurse festgestellt. Erst nach diesen Anfangskursen beginnt der eigentliche Handel.

Sämtliche Kurse erscheinen in einem amtlichen Kursblatt unter der Verantwortung der Börsenkommission.

6. Unnotierte Werte werden auf einer einmal im Monat stattfindenden Versammlung gehandelt. Die Vermittlung steht auch hier den Agents de Change zu. Einige Werte, an denen ein lebhafteres Interesse besteht, werden einmal in der Woche oder öfter umgesetzt.

7. Die Börsengeschäfte erfordern eine Maklergebühr (Courtage) und eine Börsenumsatzsteuer. Die Gebührensätze (0,3% bis 0,4% bei Staats-

anleihen, 0,75% bei Aktien und Industrieobligationen) sind für alle Geschäfte verbindlich, die im amtlichen Handel getätigt werden.

Literatur

Der Brüsseler Terminmarkt: Börsen-Ztg. vom 29. 2. 1964. — STEINIG: Auslandsbörsen, o.O.o.J., S. 15f.; – Börsenreform in Belgien, ZfgesKred. 1967, S. 1110.

V. Die Börse in Luxemburg

1. Mit Gesetz vom 30. 12. 1927 betreffend Gründung einer Handelsbörse entschloß sich der luxemburgische Staat, unter Aufhebung der bis dahin geltenden französischen Vorschriften, eigenes luxemburgisches Börsenrecht zu setzen. Das Gesetz bestimmte in Art. 27, daß im Großherzogtum eine Handelsbörse geschaffen wird, und daß die Organisation der Börse, ihr Sitz und die Reglementierung des Börsenverkehrs einschließlich der Überwachung durch öffentliches Verwaltungsreglement festgesetzt werden. Nach Art. 4 können ein oder mehrere hauptamtliche Kommissare ernannt werden, um den Geschäftsverkehr der Börse zu überwachen. Schließlich enthält es Strafvorschriften für den Fall der Zuwiderhandlung gegen die im Verwaltungsreglement enthaltenen Bestimmungen.

Mit Beschluß vom 22. 3. 1928 betreffend das Ausführungsreglement zum Börsengesetz wurde der Sitz der Börse festgelegt und die Übertragung von Betrieb, Verwaltung und Leitung für 99 Jahre auf die „Anonyme Börsengesellschaft" vorgenommen. Sie hatte eine Börsenordnung aufzustellen, die vom Generaldirektor der Finanzen zu genehmigen war. Der Beschluß enthält ferner gewisse normative Vorschriften für die Börsenordnung und den Ausschluß vom Börsenbesuch, ähnlich § 5f. des deutschen Börsengesetzes, und bestimmt in Art. 7, daß über die Zulassung von Wertpapieren und ihren Ausschluß der Verwaltungsrat der Börsengesellschaft zu entscheiden hat. Ausgenommen hiervon sind Anleihen des luxemburgischen Staates sowie der dortigen öffentlichen Anstalten und Gemeinden. Betrügerische Angaben bei der Zulassung sind nach Art. 12 strafbar.

Die Feststellung und Veröffentlichung der Börsenpreise trifft nach dem Beschluß der Verwaltungsrat der Gesellschaft oder die von ihm beauftragte Stelle. Weitere Vorschriften beziehen sich auf die Disziplin und Handhabung der Ordnung in den Börsenräumen und die Überwachung der Börse durch den Regierungskommissar.

2. Das Statut der Börsengesellschaft von 1928 enthält als Zweck der Gesellschaft die Verwaltung, Nutzung und Leitung der Börse. Das Gesellschaftskapital ist auf 9 Millionen Franken festgesetzt, aufgeteilt in 9000 Aktien zu 1000 Franken. Sie sind Nominalaktien und können nur mit Einverständnis des Verwaltungsrates übertragen werden.

Die Gesellschaft wird durch einen Rat von bis zu neun Mitgliedern verwaltet. Ihre Mehrheit muß luxemburgische Nationalität haben.

3. Die Börsenordnung vom 12. 11. 1928 enthält als wichtigste Vorschrift die Einsetzung einer vom Verwaltungsrat zu ernennenden Börsenkommission von fünf ordentlichen und fünf stellvertretenden Mitgliedern, von denen mindestens je zwei Mitglieder zugelassene Makler sein müssen. Ihr obliegt die Prüfung der Zulassungsanträge der Börsenbesucher, die Festsetzung der für den Börsenverkehr erforderlichen Bestimmungen, die Feststellung, Notierung und Veröffentlichung der Kurse und Preise und eine Reihe weiterer für die Durchführung des Börsenverkehrs maßgebender Aufgaben.

Der Börsenhandel selbst liegt in den Händen der vom Verwaltungsrat zugelassenen Banken und Bankgeschäfte mit Hauptniederlassung oder Filiale in Luxemburg und derjenigen Personen, die sich als Makler niederlassen wollen. Vor der Zulassung ist eine Kaution zu leisten, die 100 000 Franken nicht unterschreiten darf. Die zum Börsenhandel zugelassenen Personen sind in bezug auf sonstige geschäftliche Tätigkeit gewissen Beschränkungen unterworfen.

Die vom Verwaltungsrat zu verfügende Zulassung der Wertpapiere zur amtlichen Notiz setzt unter anderem die Einreichung eines Prospektes voraus, der die durch die Art. 33, 80, 103 und 161 des Gesetzes vom 10. 8. 1915 über die Aktiengesellschaften vorgeschriebenen Angaben und weitere Aufschlüsse enthält (vgl. Art. 28f. der Börsenordnung).

4. Das Recht, die Kurse zu notieren und zu veröffentlichen, steht ausschließlich der Börsengesellschaft zu. Notiert werden die Kurse in drei Rubriken, die eine möglichst weitgehende Transparenz der Kursbildung ermöglichen sollen. Anspruch auf Notierung haben bei Kassageschäften nur Geschäfte über zehn Stück oder über einen 5000 Franken ausmachenden Betrag.

Die Börsengeschäfte umfassen Kassageschäfte in Wertpapieren sowie Geschäfte in Devisen per Kasse und per Termin. Der Verwaltungsrat kann auch Termingeschäfte in Wertpapieren zulassen. Im übrigen enthält die Börsenordnung eine Reihe von Bestimmungen, die in Deutschland Gegenstand der Börsenusancen bilden. Die Courtage ist gestaffelt von $3{,}50^0/_{00}$ bei garantierten Staatsanleihen bis $8^0/_{00}$ bei Geschäften in allen anderen Werten. Einen Bruchteil der Bruttocourtage nimmt die Börsengesellschaft für sich in Anspruch.

5. Die Disziplinarstrafen Verwarnung, Rüge mit Börsenaushang sowie zeitweiliger oder dauernder Ausschluß von der Börse werden teils von der Börsenkommission, teils vom Verwaltungsrat ausgesprochen.

6. Die Luxemburger Wertpapierbörse diente bisher in erster Linie als Markt für luxemburgische Wertpapiere. Dementsprechend wurden alle dortigen Staatsobligationen, eine Reihe von Gemeindeobligationen sowie der

größte Teil der luxemburgischen Industrieaktien und -obligationen an der Börse in Luxemburg notiert. Zu ihnen traten einige niederländische Staatsanleihen sowie Aktien von über 30 ausländischen Gesellschaften.

Neuerdings werden jedoch sehr viel größere Kapitalien amerikanischen und europäischen Ursprungs über Luxemburg als jüngstem europäischen Kapitalmarkt umgesetzt. Gründe hierfür sind die Vergünstigungen der luxemburgischen Holding-Gesetzgebung, die die dortigen fast 1500 Holdings von direkten Steuern befreit und ihnen nur verschiedene fiskalische Gebühren auferlegt (Einlagegebühr, Stempelsteuer, Abonnementsgebühr für Gesellschaftsanteile), und die liberale Steuergesetzgebung im allgemeinen. So wurden allein im Jahre 1964 34 internationale Anleihen neu zugelassen (darunter 375 Millionen Dollar-Obligationen, 100 Millionen DM Emissionen und 5 Millionen englische Währungsanleihen), ergänzt durch Emissionen der internationalen Institute des luxemburgischen Staates und sonstiger öffentlicher Organisationen. Bemerkenswert ist auch, daß alle in London aufgelegten Dollar-Anleihen an der Börse in Luxemburg notiert werden.

Literatur

PALYI u. QUITTNER: Enzyklopädisches Lexikon für das Geld-, Bank- und Börsenwesen, Bd. II, 1957, S. 1135f. — KASKELINE: Luxemburg — Europas jüngster Kapitalmarkt, Weltwoche vom 28. 1. 1966.

KAPITEL 3

Die Rechtsentwicklung in England und den Vereinigten Staaten

I. Die Börsen in England

A. Beginn und Entwicklung der Börsengeschäfte

1. Börsengeschäfte finden sich frühestens in der zweiten Hälfte des 17. Jahrhunderts, nahmen einen größeren Umfang aber erst nach Gründung der Bank von England im Jahre 1694 an. Die schon im Ersten Teil erwähnte Verordnung von 1697, die die Zahl der Wertpapiermakler und ihre Geschäftstätigkeit beschränkte und sich mit der Erscheinung des Zeitgeschäfts befaßte, weist auf den Anfang dieser Entwicklung hin.

Im 18. Jahrhundert wurden die Aktien bald Gegenstand einer umfassenden Spekulation. Dabei wurden nicht nur Aktien von rechtmäßig entstandenen Gesellschaften gehandelt, sondern auch solche von nicht-privilegierten und zum Teil nicht einmal ins Leben getretenen Unternehmen. Recht-

Die Börsen in England

mäßig konnten Aktiengesellschaften nur auf Grund einer vom König oder durch "Special Act of Parliament" verliehenen Charter entstehen. Neben ihnen gab es aber Gesellschaften ohne Charter, die Aktien in blanko ausgaben. Derartigen „Seifenblasen" trat der 1719 erlassene "Bubble-Act" entgegen, der die einseitige Übertragung von Aktien nicht-privilegierter Gesellschaften verbot. Nachdem der Bubble-Act 1825 aufgehoben worden war, machte der Limited Liability Act von 1855 einen entscheidenden Schritt nach vorn, indem er fortan den "Joint Stock Companies" beschränkte Haftung gewährte, wenn die Anteile mindestens 10 Pfund Sterling betrugen.

2. Der Limited Liability Act wurde später ergänzt und 1862 ein wichtiger "Companies Act" erlassen, der wiederum Ergänzungen und Abänderungen unterlag. 1929 wurde endlich ein Companies Act in Kraft gesetzt, der alle früheren Gesetze in sich aufnahm und zur einzigen Rechtsquelle für das englische Aktiengesellschaftswesen wurde. Das Gesetz regelt "Private Companies" und "Public Companies", wobei der Unterschied darin liegt, daß die ersteren eine auf 50 beschränkte Aktionärszahl haben, daß die Übertragung der von ihnen ausgegebenen Aktien gewissen Beschränkungen unterliegt und daß es ihnen verboten ist, öffentlich zur Zeichnung aufzurufen.

1948 wurde eine Reform durchgeführt, die sich mit den Bestimmungen über den Inhalt der zu veröffentlichenden Bilanz und Gewinn- und Verlustrechnung und der Aufstellung einer Konzernbilanz befaßte. 1967 trat eine Novelle in Kraft, die in erster Linie die Veröffentlichungspflichten der Gesellschaften erweitert. Auch regelt sie den Erwerb von Aktien durch "directors" und verstärkt die Aufsichtsbefugnis des Board of Trade (Handelsministerium) über Aktiengesellschaften, vor allem über Versicherungsgesellschaften.

3. Dem britischen Recht ist eine gesetzliche Regelung des Börsenwesens fremd. Es gibt auch kein Gesetz und keine Regierungsbestimmungen, die eine Kontrolle über die Börsentätigkeit in England ermöglichen. Ein Gesetz aus dem Jahre 1939 zur Verhütung von Kapitalanlagebetrug (Prevention of Fraud-Investments-Act) verlangt für alle Effekten-Händler eine Erlaubniserteilung, wovon jedoch die Mitglieder der anerkannten Börsen, zugelassenen Effektenhändlerverbände, der Bank von England sowie von Körperschaften des öffentlichen Rechts oder Kommunen und bestimmten Banken, Finanzierungs- und Emissionshäusern entbunden sind. Das Gesetz verbietet auch den Vertrieb von Rundschreiben bezüglich Investitionen mit gewissen Ausnahmen. Zu diesen gehören beispielsweise Rundschreiben, die eine Information über Effekten enthalten, welche von Gruppen ausgegeben werden, deren normales Geschäft das Effektengeschäft ist. Börsen und Börsenhändler sind somit weitgehend von den Bestimmungen dieses Gesetzes ausgenommen.

4. Auf dem Gebiet des Börsenterminrechts gilt heute für reine Differenzgeschäfte nur der Gaming Act von 1845, der alle Kontrakte oder Vereinbarungen für nichtig erklärt, wenn sie ein Spiel oder eine Wette enthalten. Neben ihm bestimmt der Gaming Act von 1892, daß alle Erfüllungsversprechen, Provisionsvereinbarungen und anderen akzessorischen Verträge an der Unwirksamkeit der Differenzgeschäfte teilnehmen.

5. Durch den Aufschwung des Wertpapierhandels im 18. Jahrhundert entstand eine Vielzahl von britischen Wertpapierbörsen, die außer der Londoner Börse das regionale Wertpapiergeschäft betreiben. Effektenbörsen befinden sich in Aberdeen, Belfast, Birmingham, Bradford, Bristol, Cardiff, Cork, Dublin, Dundee, Edinburgh, Glasgow, Greenock, Halifax, Huddersfield, Leeds, Liverpool, London, Manchester, Newcastle, Newport, Nottingham, Sheffield und Swansea. Hiervon haben neben London die Börsen von Birmingham, Liverpool und Manchester sowie die unter dem Begriff "Scottish Stock Exchanges" zusammengefaßten Börsen von Aberdeen, Dublin, Edinburgh, Glasgow und Greenock größere Bedeutung. Alle Börsen sind in der Spitzenorganisation "Associated Stock Exchanges" zusammengeschlossen.

Neben der Spitzenorganisation der Börsen gibt es eine Vereinigung von Maklerfirmen, die Provincial Brokers Stock Exchange, deren Mitglieder im ganzen Land beheimatet sind, ohne einen festen Versammlungsort zu besitzen. Die Vereinigung ist der Associated Stock Exchanges angeschlossen und hat ihr Sekretariat in York.

Literatur
EHRENBERG: Die Fondsgesetzgebung und die Spekulation, 1883. — SIEMSEN: Differenzgeschäfte nach englischem Recht, Bank-Arch. I Jhg. (1901), S. 97f., 110f., 130f. — MEINHARDT: Das neue Aktienrecht in Großbritannien, Außenwirtschaftsdienst des BB, 1967, S. 422f.

B. Die Londoner Börse

1. Englische Wertpapierhändler hatten ihren Sitz ursprünglich in der Royal Exchange, mußten hier 1698 ausziehen und nahmen ihren Stand in der Change Alley, wobei sie im Winter in benachbarten Kaffeehäusern, besonders bei "Jonathan", Unterkunft suchten. Die Londoner Börse wurde danach fast ein halbes Jahrhundert lang "Jonathans" genannt. Aus dieser Zeit rührt auch die Bezeichnung der Börsendiener als "waiter", als Kellner, her.

Eine Organisation der Börse wurde 1762 von 150 Wertpapierhändlern unternommen, die bei Jonathan einen Klub gründeten. Sie bezog 1773 ein eigenes Haus und führt seitdem den Namen "Stock Exchange". Die Börse wechselte noch einmal ihren Platz und siedelte sich 1802 in unmittelbarer Nähe der Bank von England an.

2. Für sehr lange Zeit befand sich die Leitung der Börse in den Händen zweier Instanzen, dem Board of Trustees and Managers, das die Börse als

Unternehmen leitete, und dem Committee for General Purposes, das die eigentlichen Börsengeschäfte regelte und überwachte. 1945 wurden die Instanzen durch den Council of the Stock Exchange (Rat der Börse) ersetzt. Er entspricht etwa dem Börsenvorstand der deutschen Börsen. Seit 1954 besteht er aus nicht mehr als 35 Mitgliedern, wozu ein ständiger Beauftragter der Regierung hinzutritt. In jedem Jahr scheidet ein Drittel der Mitglieder aus; sie können jedoch von den Mitgliedern der Börse wiedergewählt werden.

Die Börse ist eine private Gesellschaft, deren 20000 Anteile über je 36 engl. Pfund 1947 in Anteile über je 1 Schilling umgewandelt wurden. Das Nominalkapital wurde damit auf 1000 engl. Pfund zurückgeführt. Eigentümer der Aktien können nur Mitglieder der Börse sein. Die Aktien haben Stimmrechte, bringen jedoch keinen Ertrag. Einer Staatsaufsicht unterliegt die Börse nicht. Sie unterhält jedoch enge Beziehungen zum Finanzministerium, zum Handelsministerium (Abteilung für Gesellschaften) und zur Bank von England. Das gesamte Recht der Börse ist in den Rules and Regulations of the Stock Exchange enthalten, die zuletzt in einer Ausgabe vom 3. 1. 1951 zusammengefaßt worden sind.

Der Rat der Börse hat zur Durchführung seiner Aufgaben eine Reihe von Ausschüssen ins Leben gerufen, von denen besonders der Eigentums- und Finanzausschuß, der Ausschuß für die Zulassung von Mitgliedern, der Notierungsausschuß, der juristische Ausschuß (das Schiedsgericht) und der Ausschuß für die Kursblätter und die Veröffentlichungen zu nennen sind. Neben ihnen amtieren noch der Gründungsausschuß, der Ausschuß für staatliche Börsengeschäfte und der Ausschuß für Öffentlichkeitsarbeit.

Mitglied der Börse können nur britische Staatsangehörige sein, wobei die Bedingungen für die Zulassung sehr streng sind. Dazu gehören das Verbot, eine weitere berufliche Tätigkeit auszuüben, die Stellung von drei Bürgen, die Börsenmitglieder sind und sich auf vier Jahre mit 500 Pfund Sterling verbürgen müssen, und die Zahlung einer erheblichen Aufnahmegebühr und eines beträchtlichen Jahresbeitrages. Die Zulassung gilt regelmäßig für ein Jahr und wird dann auf Ersuchen durch den Rat der Börse erneuert.

Die Börsenversammlung wird montags bis freitags von 10—15.30 Uhr abgehalten. An sie schließt sich der Freiverkehr bis 17 Uhr an, der hauptsächlich amerikanische Aktien betrifft.

3. Die Mitglieder der Börse, zu denen weder Bankiers und Bankdirektoren noch Vertreter von Banken gehören, haben sich zu mehr als 400 Firmen zusammengeschlossen, die entweder die Rechtsform einer Personengesellschaft oder einer Kapitalgesellschaft haben. Dementsprechend ist zwischen Private Members und Corporate Members zu unterscheiden. Gleichzeitig hat jedes Mitglied die Wahl zu treffen, ob es als Broker oder Jobber tätig werden will. Eine Ausübung beider Funktionen durch dasselbe Mitglied ist nicht gestattet.

Brokers (Makler) üben eine Tätigkeit aus, die mit den Aufgaben der Effektenabteilung einer Bank in Deutschland verglichen werden kann. Sie vermitteln die Anschaffung und Veräußerung von Wertpapieren. Die Aufträge gehen ihnen vom Publikum unmittelbar oder über Banken, Vertreter oder Vermittler zu. Der Broker darf öffentlich keine Werbung für sich betreiben. Er kann jedoch Kunden besuchen, in seinen Geschäftsräumen beraten und sich auch bei Banken, Versicherungen, Sparkassen sowie Pensions- und Rentenfonds um Aufträge bemühen. Als Verdienst berechnet er eine Provision, von der er an berufsmäßige Vertreter einen Teil abtreten darf.

Jobbers (Wertpapierhändler) handeln Wertpapiere ausschließlich für eigene Rechnung mit Broker- oder anderen Jobberfirmen. Der Jobber ist bei seinem Handel im allgemeinen auf wenige Papiere eines Marktbereiches beschränkt. Sein Verdienst liegt in der Berechnung eines Kursabschlages, sofern er verkauft, oder eines Kursaufschlages, wenn er kauft. Dieser „Turn" ist bereits eingerechnet, wenn er dem Broker seinen Geld- oder Briefkurs stellt.

Nicht zu den Mitgliedern der Börse gehören die Agenten beider Gruppen. Sie haben jedoch Zutritt zum Börsensaal. Unter den Agenten ist zwischen bevollmächtigten Agenten, die die Geschäfte selbständig, aber für Rechnung der von ihnen vertretenen Broker- oder Jobberfirmen abschließen, und nicht bevollmächtigten Agenten zu unterscheiden, die lediglich Hilfsdienste leisten.

Soweit Aufträge an den Broker gegeben werden, sind sie ohne andere Weisung nur einen Tag gültig. Sie können bestens oder limitiert gegeben werden. Die Ausführung erfolgt im allgemeinen zum Terminkurs, da, abgesehen von Staatsanleihen, fast sämtliche Umsätze im Terminhandel getätigt werden. Die Erfüllung erfolgt am settling-day oder account-day, dem deutschen Liquidationstermin entsprechend. Er ist stets ein Dienstag.

4. Die Zulassung von Wertpapieren zur offiziellen Notierung erfolgt durch die vom Rat der Börse eingesetzte Zulassungsstelle (Share and Loan Department). Die für die Zulassung geltenden Bestimmungen sind im Appendix 34 (Requirements for Quotation) to Rule 129 enthalten und 1960 neu gefaßt. Sie verlangen neben den auch sonst üblichen Unterlagen wie Bilanzen, Erfolgsrechnungen, Geschäfts- und Prüfungsberichten sehr eingehende Angaben über das Management. Fast regelmäßig wird eine Brokerfirma oder eine Gemeinschaft von Brokerfirmen die Einführung des Papiers übernehmen und hierbei auch die Verbindung mit einer oder mehreren Merchant Banks suchen. Die Zulassungsgebühren sind gestaffelt und entsprechen in der Höhe denen in Deutschland.

5. Das Kursblatt enthält annähernd 10000 Wertpapiere, von denen 75% Stamm- und Vorzugsaktien betreffen, während der Rest auf staatliche oder private Anleihen entfällt. Die Kurse beziehen sich auf bestimmte festgesetzte Schlußeinheiten. Kauf- und Verkaufsaufträge in einem Papier wer-

den vom Broker nicht kompensiert, sondern regelmäßig über den Jobber durchgeführt, der sein Entgelt in diesem Fall herabsetzt. Durch den Wegfall der Kompensationen ergibt sich praktisch ein Börsenzwang, der der Transparenz des Marktes dienen soll.

Staats- und Kommunalanleihen werden per Kassa gehandelt, in mündelsicheren Papieren unter Mitwirkung des Beauftragten der Regierung als Makler. Er kann bei größeren Umsätzen für Rechnung des Staates intervenieren.

Festverzinsliche Werte werden in Prozenten des Nennwertes, Aktien und Anteile in Pfund oder Schilling je Stück notiert. Die Kursnotizen werden an den Notierungsausschuß des Rates der Börse gemeldet; jedoch besteht hierzu kein Zwang.

6. Der Rat der Börse hat 1965 Maßnahmen eingeleitet, die die Publizität der britischen Aktiengesellschaften erheblich verbessern sollen. Er ließ die Aktiengesellschaften wissen, daß neue Papiere von Unternehmen, die die verschärften Voraussetzungen für die Notierung nicht erfüllen, nicht mehr notiert und gehandelt würden. Die Jahresberichte müssen künftig drei Gruppen von Bedingungen erfüllen: sie müssen a) eine Beschreibung aller Geschäfte enthalten, die das Unternehmen oder die Gruppe betreibt; falls es verschiedene Gebiete sind, auf denen das Unternehmen tätig wird, muß aufgeschlüsselt werden, welche Beiträge die einzelnen Zweige zum Gewinn geleistet haben; wenn die Gesellschaften Auslandsinteressen haben, muß eine geographische Analyse beigefügt werden. Die Berichte müssen b) eine Liste der Tochtergesellschaften mit näheren Angaben über diese Gesellschaften einschließen und sie müssen c) die 25—50 prozentigen Beteiligungen aufführen. Außerdem fordert die Börse halbjährliche Zwischenberichte mit ähnlichen Angaben. Sie ist mit vielen dieser Maßnahmen der Novelle zum Aktienrecht von 1967 vorausgeeilt.

Literatur
WITTSTOCK: Die Londoner Fondsbörse, 1907. — ARMSTRONG: The Book of the Stock Exchange, London 1949. — KING: The Stock Exchange, London 1954. — FROWEN: Londoner Börse, in: PALYI u. QUITTNER: Enzyklopädisches Lexikon für das Geld-, Bank- und Börsenwesen, Bd. I, 1957, S. 534f. — RICHEBÄCHER: London eröffnet den Prämienhandel, Volkswirt 1958, S. 2140f. — DUTCH: Die Grundzüge des Londoner Börsenwesens, Aktienges. 1962, S. 178f. — STEINIG: Auslandsbörsen, o.O.o.J., S. 32f.; — Publizitätsreform in London, ZfgesKred. 1965, S. 312.

II. Die Rechtsentwicklung in den Vereinigten Staaten

A. Bundesgesetzgebung und Staatengesetzgebung

1. Die Gesetzgebung des Bundes in wirtschaftlichen Angelegenheiten ist in den Vereinigten Staaten auf den Interstate Commerce (Verkehr über

die Grenzen des einzelnen Bundesstaates hinaus) beschränkt. Für wirtschaftliche Vorgänge nur innerhalb eines Bundesstaates ist die Gesetzgebung des betreffenden Landes maßgebend. Dementsprechend sind in bezug auf den Wertpapierverkehr die einzelnen Staaten im Rahmen ihrer Zuständigkeit gesetzgeberisch tätig geworden. Dabei haben 47 Staaten Securities Laws (Wertpapiergesetze) erlassen, die allgemein die Registrierung von Wertpapieren oder von Maklern und Händlern verlangen, jedoch die Organisation und Verwaltung der Börsen nicht berühren. Neben diesem State Law gilt Federal Law, das das State Law an Wichtigkeit bei weitem übertrifft.

2. Verhältnismäßig spät hat sich der Bund mit börsenrechtlichen Fragen befaßt. Das erste der maßgebenden Bundesgesetze ist der Securities Act (Wertpapiergesetz) vom 27. 5. 1933 (Public Nr. 22, 73rd Congress), der sich mit öffentlich zum Verkauf gestellten Wertpapieren befaßt, geändert durch den Securities Exchange Act of 1934. Das Gesetz bestimmt, daß mit gewissen Ausnahmen keine Wertpapier zum Verkauf gestellt werden darf, wenn nicht vorher ein Registration Statement bei der Securities and Exchange Commission (SEC) eingereicht worden ist. Diese Registrierungsangaben haben alle Tatsachen und Rechtsverhältnisse, die für das Publikum wichtig sind, zu enthalten. Außerdem muß jedem Wertpapierkäufer ein Informationsprospekt zur Verfügung gestellt werden. Unvollständige oder irreführende Angaben können zur Verweigerung der Eintragung führen. Eine Verletzung des Gesetzes kann zivil- und strafrechtlich verfolgt werden.

3. Durch den Securities Exchange Act (Börsengesetz) vom 6. 6. 1934 (Public Nr. 291, 73rd Congress) in der Fassung des Gesetzes vom 27. 5. 1936 (Public Nr. 621, 74th Congress) sind die Wertpapierbörsen der Aufsicht der SEC unterstellt, und ist die Zulassung von Wertpapieren zum Börsenhandel von bestimmten Voraussetzungen abhängig gemacht worden. Auch wurden Beschränkungen zur Inanspruchnahme von Krediten für Börsentransaktionen eingeführt. Bei Verletzung des Gesetzes sind ebenfalls zivil- und strafrechtliche Folgen zu gewärtigen.

4. Unter eine besondere Gesetzgebung fallen die Dachgesellschaften öffentlicher Einrichtungen, vor allem Holding-Gesellschaften, die die Versorgung der Bevölkerung mit Elektrizität und Gas kontrollieren. Nach dem Public Utility Holding Company Act vom 26. 8. 1935 müssen diese Gesellschaften ihre Registrierung bei der SEC beantragen, die ihren Geschäftsverkehr beaufsichtigt. Ohne Genehmigung der SEC dürfen sie auch keine Wertpapiere ausgeben, verkaufen oder erwerben.

5. Von großer Wichtigkeit ist die schon mehrfach erwähnte Securities and Exchange Commission. Sie wurde durch den SE.Act of 1934 anstelle der Federal Trade Commission zum Organ für die Ausführung der maßgebenden Börsengesetze bestellt. Ihre Machtfülle ist außerordentlich, zumal die von ihr auszuführenden Gesetze nur Richtlinien geben, zu deren Ergänzung die Kommission "Rules and Regulations" erläßt, die Gesetzeskraft haben.

a) An der Spitze der SEC stehen 5 Mitglieder, die keinen anderen Beruf ausüben und sich nicht an Geschäften des Aktienmarktes beteiligen dürfen. Sie können die erforderlichen Beamten und sonstigen Mitarbeiter anstellen, wobei bemerkenswert ist, daß der gesamte Stab weit über 1000 Personen umfaßt. Sitz der SEC ist Washington. Zum Zweck der regionalen Verwaltung ist das Gebiet der Vereinigten Staaten in neun Zonen eingeteilt, in denen Stützpunkte bestehen. Außerdem gibt es noch vier Filialen.

Wichtigste Abteilungen sind die Registration Division, der die Prüfung der Registration Statements und Prospekte obliegt, die Trading and Exchange Division, die die 17 registrierten Wertpapierbörsen und den Geschäftsverkehr an ihnen überwacht, die Legal Division, die unter der Leitung des General Counsel steht, und die Public Utility Division. Zu den registrierten Börsen gehören folgende Börsen: American Stock Exchange (New York), Boston Stock Exchange, Board of Trade of the City of Chicago, Cincinnati Stock Exchange, Colorado Springs Stock Exchange, Detroit Stock Exchange, Midwest Stock Exchange (Chicago 3), New Orleans Stock Exchange, New York Stock Exchange, Pacific Coast Stock Exchange (San Francisco 4), Philadelphia-Baltimore Stock Exchange (Philadelphia 2), Pittsburgh Stock Exchange, Richmond Stock Exchange, Salt Lake Stock Exchange, San Francisco Mining Exchange, Spokane Stock Exchange und Wheeling Stock Exchange.

b) Die Tätigkeit der SEC vollzieht sich in voller Öffentlichkeit. Das Material, das bei ihr eingeht, ist allen zugänglich, soweit nicht einzelne Teile als Geschäftsgeheimnis der Gesellschaften zu behandeln sind. Die Erlasse der SEC werden veröffentlicht. Interessenten erhalten sie kostenlos. Außerdem werden Veröffentlichungen, Berichte und Statistiken gebracht, die eingehend über die verschiedenen Börsenfragen unterrichten. Jährlich gibt die SEC einen Geschäftsbericht heraus.

6. Durch die Securities Acts Amendments of 1964 sind am 20. 8. 1964 Vorschriften in Kraft getreten, die den SE.Act of 1934, der bisher nur für in den USA zum amtlichen Börsenhandel zugelassene Wertpapiere galt, auch auf die dort over-the-counter gehandelten in- und ausländischen Wertpapiere erstreckt. Damit gelten für die Emittenten solcher Wertpapiere die Registrierungs- und Berichterstattungspflichten des SE.Act of 1934 ebenfalls. Das Gesetz ist auf Grund einer Ermächtigung der SEC noch nicht in voller Schärfe angewandt worden, weil der Schutz der Kapitalanleger dies bisher nicht verlangt hat.

Literatur

LUEDICKE: Das neue amerikanische Börsengesetz, Bank-Arch. Jhg. XXXIII (1933), S. 18f.; Börsenreform in USA, Bank 1934, S. 237f. — BARTELMUS: Zur amerikanischen Börsenreform, Bank 1934, S. 279f. — TRUMPLER: Die Börsengesetzgebung der Vereinigten Staaten, 1938. — LITTAUER: Das amerikanische Emissionsrecht, ZfgesKred. 1954, S. 623f. — ACHTERBERG: Das Wertpapiersieb in Washington, ZfgesKred. 1955, S. 72f. — STIEFEL u. CARR: Vereinfachte Zulassung von Auslandswerten in den USA, ZfgesKred. 1956, S. 84f. — VON WALDTHAUSEN: Handbuch des amerikanischen Stockbrokergeschäfts, 1963.

B. Die New York Stock Exchange

1. Die New York Stock Exchange (NYSE), heute die größte Börse der Welt, führt ihre Geburtsstunde auf den 17. 5. 1792 zurück. Damals versammelten sich Geschäftsleute unter einer Platane in der Wallstreet, um Preise für Regierungsbonds und Bankaktien auszuhandeln. 1793 zog man in ein Kaffeehaus. 1817 wurde eine organisierte Börse gegründet, die schon bestimmte Merkmale der heutigen New York Stock Exchange aufwies. Sie nahm diesen Namen 1863 an.

2. Die NYSE ist in Form einer privaten Gesellschaft organisiert (unincorporated association), die etwa dem rechtsfähigen Verein des deutschen Rechts vergleichbar ist. Ihre Mitgliederzahl ist fest bestimmt; sie beträgt gegenwärtig 1366 Mitglieder gegenüber 1375 im Jahre 1929. Soll die Zahl erhöht werden, so müssen die Mitglieder dies beschließen. Ein Sitz kann jedoch mit einer Zweidrittelmehrheit des Committee on Admissions (Zulassungsausschuß) verkauft werden. Der Preis dafür schwankt stark. Das neue Mitglied muß 21 Jahre alt und amerikanischer Staatsbürger sein. Zwei Mitglieder müssen für ihn bürgen. Außerdem muß das neue Mitglied über entsprechende Sachkenntnisse und das notwendige Kapital verfügen. An die Börse ist eine Eintrittsgebühr und ein Jahresbeitrag zu leisten.

3. Die Leitung der Börse liegt in den Händen des Board of Governors (Verwaltungsrat), der sich aus dem Chairman of the Board (Börsenpräsident), drei Vertretern der Öffentlichkeit und 28 weiteren Mitgliedern zusammensetzt. Der Börsenpräsident wird von den Mitgliedern der Börse auf ein Jahr gewählt. Die Wahl der übrigen 28 Mitglieder erfolgt auf drei Jahre, wobei jedes Jahr ein Drittel neu gewählt wird. Die Publikumsvertreter wählt die Mitgliederversammlung der Börse auf Vorschlag des Präsidenten.

Der Verwaltungsrat nimmt außer der Verwaltung des Börsengebäudes die Vertretung der Interessen der Mitglieder nach außen wahr, überwacht den Börsenhandel und die Einhaltung der von ihm erlassenen Börsenusancen und entscheidet über die Zulassung neuer Wertpapiere. Er bedient sich bei seiner Tätigkeit einer Vielzahl von Abteilungen und der Hilfe von drei Tochtergesellschaften in der Rechtsform von Kapitalgesellschaften. Wie umfangreich die Obliegenheiten sind, ergibt sich daraus, daß Abteilungen zur Überwachung der Betätigung der angeschlossenen Mitglieder und ihrer Liquidität, für Öffentlichkeitsarbeit, zur volkswirtschaftlichen Überwachung der notierten Aktiengesellschaften, zur Organisation des Börsenhandels, für die Börsenzulassungen sowie für die Neuaufnahme von Mitgliedern und viele weitere Aufgaben bestehen. Der Mitarbeiterstab beträgt gegenwärtig rund 1560 Angestellte.

4. Die Börsenversammlungen finden fünfmal in der Woche im Old Trading Floor (auch nur "Floor" genannt) und in zwei angrenzenden Sälen, der „Garage" und dem Bond Room statt. Der Floor hat zwölf Stände (Tradings Posts), die Garage weitere sechs. An diesen Ständen wird der Handel in Aktien durchgeführt. Ein bestimmter Stand in der Garage führt den Handel in Vorzugsaktien und solchen Stammaktien durch, für die eine Schlußeinheit in zehn Stück besteht. Im Bond Room werden die festverzinslichen Werte gehandelt.

5. Den Mitgliedern der Börse ist freigestellt, in welcher Form sie sich betätigen wollen. Eine kleine Gruppe besteht aus Inactive Members (inaktive Mitglieder), die ihre Mitgliedschaft bei der Börse hauptsächlich zur Verwaltung ihres eigenen Vermögens benutzen, oft aber auch in großem Umfang für eigene Rechnung an der Börse handeln. Eine zweite Gruppe stellen die Commission Brokers (Makler für fremde Rechnung) dar, deren überwiegender Teil im Auftrag der Kundschaft Wertpapierhandel betreibt. Sie entsprechen etwa dem Typ des Bankiers nach deutschem Recht und können Filialen in den größeren Städten haben, wo sie ihre Kunden laufend im Wertpapiergeschäft beraten. Neben ihnen beschäftigt sich ein kleiner Kreis, die Bond Brokers and Dealers, als Makler in festverzinslichen Werten, wobei der Handel in Rentenwerten für eigene Rechnung oder für Rechnung eines Commission Broker durchgeführt wird.

Von großer Bedeutung sind die Specialists (Makler für fremde und eigene Rechnung in besonderen Aktiengattungen), die einen Markt in einem oder mehreren Papieren betreuen und durch Käufe und Verkäufe für eigene Rechnung im richtigen Gang halten. Im Spezialisten vereinigen sich Makler- und Händlertätigkeit. Als Broker führt er Aufträge der Börsenmitglieder in seinem Papier durch. Gleichzeitig ist er aber auch als Eigenhändler in diesem Wert tätig. Hierdurch sichert er eine gewisse Kontinuität der Kurse und der Breite des Marktes in seinen Werten.

Spezialisten werden vom Board of Governors bestellt, der strenge Anforderungen an ihre Fähigkeiten und Finanzkraft stellt. Ihre Tätigkeit wird in besonderer Weise überwacht. Viermal im Jahr verlangt der Verwaltungsrat, daß die Bücher für einen bestimmten Zeitabschnitt offengelegt werden, um Mißbräuchen der Stellung des Spezialisten entgegengetreten zu können.

Floor Traders and Brokers (Händler für eigene Rechnung) bilden eine kleine Gruppe von Börsenmitgliedern, die ausschließlich den Handel für eigene Rechnung ausüben und mit dem Publikum nicht in Verbindung treten. Sie haben keinen festen Stand im Börsensaal wie der Spezialist. Ein Teil der Floor Traders and Brokers ist besonders bei starkem Geschäft als Händler für Commission Brokers tätig, von denen sie einen Teil der Provision erhalten. Sie werden, weil ihre Vergütung ursprünglich zwei Dollar für 100 shares betrug, auch heute noch Two-Dollar-Brokers genannt.

Makler, die sich auf die Ausführung derjenigen Aufträge spezialisiert haben, die nicht in den gängigen Schlußeinheiten (hundert oder zehn Stück) erteilt werden, bilden die Odd-Lot Dealers and Brokers. Der Odd-Lot Dealer tritt nur als Eigenhändler auf. Odd-Lot Brokers sind keine selbständigen Makler oder Händler, sondern Angestellte der Odd-Lot Dealers, die ebenso wie diese Aufträge nur von Börsenmitgliedern entgegennehmen. Der Verdienst des Odd-Lot Broker liegt in der Berechnung eines Kaufaufschlags oder -abschlags.

6. Grundlage für die Zulassung einer Aktie zum amtlichen Handel an der NYSE ist die Kontrolle und Genehmigung der Emission durch die SEC. Darüber hinaus stellt die NYSE noch bestimmte sachliche Anforderungen, von denen die wesentlichsten sind, daß die Gesellschaft nach Abzug der Steuern einen Jahresgewinn von mindestens 1 Million Dollar erwirtschaftet, der Marktwert der begebenen Aktien mindestens 10 Millionen Dollar beträgt, und nach Abzug der im Familienbesitz befindlichen Anteile mindestens 500000 Shares begeben worden sind, die sich auf mehr als 1500 Aktionäre verteilen. Unter diesen Voraussetzungen kann die Gesellschaft einen Antrag an das Department of Stock List der NYSE stellen, dem eine Reihe von Unterlagen beizufügen ist, insbesondere die Eintragung in das Register der SEC. Außerdem muß sich die Gesellschaft in der Regel unter anderem verpflichten, vierteljährlich Bericht zu erstatten und Dividende zu verteilen. Vor Aufnahme des Handels ist eine einmalige Notierungsgebühr zu zahlen.

7. Aufträge auf Kauf oder Verkauf von Wertpapieren können sowohl an Banken wie an Maklerfirmen erteilt werden. Banken übertragen die Ausführung grundsätzlich einer Brokerfirma. Als Handelseinheit gelten an der NYSE für den größten Teil der Aktien 100 Shares. Für einige Stammaktien sowie für Vorzugsaktien und Schuldverschreibungen ist eine Schlußeinheit von zehn Stück (Round Lot) vorgesehen. Kleine Aufträge oder Spitzenbeträge größerer Aufträge werden als Odd Lots ausgeführt, wobei diese Ausführungen zum gültigen Kurs für Round Lots abzüglich oder zuzüglich einer Kursspanne erfolgt, die dem Broker für Odd Lots zufällt.

Bestens-Aufträge (Market-Orders) sind sofort am Markt zum im Augenblick günstigsten Kurs auszuführen. Ergeht keine andere Weisung des Auftraggebers, so ist eine Order nur für den jeweiligen Börsentag gültig. Üblich ist die Erteilung von Open Orders, die ohne Laufzeit erteilt werden, aber mindestens halbjährlich dem Auftraggeber zu bestätigen sind. Eine besondere Form des Auftrags stellt die Stop Order dar, die als Stop Order to Buy oder Stop Order to Sell gegeben wird. Es sind limitierte Aufträge, bei denen der Kauf oder Verkauf nicht zum Limit erfolgen muß, sondern die Aufträge nach Erreichen des Limits zur Bestens-Order werden.

8. Die Feststellung des Kurses erfolgt nicht wie bei den europäischen Börsen nach dem Prinzip des größtmöglichen Umsatzes, sondern im Wege der Versteigerung. Nach Abschluß des Geschäfts versucht der Spezialist

erneut, durch Ausrufen der Geld- und Briefkurse Käufer und Verkäufer zusammenzubringen. Wird ein Makler mit dem Kauf eines Round Lot beauftragt, so begibt er sich zum entsprechenden Trading Post und stellt den Geld- und Briefkurs des Spezialisten fest. Er ist dann in der Lage, ein Gegengebot zu machen, wobei sich andere Commission Brokers einschalten und ebenfalls Gebote abgeben können. Wird man handelseinig, so notiert der Spezialist den Abschluß, hängt die Kursnotiz am Trading Post aus und meldet Abschluß und Kurs an die Quotation Company. Die Kompensation von Aufträgen ist dem Makler nicht erlaubt. Er hat alle Aufträge der Kundschaft an die Börse zu leiten. Jedoch kann er mit Hilfe des Spezialisten kompensieren, nachdem die zu verkaufenden Shares vorher vergeblich zu $1/8$ Dollar über Kurs öffentlich angeboten worden sind.

Die Kursnotiz für Stamm- und Vorzugsaktien erfolgt in Dollar je Share, die Notiz für Rentenwerte in Prozenten. Die Abschlüsse werden grundsätzlich nur per Kasse getätigt, jedoch ist es üblich, daß außerhalb der Börse Options (Prämien) vermittelt werden.

Ein amtliches Kursblatt gibt die NYSE nicht heraus. An die Stelle des Kursblattes tritt der Ticker-Dienst. Er bringt während der Börse sämtliche Geschäfte seinen Abonnenten zur Kenntnis. Informationsquellen für Kurse und Umsatzziffern bilden das Wall Street Journal und die großen Tageszeitungen in New York.

Literatur

Frhr. von Reibnitz: Die New Yorker Fondsbörse (Stock Exchange), 1912. — Campbell: The Law of Stockbrokers, 3rd Ed., New York 1927. — Meeker: The Work of the Stock Exchange, New York 1930. — Armstrong: The Book of the Stock Exchange, New York 1934. — Effendioglu: Die New Yorker Börsenspekulation, 1934. — Seidenzahl: Im Lande der Shareholders 1—12, Börsen-Ztg. vom 14. 11. 1961 und folg.; Wallstreet-Journal, 1963. — von Waldthausen: Handbuch des amerikanischen Stockbrokergeschäfts, 1963. — Steinig: Auslandsbörsen, o.O.o.J., S. 69f. — Eisenbeiss: Die Kursentwicklung von Stammaktien und die Optionsgeschäfte der New Yorker Börse, Zürich/St. Gallen 1965.

C. Die American Stock Exchange

1. Neben der NYSE besteht in New York die American Stock Exchange (ASE). Sie ist ein Markt der neuen Werte und Umsatzplatz für die Aktien derjenigen Unternehmen, die aus dem Over-the-counter Market herausgewachsen sind, jedoch noch nicht zur NYSE zugelassen werden können oder sollen. Die Organisation der ASE hat sich in den letzten Jahren weitgehend an diejenige der NYSE angelehnt; ihre Usancen nähern sich immer stärker denen des "Big Board".

2. Die ASE kennt zwei Arten der Mitgliedschaft, die Regular Members und die Associate Members. Regular Members haben wie bei der NYSE einen Börsensitz, der zur Ausübung einer Maklertätigkeit nach ihrer Wahl berechtigt. Sie können in drei Gruppen eingeteilt werden: in Commission

Brokers, Specialists und Floor Traders. Geschäfte der Odd-Lot Dealers und Brokers werden an der ASE von den Specialists übernommen. Associate Members beteiligen sich nicht am Handel, sondern bedienen sich zur Ausführung ihrer Aufträge der Regular Members, erhalten aber eine erhebliche Provisionsermäßigung.

3. Aktien, die an der ASE eingeführt werden sollen, unterliegen in gleicher Weise den Bestimmungen der SEC wie Aktien an der NYSE. Die Bedingungen für eine Notiz an der ASE sind jedoch weniger scharf als diejenigen der NYSE. So braucht nicht der Nachweis einer begründeten Dividendenfähigkeit erbracht zu werden. Auch ist der Nachweis einer großen Zahl von Aktien in Streubesitz oder eines bestimmten Mindestkapitals nicht erforderlich. Neben den „amtlich" notierten Werten gibt es auch einen Markt für nicht-notierte Werte (Unlisted Stocks), der aus der Zeit vor Einführung des Börsengesetzes herrührt.

Literatur

TRUMPLER: Die Börsengesetzgebung der Vereinigten Staaten, 1938, S. 66f. — STEINIG: Auslandsbörsen, o.O.o.J., S. 76f.

D. Der Over-the-counter Market

1. Eine Besonderheit im amerikanischen Börsenwesen bildet der Over-the-counter Market, dessen Handel etwa dem in Deutschland bekannten ungeregelten Freiverkehr (Telefonhandel) entspricht, jedoch in seinem Umfang weit übersteigt. Er umfaßt alle Wertpapierarten, da die Emission und der Verkauf neuer Wertpapiere nur über ihn erfolgen kann. Besonders werden alle Bundesanleihen, sodann aber auch die Anleihen der Privatwirtschaft und die Bank-, Versicherungs- und Investmentsgesellschaftsaktien im Over-the-counter Market umgesetzt. Daneben umfaßt er Effekten, in denen eine geringe Streuung besteht oder deren Transaktion sehr diskret erfolgen muß, sowie internationale Spitzenwerte, deren Zulassung an den Publizitätsbestimmungen der SEC scheitern würde. Endlich wird auch der Handel von Depotzertifikaten (American Depositary Receipts) deutscher Aktien auf diesem Markt vorgenommen.

2. Der Over-the-counter Market ist nicht in bestimmter Form organisiert. Die Handelspartner sind über das ganze Land verteilt. Allerdings sind die wichtigsten Firmen in New York vertreten. Die Kursbildung erfolgt nicht auf dem Wege der Versteigerung, sondern auf dem Verhandlungswege.

Firmen, die sich im Over-the-counter Market betätigen wollen, bedürfen einer Registrierung und Zulassung durch die SEC und die Verwaltung desjenigen Bundesstaates, wo sie ihre Geschäfte betreiben wollen. In der Regel gehören alle Brokers und Dealers der National Association of Securities Dealers an und haben die von dieser Vereinigung erlassenen Bestimmungen für den Wertpapierhandel zu befolgen. Die Träger des Geschäfts können in sechs Typen unterteilt werden: Dealer Bank, Investment Bank, Over-the-counter House, Municipal Bond House, Government Bond House und Broker House. Die Dealer Bank ist eine Geschäftsbank oder Trust Company, die neben ihren sonstigen Tätigkeiten den Handel mit Anleihen der öffentlichen Hand betreibt, neben dem sie aber keinen sonstigen Wertpapierhandel ausüben darf. Die Investment Bank ist Effektenemissionshaus, das Over-the-counter House betreibt den Handel in schon emittierten Wertpapieren. Hierbei bemühen sie sich um eine kontinuierliche Preisentwicklung der Papiere, treiben Kurspflege und übernehmen die Veröffentlichung der Preisnotierungen.

Municipal Bond Houses sind auf den Handel mit Kommunalschuldverschreibungen spezialisiert, in gleicher Weise wie Over-the-counter Houses auf den Handel in Aktien und Anleihen der Privatwirtschaft. Government Bond Houses betreiben den Handel mit Bundesanleihen, Schatzanweisungen und Schatzwechseln. Ihre Zahl ist gering. Broker Houses haben sowohl die Funktion von Investmentbanken wie von Municipal Bond Dealers und Over-the-counter Houses. Liegt das Schwergewicht ihrer Tätigkeit nicht im Börsenkommissionsgeschäft, so sind sie unter eine der obigen Typen einzureihen.

Literatur

LEFFLER: The Stock Market, New York 1951. — VON WALDTHAUSEN: Handbuch des amerikanischen Stockbrokergeschäfts, 1963, S. 86f.

Sachverzeichnis

Affidavit-Verfahren 45
Aktienbesitz, Verordnung über den 43
Aktienbewertung 85, 86
Aktiengesetz 1965 50, 99, 110, 115
Allgemeines Deutsches Handelsgesetzbuch 14, 28, 87
American Depositary Receipts 200
— Stock Exchange (ASE) 199, 200
Amsterdam, Börse 7f., 11, 21, 179f.
Amtspflichtverletzung, Börsenorgane 58, 110, 111
Antwerpen, Börse 4, 5f., 17
Arbeitsgemeinschaft der deutschen Wertpapierbörsen 62, 77, 78, 82, 117
Aufrechterhaltung der Ordnung an der Börse 66, 71, 72
Augsburg, Markt (Börse) 12, 13, 41
Ausländer, Zulassung zum Börsenbesuch 70
Ausländische Erwerbsgesellschaften, Anteilscheine und Obligationen 103, 109
— Staatsanleihen 110
— Zahlungsmittel 149f.
Ausschließung vom Börsenbesuch 66, 68f., 73

Bank Deutscher Länder 18, 46
— von England 20
Bankdepotgesetz 28
Bankengeschäftsbedingungen 77, 135
Bankfeiertage 38
Barnard, Sir John — Act 10
Basel, Börse 159, 162f.
Baumwollterminbörse in Bremen 49
Belgien, Börsenwesen 182f.
Berlin, Börse 18, 19f., 30, 31f., 41, 44, 45, 49, 102, 103
—, Korporation der Kaufleute 21, 31
Bersarin-Befehl 44
Berufsfreiheit, Grundrecht 67f.
Besuch der Börse, Zulassung 67f.
Bethmann, Das Haus 18, 19

Börsenausschuß 28, 60f.
Börseneinnahmen 57
Börsen, Errichtung 57, 58
—, Aufhebung 57, 58
—, Genehmigung 55f.
Börsengesetznovelle von 1908 32, 33
Börsenleitung 65f., 88
Börsenordnung 21, 26, 27, 57, 63f., 72, 75, 84, 104, 114
Börsenpreis, Festsetzung 66, 78f.
— -Verordnung von 1967 99
Börsenprivatrecht, Internationales 139, 140
Börsenreform 50, 51, 65, 74, 78, 92, 93
Börsenregister 29, 33
Börsenschiedsgericht 74f., 88
Börsenspekulationsgeschäft, Verleitung 141, 146, 147
Börsenstrafrecht 140f.
Börsentermingeschäfte, -terminhandel 9f., 27f., 36, 116f.
— in Anteilen von Bergwerks- und Fabrikunternehmen 28, 122, 123, 125, 126
— in Getreide und Mühlenfabrikaten 28, 126, 137, 138
—, offizielle 121f., 125f.
—, inoffizielle 123f.
—, verbindliche 125f.
—, unverbindliche 131f.
—, international-privatrechtlich 139, 140
— in Getreide und Mehl als Kriminaldelikt 145
Börsenusancen 67, 75, 77, 78, 88, 93, 139, 146
Börsenvorstand 58, 60, 66, 67, 70, 72, 73, 81, 84, 88, 96
Börsenzwang 92
Bremen, Börse 25, 41, 102
Breslau, Börse 41
Brügge, Börse 3f.
Brüssel, Börse 183f.

Sachverzeichnis

Bubbles 10
Bucketshops 141
Bundesrat, früherer 33, 34, 61, 67, 68, 97, 98, 123, 126
—, heutiger 67, 98, 122, 123, 137

Cash Flow 85, 86
Chemnitz, Börse 41
Code civil 170
— de Commerce 170, 171
— des Sociétés Commerciales 170
— pénal 170
Compagnie d'Occident (Compagnie des Indes) 169
Corner 145
Courtage 5, 8, 23, 96, 97, 156, 174, 178, 185, 186, 187
Courtageausgleich 91

Darmstädter Bank-Aktie 18
— und Nationalbank, Zusammenbruch 38
Dawes-Anleihe 35
Depotgesetz 112
Depotzertifikate 200
Deutsche Bundes- und Landesanleihen 108
Devisenhandel 3, 83, 149 f.
Differenzeinwand, Differenzgeschäfte 29, 124, 127, 129, 132, 136, 145, 150
Disziplinargericht der Kursmakler 31, 40, 41, 90
Dividendenabgabeverordnung 42
Dividendenstopp 42
DM-Bilanzgesetze 46, 107
Doppelzulassung freier Makler 70
Drei-Männer-Ausschüsse 76, 77
Dresden, Börse 41
Düsseldorf, Börse 19, 25, 41, 102

Effektenkapitalismus 1
Effektensozietät in Frankfurt 19
Ehrengericht, Ehrengerichtsbarkeit 40, 58, 60, 63, 73, 74, 140
Einheitskurs 82 f., 96
Emissionen, Emissionshäuser 101, 104, 105, 109, 115
Emissionsprospekt 102 f., 108, 109, 110, 114 f.
England, Börsen 188 f.
Englische Südsee-Compagnie 10
Enumerationsprinzip 91
Essen, Börse 41

Fédération Internationale des Bourses de Valeurs 51
Feenpalast als Börse 30
Festgeschäfte 119, 120
Festkontogesetz 46
Finanzrat, Gemeinsamer Deutscher 45, 47
Florenz, Börse 2
Folgtscheine 91
Frankfurt, Börse 13, 17 f., 41, 102
Frankreich, Börsen 168 f.
Freihändler 40
Freiverkehr, kontrollierter 44, 93, 113, 114, 142,
Freiverkehrsausschuß 76, 113

Gebührenordnungen der Börsen 71
Genf, Börse 34, 160 f.
Genua, Börse 2, 3
Genußscheine 103
Geschäftsbedingungen (Börsenusancen) 67, 75, 77, 78, 88, 93, 139, 146
Geschäftsverkehr an der Börse 71, 72
Geschäftszweige der Börse 65, 67
Getreidelieferungsgeschäft, handelsmäßiges 138, 139
Gleiwitz, Produktionsbörse 30
Globalurkunde 112
Goldmarkumstellung 36
Großbanken, Neuordnung 46, 47
Großhandelsmärkte 49
Grundgesetz, Bonner, von 1949 50
Guicciardini, Der Topograph 3

Halle, Produktenbörse 30
Hamburg, Börse 15 f., 41, 102
Hamburger Bank 20
Handel per Erscheinen 111, 112
Hannover, Börse 22 f., 41
Heiligengeist-Hospital als Börse 30
Holländisch-Ostindische Compagnie 8
— -Westindische Compagnie 8
Hosteliers 5

Industrie- und Handelskammer als Aufsichtsorgan 31, 70, 71
— als Börsenträger 56 f.
Inflation 17, 35 f.
Investment-Zertifikate 114
Italien, Börsenrecht 175 f.

Jungscheinkonto 112
Jungscheinverkehr 111, 114

Kaffeeterminbörse in Hamburg 49
Kapitalerhöhungen 107
Kassenverein 112
Katastrophenhausse 35
Köln-Bonner Eisenbahnaktien 14
—, Börse 13f., 30, 41
Königsberg, Börse 41
Kolonialanteile 43
Kommissionärsuntreue 29, 141, 147f.
Kommissionsbetrug 29, 141, 147f.
Kompensationen 91, 92
Konjunkturbildung, künstliche 141, 145, 146
Konvertierungen 46, 107
Kopman, Der gemene 15
Kriegsmaßnahmen im Börsenwesen 33f., 43f.
Kursbetrug 141, 142
Kursfeststellung 68, 80f., 87, 91
—, Verordnungsrecht des Bundes und der Länder 97f.
Kursfeststellungsverfahren 82f.
Kurs-Gewinn-Verhältnis 85, 86
Kursmakler 31, 40, 45, 80f., 86f.
—, allgemeine Rechtsstellung 86f.
—, amtliche Stellung 89f.
—, Betriebspflicht 89, 90
—, Kontrahierungszwang 94, 95
—, privatrechtliche Stellung 93f.
Kursstopp, Kursstoppvorschriften 43, 44
Kursstreichung 42, 107, 166
Kurszettelverbreitung, unerlaubte 141, 144
Kurszusätze 68, 82, 83
Kuxe, Kuxenhandel 26, 43, 103

Lastenausgleich 48
Lausanne, Börse 34, 159
Law, John 10, 169
Leipzig, Börse 41
Lieferbarkeit von Wertpapieren 45, 47, 48, 76
Liquidationskurse 33
Lombarden 3
Lombardfähigkeit 79
London, Wertpapierbörse (Stock Exchange) 11, 190f.
Lucca, Börse 2
Lübeck, Börse 41

Luxemburg, Börse 186f.
Lyon, Börse 17

Magdeburg, Börse 41
Mailand, Börse 176, 177f.
Maklerbehörde in Hamburg 16
Maklerkammer 80, 81, 84, 90f., 106
Mannheim, Börse 41
Medio-Juni-Liquidation 37
Metzler, Das Haus 18
Mindestbeträge bei Wertpapierzulassungen 103
München, Börse 24, 25, 41
Münchener Handelsverein 24

Nachfolgeinstitute der Großbanken 47
Neuordnung des Geldwesens 45f.
New York Stock Exchange (NYSE) 196f.
Niederlande, Börsenrecht 178f.
Nochgeschäfte 119, 120, 121
Norddeutscher Wollkonzern 37
Normenkontrolle, abstrakte 65
Nürnberg, Markt (Börse) 12, 13

Österreich, Börsenrecht 33, 41, 155f.
Österreichische Credit-Anstalt 37
— Nationalbank-Aktie 24
Ordnungsstrafverfahren bei verbotenen Börsentermingeschäften in Getreide und Mühlenerzeugnissen 140
Ostindien, Handel mit 6, 8
Ostwerte 114
Over-the-counter Market 195, 199, 200f.

Paris, Börse 168, 169, 170, 171f.
Pariser Frieden von 1815 20
Partizipationsscheine 167
Pfefferhandel 7
Pfingstmesse in Antwerpen 7
Portugal, König von 6, 7
Posen, Produktenbörse 30
Prämiengeschäfte 10, 21, 119f.
Preiskurante (Preislisten) 16, 124, 144
Pressemitteilungen, strafbares Erkaufen 141, 143
—, Vorteilsannahme zwecks Unterlassung 141, 143, 144
Preußen, Börsenwesen 18, 19f., 55, 56

Sachverzeichnis

Preußische Bank 20
Price-Earnings-Ratio 85, 86
Produktenbörsen 21, 26, 27, 28, 29, 33, 48, 49
Prospektbetrug 141, 142, 143
Prospekthaftung 100, 101, 106, 114f.
Prospekttheorie 101
Prospektzwang 46
Public Utility Holding Company Act (USA) 194

Reederei-Compagnie van Verre 8
Reformfragen des Börsenwesens 50, 51, 65, 74, 77, 78, 92, 93, 110, 117
Reichsbank 20, 36, 45
Reichsbankdirektorium 42
Revolution von 1918 35
Rom, Verträge von 51
Rothschild, das Haus 18, 19
Ruhen der Börsen 45

Sachverständigenkommissionen 76, 77, 88
St. Bavonsmesse 7
Schwänzen 145, 146
Schwarzer Freitag 35f.
Schweiz, Effektenbörsen 34, 159f.
Schweizerische Zulassungsstelle 166, 167
Securities and Exchange Commission (SEC) 194f., 200
Seehandlung, Die Königliche 20
Selbstverwaltung der Börse 31, 58f., 65, 66f.
Sensarie 156
Skontration 121
Skontrierung 95, 117
Staatsaufsicht 27, 28, 58f., 71, 80
Staatskommissar 28, 62, 63, 73, 89, 156, 163, 165, 174, 176, 177, 183, 184, 186
Stellage -(Stell-) geschäfte 119f.
Stettin, Börse 30, 41
Steuerliche Belastungen 51
Straßburg, Europäische Warenbörse 49
Stuttgart, Börse (Börsenverein) 25, 26, 41

Telefonhandel, Telefonverkehr 34, 38, 113, 114, 200
Träger der Börse 55f., 64, 67, 71

Ulm als Handelsstadt 12
Ultimoliquidation 33
Ultimoverkehr 34
Umgestellte Wertpapiere, Börsenzulassung 46
Umsatzveröffentlichung 92, 93
Umstellungsgesetz 46
Unlisted Stocks 200

Van der Burse, Die Patrizierfamilie 3
Variable Notiz 82f.
Venedig, Börse 2
Vereine als Börsenträger 56, 57, 86
Vereinigte Staaten, Börsenrecht 193f.
Verwaltungsrechtsweg 50, 60, 65, 67, 70, 71, 72, 74, 90, 106

Währungsreform von 1948 45f., 49
Warenterminhandel 28, 49, 56, 121f.
Wechselbank, Wechselverkehr 1, 2, 3, 6, 11, 13, 14, 15, 16, 17, 18, 19, 24, 25, 149f.
Weimarer Bank-Aktie 18
Weltkrieg, Der erste und die Börsen 33f.
—, Der zweite und die Börsen 42f.
Wertpapierbereinigung 47, 48
Wertpapierbereinigungsschlußgesetz 48
Wertpapierhandel, Gesetz über den 41
Wertpapiersammelbank 112
Wertpapierzulassung 100f.
Wertpapierzulassungsverfahren 105f.
Wien, Börse 33, 157f.
Willemer, Das Haus 18
Württemberg, börsenrechtliche Bestimmungen 26, 27

Zeitgeschäft, Zeithandel 9f., 21, 22, 80, 81
Zuckerterminbörse in Hamburg 48
Zürich, Börse 160, 164f.
Zulassungsbekanntmachung von 1910 41, 100f.
Zulassungsstelle 41, 58, 60, 88, 100f., 109f.
Zwickau, Börse 41

MIX
Papier aus verantwortungsvollen Quellen
Paper from responsible sources
FSC® C105338

If you have any concerns about our products,
you can contact us on
ProductSafety@springernature.com

In case Publisher is established outside the EU,
the EU authorized representative is:
**Springer Nature Customer Service Center GmbH
Europaplatz 3, 69115 Heidelberg, Germany**

Printed by Libri Plureos GmbH
in Hamburg, Germany